教育部人文社会科学重点研究基地重大项目"长三角'一核九带'均衡协调发展研究"（批准号12JJD790034）、国家自然科学基金项目"双重集聚外部性驱动下我国城市群的经济空间结构演变与政策引导"（批准号71473115）资助。

长三角经济研究丛书

长三角城市群均衡发展研究

魏守华/等著

空间集聚是当今世界经济的一个显著特征，集聚不只是表现为单个城市经济，更重要的是表现为以大都市及以其为核心的城市群经济。城市之间的竞争也不仅是单个城市间竞争，而是越来越体现为以国际性城市为核心的城市群间竞争。

经济科学出版社
Economic Science Press

目录

第1章

绪　论

　　空间集聚是当今世界经济的一个显著特征，集聚不只是表现为单个城市经济，更重要的是表现为以大都市及以其为核心的城市群经济。城市之间的竞争也不仅是单个城市间的竞争，而是越来越体现为以国际性城市为核心的城市群间的竞争。"没有大陆，香港就是一座孤岛"，香港与周边城市联动是以香港为核心的珠三角城市群在全球地位不断攀升的重要原因。长三角之所以迅速进入全球六大城市群之列，不仅取决于核心大都市上海的国际竞争力，还取决于苏锡常宁杭甬等外围城市，乃至中小城市（如一批全国百强县）集聚而形成的综合竞争力。所以，以城市群经济参与全球竞争和协调城市群均衡发展，对国家和区域经济发展具有重要意义。

　　本章首先阐述城市群经济及其均衡发展的背景与意义，然后在回顾城市群经济有关文献的基础上，提出驱动城市群经济发展的双重集聚外部性理论观点，最后概括本书的框架结构与章节安排。

第1节　研究背景与意义

　　首先，通过研究有代表性的长三角城市群，为国家城市群战略提供理论支撑。城市化是优化资源空间配置、提升经济效率的重要途径，尤其是对中国这样人口众多的发展中国家来说，探索和选择契合中国实际的城市化道路意义重大。新中国成立以来，我国城市化道路经历了五个不同的阶段：第一阶段（1949～1978年）：以计划经济为主导，压制城市化阶段；第二阶段（1979～1990年）：大力发展小城镇，控制大城市规模阶段；第三阶段（1991～2000

年）：大中小城市合理发展和东部城市群经济初现阶段；第四阶段（2001～2010年）：大城市超常规发展和城市群经济的初现阶段；第五阶段（2011～2030年）：将以城市群为主导的发展阶段。城市群战略的实施：一是有助于我国东中西区域协调发展，特别是中西部城市群的崛起，将推动我国经济社会发展在空间上保持均衡。二是有助于我国大中小城市协调发展。目前北、上、广、深等特大城市过度集聚，大城市病开始显现，同时许多中小城市处于城市化的"边缘"，大城市偏大和小城市偏小的矛盾并存，而城市群战略强调城市之间功能互补、错位发展，是促进大中小城市协调发展的有效途径。三是有助于我国主体功能区战略的实施。"十五"期间国家提出了优化开发、重点开发、限制开发和禁止开发四类主体功能区，对长三角等东部城市群优化开发，对长株潭、成渝、关中等中西部城市群重点开发，将有助于主体功能区战略的落实。基于国家积极推进以城市群为主导的城市化战略，本书解剖长三角城市群均衡发展的事实经验，从实证角度解析产业集聚与扩散、城市空间结构演化特征，从解剖典型案例角度为国家城市群战略提供理论支撑与政策建议。

其次，从理论上探讨长三角城市群产业集聚与扩散、城市体系均衡发展等作用机制，为其他城市群发展提供经验借鉴。城市群的核心和实质在于城市间的紧密联系和协同互动（汤放华，2010）。城市群不是若干城市在一定空间范围内的自然布局和简单组合，城市群能够成"群"的关键在于城市间的紧密联系和协同互动，促进城市间要素自由流动、资源高效配置、基础设施对接、产业关联配套、公共服务均等，充分发挥城市群的规模效应、集聚效应和协同效应。但是我国城市群发展中还存在着一系列问题：一是城市群与城市群之间的发展不均衡。大量优质的要素资源，如高素质人才、创新资源、企业家等纷纷流入东部发达城市群，而中西部城市群还处于起步阶段，难以汇聚要素资源，从而使城市群之间在要素集聚、产业价值链、创新能力等方面的差距较大。二是城市群内缺乏协同效应。理论上城市群通过各种物质流、能量流、信息流和知识流有机耦合，将会成为空间聚合体和综合集群体。但事实上，城市之间是合作与竞争关系，除了经济规律驱动要素资源非均衡流动外，地方政府间的政策法规也会人为地阻隔要素资源的合理流动。比如城市之间竞相出台吸引外资的优惠政策，会导致城市之间恶性竞争，最终损害整体利益。三是城市群内部的不均衡发展。一些中西部的城市群还处于发育阶段，要素资源主要向核心城市集聚，外围中小城市甚至还处于要素流出的阶段，核心城市与外围城市之间的非均衡性反而增大，导致大中小城市非均衡发展。因此，本书通过解析长三角城市群要素流动与资源配置的作用机制，为科学地认识城市群的发展规律，特别是中西部正在崛起的城市群提供理论借鉴。

最后，通过聚焦分析长三角城市群，试图揭示城市群经济空间结构演变的特征与规律。城市群经济空间结构不是单纯的空间构架，它与资源的空间配置以及经济活动的空间区位分布密切相关，在区域经济活动中具有特殊的经济意义（高国力，2013）。通过城市群经济空间结构的优化，实现基础设施、人力资本、产业等在空间上优化配置，提高资源的空间组合效率，是促进城市群经济增长和提升竞争力的重要途径。正因为如此，城市群地区越来越成为我国经济活动的主要集聚地，公认的 22 个城市群地区 1997 年经济总量占全国的62%，2011 年上升到 75%，2015 年占全国 GDP 的 80% 以上（全市统计口径）。与此同时，2011 年城市群地区平均劳动生产率为 13.5 万元，而同期非城市群地区为 8.9 万元（市区统计口径），是后者的 1.5 倍（魏守华、李婷、汤丹宁，2013）。要素资源在城市群内流动与优化配置，会导致城市群的经济空间结构演变，而且相对于要素流动的流量性、动态性、隐含性特点，经济空间结构的演变是存量的、显性的和有内在规律的。如制造业为什么向中小城市集聚？服务业为什么向大城市集聚？城市群成为创新中心及促进技术扩散的条件与路径？人口向大城市或中小城市集聚的条件及对大中小城市协调发展的影响？等等，通过对这些问题的研究，有助于把握城市群的经济空间结构演变特征，科学地认识城市群发展的规律。

第 2 节　城市群及其均衡发展理论

1957 年，法国地理学者戈特曼（Gottmann，1957）在《经济地理》（*Journal of Economic Geography*）上提出了最初的城市群概念（Megalopolis），并认为单一的大城市不再是唯一支配空间的形式，而由集聚了若干大城市的城市群支配，即在人口、经济活动等方面形成的一个多核心、多层次的巨大整体。此后学者多沿袭戈特曼的研究，在此基础上进一步扩展，特别是 20 世纪 80 年代以后，在全球化背景下城市群研究有了新的突破。以霍尔（Hall，2006）为代表的学者进行了巨型城市区域的研究，认为中国和欧洲的城市在 21 世纪将会形成相同的特征，即巨型城市区域——以世界城市为中心，由多达 30 ~ 40 个城市以及周边的小城镇组成，形成结构复杂的庞大网络状城市复合体。国内研究中，姚士谋、朱英明、陈振光（2001）的定义比较全面："在相关的地域范围内具有相当数量的不同性质、类型和等级规模的城市，依托一定的自然环境条件，以一个或两个超大城市作为地区经济的核心，借助于现代化的交通工具和综合运输网的通达性，以及高度发达的信息网络，发生与发展着城市个体间的内在联系，共同构成一个相对完整的城市'集合体'，这种集合体可称为城市群。"城市群具有一些基本要素：连续的区域；城市群中各城市相互联系、相互影响；各城市应具有较高的城市化水平；城市群达到一定的面积、人口、城建规模；城市群经济内具有发达的基础设施网络，形成域内产业结构互补性和多元发展。方创琳等（2005）认为，城市群是指在特定的地理范围内一组相对独立、不同性质、类型和规模等级的城市，通过各种物质流、能量流、信息流和知识流有机耦合而成的空间聚合体和综合集群体。

一、城市集聚的理论与机制

关于城市集聚的理论、机制及其影响，包括产业集聚和中心—外围模型两方面。在产业集聚方面，又可分为本地化（专业化）集聚与城市化（多样化）集聚理论。马歇尔（Marshall，1920）通过对英国小企业产业区的考察，认为经济活动空间集聚有助于节约成本和提高效率，并归纳出劳动力市场共享、专业化中间品和知识信息扩散三类外部性。以马歇尔（Marshall，1920）、阿罗（Arrow，1962）、罗默（Romer，1990）为代表，认为集聚经济带来的外部性简称"MAR外部性"，即：区域内某一产业部门的特定结构促进了集聚外部性，从而也会促进区域经济增长，企业主要受惠于本地同一产业内的其他企业，或者受惠于其他产业中对本地发展有着积极效应的企业。雅各布斯（Jacobs，1969）则认为，最重要的外部性来源于企业所属产业的外部；众多产业在一个城市的共存，比单一产业的集中更能给城市带来活力，即产业多样化比专业化更有利于城市的发展。城市经济的多样化能够产生跨产业的知识溢出效应以及重组性创新，城市中的劳动分工不仅能够提高生产效率，还能提供创新机会，从而促进城市经济增长。胡佛（Hoover，1937）的研究认为，自然资源优势、集聚经济和运输成本是产业集聚形成的重要因素，运输的距离、方向、运量和服务会影响产业区位的变化，运费不仅仅与运输的距离有关，同时将集聚经济划分为内部规模经济、地方化经济和城市化经济，从而解释产业集聚对城市产业增长、生产率提升与创新绩效等方面的作用。库姆斯（Combes，2000）认为，在技术相近的产业之间，一个产业的革新往往能带来另一个产业的革新，从而导致产业间"溢出效应"的产生。波特（Porter，1990）也指出，产业间而非产业内的专业化既是一个产业自身增长的源泉，又是该产业所处地域的集聚经济的动力。亨德森（Henderson，1986）把经济集聚提高效率的途径概括为本地市场效应、企业间分工与协作、劳动力素质提高和基础设施改善。亨德森（Henderson，1995）对美国 224 个城市 8 个产业的实证研究证明了外部经济往往发生于特定的产业，城市则倾向于产业专业化强的区域，产业越集中城市规模越大。亨德森（Henderson，1997）等发现，在 1970～1987 年间，对于成熟的资本密集型产业，仅有 MAR 型外部性起作用；而对于高新技术产业，MAR 型和 Jacobs 型两种外部性都起促进作用。

在城市集聚方面，杨小凯和罗伯特（Yang and Robert，1994）建立了第一个新兴古典城市化的一般均衡理论，认为专业化经济和交易之间虽然存在两难，但伴随着交易费用上升，专业化分工在局部形成，从而带动人口和物资集中，这种交易和分工促使城市集聚。20 世纪 90 年代以来，藤田、克鲁格曼和维纳布尔斯（Fujita，Krugman and Venables，1999）为代表的学者，以 D - S 垄断竞争模型为前提，在不完全竞争、报酬递增和市场外部性三大假设下，从产业联系、运输成本和空间作用角度，揭示产业集聚形成和城市群作用关系，构建了"中心—外围"模型（C - P 模型）。C - P 模型通过数理分析表明，最初具有对称结构的经济体系，通过制造业人口的内生演化会形成工业核心区和农业边缘区，翔实论证单个城市通过将 Marshall 外部性内化于规模经济中后，城市规模增大，基础设施逐步完善，外部性引致规模报酬递增而加速城市发展。

二、双重外部性影响城市群经济发展的机制

到目前为止，只有少数文献提及城市群的集聚理论，多表现为本地市场效应、产业关联、空间自相关等相对中观的外部性方式。贝尔蒂内利和布莱克（Bertinelli and Black，2004）认为地方知识和信息溢出能够产生经济集聚，而人力资本积累能够促进内生经济增长，所以单个城市伴随着人力资本的积累和知识的溢出而增长，城市数目增加以后所形成的城市化群落也就越来越成为经济增长的重要引擎。方创琳（2010）通过引入感应系数和影响系数来构建度量两两城市之间产业联系强度指数，根据强度大小确定城市群内部产业联系的主要方向和次要方向及相互作用关系。

魏守华等（2013）认为城市群具有双重集聚特征：一是单个城市集聚，即每个城市在行政主体规划和市场机制作用下，从城市中心区到边缘区依靠经济集聚，形成相对独立、具备内生发展能力的聚点经济体；二是城市与城市之

间的集聚,称为网络外部性,即城市群内一个城市与其他城市之间除密切的经济联系和市场机制外,还存在着地理位置接近引致的纯外部性相互作用。魏守华等(2013)指出,关于聚点外部性,大量文献给予了深入研究。聚点外部性起源于马歇尔19世纪末对英国小企业产业区的考察,认为经济活动空间聚集有助于节约成本和提高效率,归纳出劳动力市场共享、专业化中间产品、知识与信息扩散三类外部性(Marshall,1920);克鲁格曼(Krugman,1991)等新经济地理学派运用 D – S(Dixit-Stiglitz)垄断竞争模型和萨缪尔森的冰川成本,将 Marshall 外部性内生化于规模经济中,认为随着城市规模增大,基础设施逐步完善,产业分工不断深化,外部性引致报酬递增而加速城市发展;亨德森(Henderson,1986)把经济集聚提高效率的途径概括为本地市场效应、企业间分工与协作、劳动力素质提高和基础设施改善;而格罗斯曼和赫尔普曼(Grossman and Helpman,1991)强调开放经济条件下对外联系效应,如国际贸易和国际投资的溢出效应;曾和赵(Zeng and Zhao,2010)进一步阐述经济全球化对区域不均衡发展的影响,如与经济全球化程度、区域经济规模和基础设施状况等有关。简言之,聚点外部性涉及本地市场效应、基础设施状况、教育与研发水平、对外联系效应。魏守华等(2013)进一步指出,关于网络外部性,现有文献很少涉及。贝尔蒂内利和布莱克(Bertinelli and Black,2004)提出随着单个城市人力资本的积累和知识溢出,城市数目增加后所形成的城市群具有更高的经济效率;吴福象和刘志彪(2008)认为长三角城市群16个城市经济高速增长得益于两点:一是单个城市加大固定资产和基础设施投资,降低运输成本,强化循环积累效应和投入产出联系;二是通过吸引优质要素集聚,提高研发和创新效率。这实质上还是单个城市基础设施、本地市场效应、教育与研发等聚点外部性的作用,而较少涉及城市群内城市之间紧密的相互作用,正如吴福象和刘志彪(2008)所指出,未来需要进一步研究地理距离等变量在城市间相互作用及驱动经济增长的机制。

基于此,魏守华等(2013)在聚点外部性理论基础上,将单个城市发展机制扩展到城市群网络,探讨双重外部性驱动城市群经济发展的机制。具体如下:

一是从单个城市的本地市场效应到城市群的分工与协作效应。新经济地理学认为,本地市场效应(home market effect)是经济集聚的重要原因(Krugman,1991)。市场规模所带来的需求收益会吸引企业驻扎,上下游企业为降低运输成本也随之集聚,具有“滚雪球”效应,市场潜力越大,运费越节省,集聚的可能性越大。相对于单个城市的本地市场效应,城市群地区依托良好基础设施、人口与经济高度集聚、市场一体化政策，通过投入—产出和分工与协作联系具有更大的市场效应（陈向阳、陈日新，2012）。投入—产出联系指城市群内企业通过前后向垂直联系，形成原材料—供应商—制造商—客户的网络体系；分工与协作联系指城市间紧密的经济技术联系，特别是核心与外围城市之间联系，如核心城市经济多样化，外围城市经济专业化，多样化与专业经济相辅相成。根据蒂布特（Tiebout，1975）的观点，一个经济体规模越大，内部分工越细，产业互补性越强，乘数效应也越大。

二是从单个城市基础设施专用到城市群基础设施一体化。基础设施作为一种公共物品，是每个城市存在和可持续发展的条件。良好的基础设施既降低本地企业经营成本，还为其他城市带来共享机会，特别是城市群地区由于紧密的物质流和能量流联系，共享效应更加显著。具体来说：一是单个城市加大辖区内的水、电、交通、通信网络等投资强度，不仅降低本地企业成本，外地企业也能从中获益，如购买更廉价的中间投入品。二是城市群共同投资重大基础设施，如城际轻轨交通、重大水利设施、共同治理流域性污染等，共建共享中彼此受益。大量理论与实证研究都表明，基础设施对本区经济发展有促进作用（Fernald，1999；Destefanis and Sena，2005），对邻近地区也有积极的影响，如科恩、莫里森（Cohen and Morrison，2004）和布朗兹尼、皮塞利（Bronzini and Piselli，2009）分别以美国和意大利为例，发现基础设施有正的空间溢出效应，而且溢出效果随距离衰减。

三是从单个城市教育与研发创新到城市群知识共享。内生增长理论认为创新和技术进步是经济增长的动力和源泉。其中，罗默（Romer，1990）强调研发和知识溢出，卢卡斯（Lucas，1988）则强调人力资本积累，雷丁（Redding，1996）等随后的研究表明人力资本与研发活动是互补和相互依赖的，格莱泽等（Glaeser et al.，1992）发现城市经济增长率与劳动力平均素质相关。教育与研发在增强本地知识存量和创新能力的同时，还由于公共物品性质而具有扩散效应。城市群地区由于紧密经济联系、良好基础设施、广泛的人员流动，知识扩散效应会强于孤立的单个城市。具体来说：一是人员的流动，特别是科技人员的流动。如20世纪80年代，苏南乡镇企业很大程度上受益于来自上海的"星期日工程师"。二是技术在城市间扩散。大都市将制造部门向外围转移，给外围城市带来技术溢出。三是基于科和赫尔普曼（Coe and Helpman，1995）关于国际贸易存在技术溢出的观点，城市群地区紧密的经济联系必然伴随着物化在商品流（commodity flow）中的技术溢出。不过，不同城市受益程度可能存在差异：核心城市凭借工资和创新环境优势而汇集人才、技术等高级生产要素，具有更高的劳动生产率，而外围城市可能出现人才流失，陷入低水平循环。

四是 FDI 从单个城市集聚到城市群集聚有助于增强对外联系效应。在经济全球化背景下，FDI 是发展中国家对外联系的重要渠道，FDI 带来的先进技术和管理经验等有益于城市发展，但并不是所有城市都有均等的机会。相对于单个城市，城市群更有利于集聚 FDI：一是城市群的综合优势。城市群往往拥有个体城市经济专业化和整体经济多样化的综合优势，能为 FDI 提供更完备的服务。以长三角为例，一方面汇集大量 FDI，形成"大集中"，另一方面，FDI 专业化集聚（如大量电子信息类 FDI 集聚苏州），形成"小集聚"，"大集中"与"小集聚"相互促进。二是有利于外围城市依托核心城市吸引 FDI。FDI 通常首选核心大城市，但随着核心城市土地和劳动力成本上升，逐渐向周边城市扩散，给外围城市带来机会，如昆山依托上海、东莞依托港深而受益。然而，FDI 也可能带来负面影响，一是城市间争夺 FDI 资源，如发展条件差的外围城市往往成为"被遗忘的角落"，错失发展机会，甚至是要素流失。二是 FDI 与本土企业竞争，抢占本地资源和市场，产生负面影响。

魏守华等（2013）通过对 1997～2010 年国内 22 个城市群 128 个城市面板数据的分析，认为城市群之所以具有更快的经济增长率和更高的劳动生产率，是双重集聚外部性，即单个城市聚点外部性和城市间网络外部性共同驱动的结果。具体来说，聚点外部性的基础设施、市场规模、教育与研发、FDI 集聚对经济增长和生产率都有促进作用；网络外部性的基础设施一体化和城市群分工协作对经济增长和生产率都有促进作用，城市群知识共享更多表现为生产率提升，而 FDI 城市群集聚的溢出效应不明显。经验证据还表明，东部城市群的双重外部性显著强于中西部城市群，因而具有更快的经济增长率；核心大城市的双重外部性强于外围中小城市，由此具有更高的劳动生产率。

三、城市群均衡发展中经济活动集聚与扩散的理论研究

20 世纪 80 年代以后，信息技术的发展使生产的弹性要素增加并发挥越来越重要的作用，资本和技术的流动加快，信息交换的时间大大缩短，经济全球化趋势形成，使原有的发达国家和发展中国家城市化两种过程合二为一，城市群也表现为新的特征，相关的学者进行了深入研究。

1. 产业集聚与扩散

根据蒂布特（Tiebout，1975）的研究，经济体规模越大，内部分工越细，

产业互补性越强，乘数效应也越大。奥德斯和费尔德曼（Audretsch and Feldman，1996）利用截面数据分析了美国各州 163 个四位数行业的基尼系数。路江涌（2006）探讨了我国制造业 1998～2003 年间的集聚变化趋势；贺灿飞等（2007；2010）系统研究了中国制造业的地理集聚与省区专业化、产业集聚形成机制、产业集聚的产业特性和区域特性。范剑勇（2011）选择制造业二位数行业与四位数行业在县级层面的空间分布为研究对象，以行业基尼系数与地区 Hoover 系数为指标，详细分析了目前中国制造业的空间分布状况，结果表明制造业各行业在县级经济体的分布是不均衡的，县级经济体的专业化倾向明显，其行业基尼系数与地区 Hoover 系数均处于较高水平。

2. 人口集聚与扩散

齐普夫（Zipf，1949）提出城市规模分布法则：城市规模分布不仅服从Pareto 分布且 Pareto 指数趋近于 1，即在一个特定区域中任何一个城市的人口规模与其位序的乘积等于该区域最大城市的人口规模，为定值。克里斯塔勒（Christaller，1933）的理想中心地理论，每一点均有接受一个中心地的同等机会，一点与其他任一点的相对通达性只与距离成正比，而不管方向如何，均有一个统一的交通面，像长三角这类地理条件和市场机制作用的城市群，城市群内城市间人口规模的分布应该遵循 Zipf 定律。藤田（Fujita，1991）为代表的新经济地理学派，通过要素流动驱动模型指出要素向城市集聚从而驱动经济增长，包括鼓励企业向城市集聚和允许人口向城市迁移以发挥人力资源优势。奥和亨德森（Au and Henderson，2002）专门研究了中国户籍制度对人口迁移的限制所导致的城市经济集聚活动的不足及其对城乡经济增长的影响。

3. 劳动力技能及其流动

格莱泽（Glaeser，1999）指出城市加快人力资本积累、知识外溢及更频繁的相互交往。卡利诺、查特吉和亨特（Carlino，Chatterjee and Hunt，2007）发现当控制其他变量时，一个都市区的就业密度是另一个都市区的 2 倍时，其专业密度相应高出 20%。格莱泽（Glaeser，1992）指出城市经济增长率和劳动平均素质相关。卢卡斯（Lucas，1988）强调人力集聚产生的信息溢出和人力资本外部性对城市发展有重要作用。吴福象（2012）研究认为，城市群正是通过要素在区间的自由流动，提高了要素集聚的外部经济性和研发创新效率，从而促进经济增长，而要素流动分为资本流动和劳动力流动（人力资本流动）。一般来讲，人力资本水平越高，"干中学"和知识外溢的效果就越好，这会诱发技术创新，并推动产业发展（Romer，1990）。吴福象、沈浩平（2013）发现在城市群中，当要素能在区域间自由流动时，高级生产要素，如较高禀赋的人力资源倾向于选择大城市集聚，而普通劳动力则被动选择向中小城市集聚，由此实现产业资本在空间的动态配置。

4. 创新资源的集聚与扩散

雅各布斯（Jacobs，1969）认为创新可能来自于跨行业的知识溢出，城市内的行业多样性对于实现报酬递增和经济增长是重要的。奥德斯和费尔德曼（Audretsch and Feldman，1996）认为地理集中和知识溢出，特别是产业研发，熟练劳动力及大学研究对经济外部性有重要影响。费尔德曼和奥德斯（Feldman and Audretsch，1999）发现专利活动在大都市区更为突出。以克鲁格曼（Krugman，1991）为代表的新经济地理学认为，产业空间集聚导致技术溢出的外部性，集聚有利于创新。玛库森（Markusen，1996）则认为集聚有利于"面对面"的交流，有利于知识的传播，有利于形成不可分割的相互依赖的整体。苗长虹（2003）以演化经济地理学为理论基础，研究发现集群成长的关键机制为市场需求扩大、分工深化、知识创造和扩散。其中，政府的推动、地方企业家的兴起、知识传播途径的构建是对知识创造、分工深化起关键作用的因素。曹休宁（2009）认为，合作创新由于可以降低成本、利于获取隐性知识和创新分享，而成为产业集聚的关键因素。

四、中国城市群战略与长三角城市群的研究

1. 中国城市化道路中的城市群战略

城市群的形成是经济发展和产业布局的客观反映，已成为发达国家城市化的主体形态。进入 21 世纪，我国城市群经济性凸显，经济学者开始关注城市群问题，政府部门也主张以城市群为主体推进中国城市化进程。《关于国民经济和社会发展第十一个五年规划纲要（2006）》明确提出了城市群发展路径：把城市群作为推进城镇化的主体形态，逐步形成以沿海及京广京哈线为纵轴，长江及陇海线为横轴，若干城市群为主体，其他城市和小城镇点状分布，永久耕地和生态功能区相间隔，高效协调可持续的城镇化空间格局。京津冀、长江三角洲和珠江三角洲等区域，要继续发挥带动和辐射作用，加强城市群内各城市的分工协作和优势互补，增强城市群的整体竞争力。《关于国民经济和社会发展第十二个五年规划纲要（2011）》提出，在东部地区逐步打造更具国际竞争力的城市群，在中西部有条件的地区培育壮大若干城市群。科学规划城市群内各城市功能定位和产业布局，缓解特大城市中心城区压力，强化中小城市产业功能，增强小城镇公共服务和居住功能，推荐大中小城市基础设施一体化建

设和网络化发展。积极挖掘现有中小城市发展潜力，优先发展区位优势明显、资源环境承载能力较强的中小城市。有重点的发展小城镇，把有条件的东部地区中心镇、中西部地区县城和重要边境口岸逐步发展成为中小城市。2008 年，国务院常务会议审议并原则通过《进一步推进长江三角洲地区改革开放和经济社会发展的指导意见》，明确提出加快长三角一体化，通过空间结构的调整，带动产业结构的调整。行政区划调整为城市的发展提供了更大的空间，一定程度上推动了长三角城市群的发展，通过交通网络一体化发展，增强长三角地区对全国的辐射能力、实现共建长三角金融中心、贸易中心、航运中心和经济中心，对打造带动力强、联系紧密的长三角经济圈和经济带具有举足轻重的影响。

2. 关于长三角城市群的相关研究

作为我国最发达的经济集聚区之一，长三角城市群的发展吸引了众多学者的关注，特别是来自沪苏浙两省一市科研院所的研究者。南京大学长江三角洲经济社会发展研究中心，是专注研究长三角城市群的一个重要学术机构。自2003 年以来，该机构开展了一系列学术专题对长三角城市群进行研究，大致如下：洪银兴、刘志彪（2003）分析了长江三角洲地区经济发展的模式与机制；刘志彪等（2006）分析了长三角制造业的发展动力及其对中国制造大国形成的促进作用；刘志彪、多和田真（2007）比较了中国长三角与日本东海地区产业经济发展的特点与差异性；刘志彪、郑江淮等（2008）分析了服务业驱动长三角经济增长的作用机制及长三角服务业发展的主要特征；刘志彪、江静等（2009）解析了长三角制造业向产业链高端攀升路径与机制；刘志彪、郑江淮等（2010）分析了长三角经济发展中"和谐与冲突"（如经济一体化中的矛盾、城市体系是集中还是协调等）；刘志彪、郑江淮等（2012）分析了长三角在开放新战略中在全球价值链上所处的位置、特征及其成因，等等。此外，众多学者中，如吴福象、刘志彪（2008）认为长三角城市化群落驱动经济增长，主要是通过各种优质要素向该城市群集聚，提高了城市群要素积聚的外部经济性，提高了城市群研发和创新的效率驱动了经济增长；且在长三角城市化群落中，各地政府均加大了固定资产投资中的更新改造投资的比例，加大了对城市内和城市间的基础设施建设投资的比例，结果不仅降低了企业的交通运输成本，而且增强了投资需求对经济增长的循环积累作用，促进了经济增长。王红霞（2011）研究发现交通条件的改善将有助于区域差距的缩小，随着中心城市的辐射扩散作用增强，长三角地区城市区域将呈现扁平化发展。孔东琪（2013）通过对长三角、京津冀城市群产业空间联系的经济发展特征与

"大都市阴影区"形成的实证得到：城市群内部各城市间产业联系强度越高，城市群整体经济发展水平就越好；城市群的中心城市与其他各城市产业联系强度越高，城市群整体经济发展水平就越好、越趋于均衡；从产业空间联系来看，中心城市与其邻近的外围地区的产业联系强度弱化是造成"大都市阴影区"形成的关键因素。

第 3 节　本书的框架与结构

一、研究思路和框架结构

在以上分析的基础上，本书的研究思路和框架结构分为三部分：

第一部分，关于长三角城市群产业集聚与扩散的理论与实证研究。在城市群的均衡发展中，产业是否均衡发展是核心与关键，包括本书的第 2 ~ 6 章：制造业的集聚与扩散、高技术产业的集聚与扩散、服务业的集聚与扩散及制造能力与创新能力的集聚与扩散。

第二部分，关于长三角城市群的城市体系均衡发展。城市是人口、经济社会活动的主要载体，城市体系是否均衡发展是衡量城市群是否均衡发展的最重要标准，包括本书的第 7 ~ 10 章：特大城市的水平蔓延和多城市中心建设两种空间扩张模式对城市生产率的影响、特大城市的卫星城建设、城市体系内大中小城市的空间结构演变或协调发展状况及其成因。

第三部分，关于长三角与全国协调发展的关系。这是超越长三角城市群的内部系统，从更大范围内分析长三角对全国协调发展的影响，包括本书的第 11 ~ 12 章：长三角城市群在全国区域发展中的作用机制、长三角城市群在国家"一带一路"建设中发挥的作用。

二、章节安排与内容简介

第 2 ~ 6 章主要分析长三角城市群产业集聚与扩散，具体来说：

第 2 章"长三角产业集聚的特征与影响因素"，运用区域基尼系数和区位商测算 2003 ~ 2013 年长三角地区 15 个城市制造业和服务业的产业集聚程度，结果表明：制造业集聚程度高，各城市间存在专业化分工；服务业集聚程度较低，主要集聚在核心大城市；同时，从动态变化趋势看，高技术制造业略呈集聚特征,低技术制造业呈分散化趋势,生产性服务业呈集聚特征,消费性服务业呈分散化趋势。在此基础上,进一步探讨长三角地区产业集聚及其变动的成因,结果发现:产业原有集聚基础、本地劳动力素质与成本等因素起主导作用,而自然资源、运输成本和市场规模作用不明显。

第3章"本地经济结构、空间溢出效应与长三角制造业增长差异"。制造业属于松脚型产业(loose-rooted industry),空间布局受区内要素资源和区间引力作用明显,尤其会在经济联系密切的城市群地区集聚与扩散。本章以长三角城市群为例,分析城市自身经济结构(专业化、多样化、竞争程度、企业规模、本地市场)及城市之间溢出效应,对16个城市6个典型制造业集聚增长率的影响。在库姆斯(Combes, 2000)计量模型的基础上,运用空间滞后模型(SLM)和空间误差模型(SEM)进行回归,结果表明,专业化和多样化效应均有利于制造业增长,且空间回归模型能纠正普通OLS回归结果高估的误差;竞争性环境对产品差异化程度高的产业有积极效应(如服装制造业);企业平均规模有助于资本密集型而不利于劳动密集型产业增长;地方市场规模对纺织等成本敏感性行业有抑制作用,但有利于电子等市场依赖型产业增长。结果还表明,长三角城市群内存在着显著的产业空间溢出效应,主要表现为高集聚度城市之间(H-H型)的双向溢出、由高向低(H-L型)的单向扩散和由低向高(L-H型)的单向集聚三种模式。

第4章"内生创新努力、技术溢出与长三角高技术产业创新绩效"。基于新增长理论的内生创新努力,分产业维和区域维运用1997~2014年面板数据,本章实证分析了本土技术溢出对长三角高技术产业创新绩效的影响,从中发现:从产业维角度看,长三角产业专业化集聚环境下的本土技术溢出效应呈弱的负外部性;从区域维角度看,作为创新极的上海对江(苏)浙(江)具有正的技术溢出效应,浙江能从上海和江苏的技术溢出中受益,而江苏受益于上海的同时也承受来自浙江的负外部性作用。

第5章"长三角不同等级城市的服务业增长差异"。运用份额—偏离分析法,本章考察了长三角16个城市2003~2014年间服务业及其内部结构性增长的动态过程。结果显示,长三角地区服务业发展还处于以上海为核心的"极化"阶段,其他城市的相对份额处于下降中;从服务业内部结构的动态变化看,消费性服务业规模大,但增长势头趋缓,属于"成熟行业";生产性服务业增长势头旺盛,逐步成为主导行业,属于"成长行业";公共物品性服务业和准公共物品性服务业是增长相对缓慢的行业,属于"衰退行业"。

第6章"长三角由全球制造中心向创新中心转变的机制与影响因素"。旨在揭示长三角从全球制造中心向创新中心转变的渐进性和系统性过程，提出长三角由制造中心向创新中心转变的机制分三个过程：首先，长三角制造业集聚促进企业 R&D、大学等公共 R&D、技术交易市场等科技活动；其次，科技活动之间形成正反馈效应的创新系统；最后，由封闭走向开放的系统性要素共同决定长三角的创新产出。通过扩展费尔德曼和佛罗里达（Feldman and Florida，1994）地理创新函数及其递归法（recursive regression）的实证检验，结果表明，长三角制造业集聚显著地影响企业 R&D 等科技活动；区域内科技活动具有一定的相互加强效应；大多数科技活动及开放条件下的外部技术溢出对长三角创新能力有积极影响，但区域间技术溢出效应不明显，说明长三角需加强经济技术一体化建设。

第 7~10 章主要分析长三角城市群的城市体系均衡发展，具体来说：

第 7 章 "城市空间扩张中的蔓延与多中心集聚：以南京市为例"。城市空间扩张有两种基本形态：一是水平的蔓延；二是立体的多中心集聚。本章认为，现代城市扩张不只是过去那种单一的住宅部门围绕城市中心向外蔓延模式，而是呈多个城市（次）中心集聚模式：服务业集聚于市中心而制造业集聚于外围次中心，既发挥集聚经济效应，又不显著增加通勤成本，因而有利于提高生产率。本章还以南京市为例，阐释其从单中心城市向多中心城市演进的过程。

第 8 章 "特大城市卫星城发展差异：以上海为例"。在阐述卫星城的演变与功能定位基础上，提出影响卫星城经济增长的 "拉力"、"推力" 作用机制。"拉力" 是指卫星城由于自身的区位条件、土地资源、交通状况、规模经济、产业集聚、人口素质等而产生对中心城区的吸引力。"推力" 是指中心城区由于政府政策引导、配套基础设施、技术溢出、产业梯度溢出、劳动力溢出等产生的对卫星城的推力。此外，还创新性地构建了基于灵敏度因子的卫星城经济优势度的评价模型，并以上海市各区县为研究对象，以 "推拉" 理论为基础剖析上海市各卫星城发展差异，并以经济优势度评价模型加以验证。通过利用优势度评价模型对 2013 年上海市各卫星城进行定量验证，得到各卫星城按优势度大小的排列顺序为：嘉定区＞闵行区＞金山区＞青浦区＞奉贤区＞松江区＞崇明县＞宝山区。经济优势度评价模型可以良好地衡量出卫星城综合发展情况和可持续发展能力，本章对上海市卫星城定量的验证结果与实际各区县差异特征相符合。此模型有利于指导上海各卫星城优势互补，错位发展。

第 9 章 "长三角城市群规模分布的帕累托检验"，采用 1995~2014 年长三角城市群的非农业人口数据，运用 Pareto 定律估计方法，对长三角城市规模分布的现状及动态演化进行实证分析。研究结果表明，长三角城市规模分布基本满足"位序—规模"规律；在 1995 ~ 2000 年间，各等级城市规模向平均规模发展，城市体系发育健全，城市规模分布均衡度不断增强；2000 ~ 2014 年，大城市规模迅速扩张，中小型城市发展缓慢，相对规模缩小，城市规模空间分布不均衡。

第 10 章"长三角城市体系序位—规模法则的偏差"。大中小城市协调有助于城市体系优化发展。长三角这类由市场导向型城市构成的城市体系，城市规模分布理论上遵循序位—规模法则（Rank-size law）。为此，本章基于 Zipf 定律分析长三角大中小城市均衡发展特征及其成因。首先，运用 Zipf 定律检验长三角城市的序位—规模分布特征，通过创新性地计算序位—规模的偏差，发现长三角城市群的序位—规模偏差度不断增大——大城市规模相对偏大和小城市规模相对偏小的"分岔"现象。接着，运用城市经济学的出口基础理论分析其成因，即分别以制造业和服务业的区位商来估算出口部门的乘数效应。回归结果表明，大城市规模相对偏大是因为既受制造业出口乘数效应，又受到服务业乘数效应的积极影响，而县级小城市，驱动城市增长的动力仅来自制造业出口乘数效应，服务业以本地消费为主由此乘数效应少，导致城市规模相对偏小。本章的政策含义是：长三角中小城市工业化并没有显著地推动城市化，服务化水平不足制约了城市化的发展，需要加快服务业发展来推进长三角城市群协调发展。

第 11 ~ 12 章主要分析关于长三角城市群发展与全国协调发展的关系。具体来说：

第 11 章"长三角在中西部区域开放开发战略中的作用"。基于增长极理论和中心—外围模型，本章从理论上阐述长三角在技术扩散、产业转移和劳动力回流方面带动中西部开发开放发展中的作用，还运用数学模型论证中心—外围区域间稳定均衡状态的参数条件，再利用工资、产业显示性竞争优势、产业结构分析和工业增加值之间差异性数据，揭示长三角和中西部的趋同性关系，最后是本章的结论和政策建议。

第 12 章"长三角与'一带一路'建设：以苏州市为例"。本章在简要回顾"一带一路"战略实施的国内外背景环境下，分析了苏州参与"一带一路"建设的发展机遇和可能面临的潜在风险，还分析了苏州参与建设中的战略重点和发展方向，认为：第一，从新经济地理学的中心—外围理论看，"一带一路"战略不仅有利于中国区域的均衡发展，而且有利于促进处于内陆亚欧国家的经济发展，促进国际经济格局的优化。第二，长三角和苏州面临的发展机遇与潜在风险并存，但机遇大于风险。发展机遇表现在有助于扩展制造业的市场潜力，有助于苏州打造国际港口群，有助于扩展对外贸易，有助于扩大直接对外投资。风险表现在地缘政治风险、开放重心西移对东部产生"挤出效应"的风险、能否纾解东部重塑生产成本优势的风险。第三，苏州在"一带一路"中面临的机遇和风险，也适用于长三角和东部其他地区；同时，苏州在"一带一路"中的战略重点和发展方向，对其他城市和地区也是一个重要启示，不过需要根据本地特点适度调整，找出最适合的战略重点和发展方向。

第 2 章

长三角产业集聚的特征与影响因素[*]

　　长三角地区是中国改革开放以来经济发展最引人注目的地区之一，以上海浦东开发为龙头，在苏浙地区形成了巨大的经济发展浪潮。长三角地区经济的迅速发展与其制造业集聚密切相关，因为制造业是推动经济增长的重要部门，而服务业作为经济发展新的推动力量正在崛起。因此，长三角地区制造业与服务业的集聚状况究竟如何，这种集聚对长三角地区产业发展有什么启示，这是本章的研究目的。

　　国内学者研究产业集聚主要以制造业为研究对象，对于服务业的研究则较少，对制造业和服务业集聚状况进行对比分析的文献更是少见。鉴于此，本章主要考察两个方面的内容：一是通过对长三角地区 15 个城市 2003 ~ 2013 年制造业和服务业细分行业集聚状况的分析，从不同维度对制造业和服务业间的差异进行对比；二是通过对制造业和服务业细分行业进行分类回归，以得出资源、市场、交通、本地化要素、集聚程度对不同类型行业影响的程度。

　　本章选取长三角地区 15 个城市为对象研究产业集聚，主要是基于长三角地区制造业在全国经济社会发展中的重要地位。关于制造业和服务业细分行业产业集聚状况的对比分析，本章希望能从产业集聚角度为长三角地区产业发展提供一定的政策建议。本章结构安排如下：首先是产业集聚影响因素分析；其次是产业集聚度的测算；接下来是产业布局影响因素的计量检验；最后是结论与政策含义。

　　* 本章主要来自：魏守华、吕新雷、从海燕：《地方经济结构与制造业增长：来自苏浙两省对比的经验证据》，载《阅江学刊》2010 年第 1 期，第 35 ~ 43 页；吕新雷、从海燕、魏守华：《长三角制造业空间集聚与扩散的实证研究——兼论城市产业转型及发展方向》，载《现代城市研究》2010 年第 11 期，第 35 ~ 43 页，这两篇论文的修改版。需要说明的是，本章长三角为 15 个城市（浙江台州除外），主要是为了与这两篇论文的界定一致，其他章节通常为 16 个城市，即包括台州。

第1节 产业集聚的影响因素

产业集聚是指相同或相关产业以及这些企业的相关服务产业等在某个特定地理区域内不断聚集的过程。产业集聚对产业发展具有重要促进作用，对于普遍缺乏核心竞争力的中小企业来说，产业集群是提升中小企业竞争力的一种有效组织形式（魏守华，2002；周颖，2007），主要表现为：产业集聚能产生外部规模经济；产业集聚产生的外部性有利于技术创新；产业集聚有利于同行业企业间竞争，使企业不断降低成本，改进产品，提高服务质量。关于产业集聚的成因有两种理论解释：一是传统的区位论理论；二是新经济地理学理论。

传统的区位论理论对产业布局及其集聚的解释。韦伯于20世纪初提出的"区位选择"论，认为产业布局需要考虑五方面因素：资源禀赋状况、劳动力供给和质量、运输费用高低、市场规模大小、产业集聚本身是否有利于协作等。马歇尔（Marshall，1920）认为，产业地理集聚的形成，很大程度上是因为相同或类似产业在同一个地区集聚能够产生正外部性，即创造熟练劳动力市场、专业化服务性行业和技术外溢，并且改进交通、电力和其他基础设施。米达尔（Myrdal，1957）将产业集聚现象解释为外部经济作用下的"循环累积因果"关系，即企业生产趋向于集中在大市场区，而大市场区更有利于产品销售，于是进一步吸引了其他地区的类似企业在该地区集聚，使得生产和市场继续扩大。赫什曼（Hirschman，1958）指出产业集聚使产品生产的"前向联系"与"后向联系"相互加强：在其他条件一定的情况下，由于在现存的制造业中心购买其所提供的产品更为便宜，因而该中心将吸引更多的厂商和居民，形成了产业集聚和市场扩大的良性循环。

而克鲁格曼（Krugman，1991）的新经济地理学认为产业集聚有很强的外部性，产业集聚一旦形成，就会在其后续发展中进一步加强，即产业集聚具有一定的自我强化性，影响产业集聚的主要因素有：运输成本、规模经济和外部性经济。杨宝良（2003）介绍了克鲁格曼中心—外围模型的基本逻辑，指出规模经济等经济外部性对于制造业地理集聚的形成与稳定具有决定作用，并对我国工业经济进行了实证回归分析。结果表明，需求变量、投入变量及初始固定资产变量对产业地理集聚的作用显著为正，而初始集聚度和规模变量则对产业地理集聚的作用显著为负。梁琦（2006）认为产业集聚受到规模报酬、收益递增、交易成本、生产要素流动、不完全竞争等因素的影响。不过，奥德斯和费尔德曼（Audretsch and Feldman，1996）计算了美国二位数行业的区域基尼系数，结果表明，创新活动会使企业趋向于聚集，并强调知识溢出是产业空间聚集的主要因素。

产业集聚的形成既有历史偶然因素，也有外部力量干涉（比如政府干预）或预期的影响作用。从产业集聚的形成过程来看，伴随着政府推动、区域自然资源开发、基础设施建设、生产及其配套设施建设，受规模经济内在要求的驱动，必然会导致生产相同或类似产品、或者其上下游产业产品的企业为提高生产效率、降低交易成本、共享信息资源、增强企业竞争力而集中布局（梁琦，2004a）。尽管地方政府在我国产业集群发展中可以发挥重要作用，但产业集群的形成和发展毕竟有着其自身特有的规律，不可能在短期内由地方政府人为地创生出来。地方政府则应把握好产业集群的本质特性，必须遵循产业集群的成长规律而助推其发展的进程（王泽强，2007）。

根据以上分析，本章把产业集聚的成因归纳为以下五类：一是资源因素。这又可分为三类：自然资源导向；原材料地导向；燃料动力导向。二是市场因素。比如，产品运输费用、产品运输可行性、市场规模大小等可能影响产业形成产业集聚。三是本地要素因素。本地要素主要包括人口和劳动力素质、成本、自然环境、地区动力系统等。四是运输因素。地区交通运输系统发达程度的高低可以影响产品的相对价格。为降低运费，进而降低产品生产成本，许多产业部门都呈现出交通枢纽指向的特点。五是产业集聚本身。产业集聚具有较高的正外部性，利用集聚经济分享原材料、人力资源、获得更高的技术匹配和知识溢出收益。当集聚经济效应带来的外部性很强以至于能够抵消集聚经济所带来的成本时，产业将会向一个地方集聚并自我强化。产业集聚本身产生正外部性能够使地区产业集聚得到进一步加强。

已有研究产业集聚的文献中，巴蒂斯（Batisse，2002）利用中国制造业行业的面板数据研究了中国制造业的集聚状态，结果表明：中国东部沿海地区和中西部地区制造业发展存在明显差异，与沿海地区相比，中西部地区并没有分享到改革开放的成果。国内也有不少学者从外部经济方面阐释过产业集聚现象。如罗勇、曹丽莉（2005）运用 E - G 指数对中国制造业集聚的变动趋势进行了实证研究；范剑勇、杨丙见（2002）分析了集聚经济中的运输成本和需求增长（人口增长）对美国中西部制造业发展的推动作用；魏守华（2002）以嵊州领带产业集聚为例，分析了产业集聚的动力和产业发展所带来的外部经济；梁琦（2004b）计算了中国制造业行业 1996 年和 2000 年的基尼系数值，结果表明：在 1996～2000 年间，医药制造业、通用设备制造业等 6 个行业的基尼系数明显提高，这些行业在东部沿海地区特别是长三角地区发生了集聚；方勇、张二震（2006）计算了江苏省 29 个制造业行业 1999 年和 2003 年的基尼系数值，结果表明：江苏省制造业总体集聚水平上升，制造业更加集中，其中，大部分产业趋于集聚，部分产业在地理上变得更加分散。而本章则运用区域基尼系数测算 2003～2013 年长三角地区 15 个城市制造业和服务业的产业集聚程度，并对产业集聚的影响因素进行回归检验。

第 2 节　产业集聚的演变特征

一、指标选取与数据来源

（一）指标选取

1. 区域基尼系数

目前衡量产业集聚度的指标有多个，如熵值指数、Hoover 系数、E – G 指数、区域基尼系数、赫芬达尔指数等。艾里森和格莱泽（Ellison and Glaeser, 1997）提出的地理集中度 E – G 指数充分考虑了企业规模、产业组织及区域规模差异对产业集聚度测算的影响，计算结果比较准确；但是其计算涉及赫芬达尔指数，而国内统计数据并没有直接的企业规模数据，因此国内计算 E – G 指数的研究者只能进行数据替代，这在一定程度上影响了结果的精确性。基于此，本章分别采用区域基尼系数、区位商指数来度量产业的空间集聚度。基尼系数基本公式如下：

$$G = \sum_{i=1}^{n} (s_i - x_i)^2 \tag{2.1}$$

其中，G 为区域基尼系数，S_i 是 i 地区某产业产值或就业人数占全国该产业的总产值或总就业人数比重，x_i 是该地区的总产值或总就业人数占全国总产值或总就业人数比重，n 为地区数。

根据研究的实际情况，本章采用改进的区域基尼系数，其公式如下：

$$G = \sum_i \sum_j \left| \frac{X_{ij}}{\sum_i X_{ij}} - \frac{\sum_j X_{ij}}{\sum_i \sum_j X_{ij}} \right| \tag{2.2}$$

其中 X_{ij} 为 i 地区 j 行业的产值（或就业人数）。

本章所采用数据均来自各个城市的统计年鉴（2004～2014 年）和中国城市统计年鉴（2004～2014 年）。由于服务业细分行业的产值数据不可得，所以用从业人数代替，而制造业行业采用产值来衡量。根据基尼系数的计算结果，作以下划分：$G \in [0, 0.2]$，不具有集聚特征；$G \in [0.2, 0.5]$，存在中低程度产业集聚；$G \in [0.5, 1.0]$，产业集聚现象明显。

2. 区位商指数

采用区位商的方法测度长三角制造业各行业的产业集聚度，基本公式如下：

$$LQ_{ij} = \frac{Q_{ij}/Q_j}{Q_i/Q} \tag{2.3}$$

其中，LQ_{ij} 为 j 城市 i 产业的区位商（$LQ > 0$），Q_{ij} 是 j 城市 i 产业产值，Q_j 是 j 城市所有产业产值，即该城市 GDP；由于现阶段长三角地区 15 个城市制造业向长三角之外城市的产业辐射作用不明显，因此本章取 Q_i 是长三角 15 个城市 i 产业产值总和，Q 是长三角地区所有产业产值之和。一般认为，$LQ > 1$ 时，表明某产业在该区域集聚水平较高，即 i 产业在 j 地区的专业化水平高于该区域的平均水平，是区域的优势产业；$LQ < 1$ 时，表明某产业在区域内集聚水平不高，没有形成优势产业。

（二）制造业和服务业细分行业的类别划分

本章选取制造业 29 个细分行业为研究对象，但是由于烟草行业数据不可得，皮革、毛皮、羽毛（绒）及其制品业，石油加工、炼焦及核燃料加工业主要集中在少数几个城市（前者主要集中于温州、嘉兴，后者主要集中于上海、宁波），故剔除这三个行业，所以本章研究包括 26 个制造业行业。借鉴 OECD 的划分标准，本章将制造业分为四类：（1）资源依赖型产业：包括农副食品加工业，黑色金属冶炼及压延加工业，有色金属冶炼及压延加工业，造纸及纸制品业，木材加工及木竹藤棕草制造业，家具制造业，非金属矿物制品业，化学纤维制造业；（2）高技术产业：医药制造业，电气机械及器材制造业，通信设备计算机及其他电子设备制造业，仪器仪表及文化办公用机械制造业；（3）中技术产业：金属制品业，通用设备制造业，专用设备制造业，交通运输设备制造业，化学原料及化学品制造业，橡胶制品业，塑料制品业；（4）低技术产业：食品制造业，饮料制造业，纺织业，纺织服装鞋帽制造业，印刷业和记录媒介的复制，文教体育用品制造业，工艺品及其他制造业。

参照魏守华等（2010）分类方法，服务业可分为三类：（1）生产性服务业，包括：交通运输、仓储和邮政业，信息传输、计算机服务和软件业，批发和零售业，金融业，租赁和商务服务业；（2）消费性服务业，包括：住宿和餐饮业，房地产业，居民服务和其他服务业；（3）公共服务业，包括：公共管理和社会组织，卫生、社会保障和社会福利业，科学研究、技术服务和地质勘查业，水利、环境和公共设施管理业，教育，文化、体育和娱乐业。

（三）城市类别界定

根据城市经济规模、城市人口规模和建设面积规模，本章将长三角15个城市分为三个等级，第一级：上海；第二级：杭州、南京、宁波、苏州、无锡；第三级：常州、镇江、扬州、泰州、南通、嘉兴、湖州、绍兴、舟山。

二、长三角产业集聚度的变动特征

（一）基于区域基尼系数的长三角产业集聚度演变特征

1. 行业维度的分析

根据式（2.2）计算长三角15个城市制造业和服务业细分行业的区域基尼系数，结果见表2-1、表2-2。从行业维度看，制造行业集聚现象明显，其中资源依赖性行业和低技术行业的集聚度普遍较高；而服务业集聚现象不明显，各行业集聚度普遍较低。

表 2-1　　　　　2003~2013 年长三角制造业区域基尼系数及其变化率

产业类型	时间　行业	2003	2005	2007	2011	2013	(2013－2003)／2003（%）
资源依赖型产业	农副食品加工业	0.6893	0.6439	0.6057	0.6527	0.5385	－21.88
	黑色金属冶炼及压延加工业	0.4805	0.4577	0.4590	0.4640	0.3426	－28.70
	有色金属冶炼及压延加工业	0.5235	0.3914	0.4090	0.3939	0.2946	－43.72
	造纸及纸制品业	0.6481	0.6337	0.6449	0.6295	0.5957	－8.09
	木材加工及木竹藤棕草制造业	0.6178	0.8903	0.9221	0.8718	0.7396	19.72
	家具制造业	0.3534	0.5937	0.5997	0.5950	0.6482	83.42
	非金属矿物制品业	0.2587	0.2957	0.3348	0.3199	0.4274	65.21
	化学纤维制造业	0.8127	0.8964	0.7534	0.8579	0.8354	2.79

续表

产业 类型	时间 行业	2003	2005	2007	2011	2013	(2013－2003) ／2003(％)
高技术产业	医药制造业	0.5122	0.4915	0.5206	0.5088	0.4247	－17.08
	电气机械及器材制造业	0.2760	0.2752	0.2631	0.2742	0.2486	－9.93
	通信设备、计算机等制造业	0.5070	0.6343	0.6091	0.5915	0.7473	47.40
	仪器仪表及办公用机械制造业	0.4541	0.4263	0.3883	0.4433	0.5362	18.08
中技术产业	金属制品业	0.2870	0.3110	0.2896	0.2904	0.3524	22.79
	通用设备制造业	0.2497	0.2570	0.2401	0.2482	0.2734	9.49
	专用设备制造业	0.3298	0.2549	0.2194	0.2154	0.2525	－23.44
	交通运输设备制造业	0.4618	0.4476	0.4696	0.4714	0.5358	16.02
	化学原料及化学品制造业	0.2958	0.3213	0.3068	0.3218	0.3429	15.92
	橡胶制品业	0.3415	0.3496	0.3965	0.3633	0.4252	24.51
	塑料制品业	0.3300	0.2878	0.3130	0.2846	0.2647	－19.79
低技术产业	食品制造业	0.5138	0.5206	0.5840	0.5391	0.6392	24.41
	饮料制造业	0.6667	0.6585	0.6523	0.6786	0.6136	－7.96
	纺织业	0.6183	0.6017	0.6075	0.5911	0.7246	17.19
	纺织服装、鞋、帽制造业	0.5429	0.3384	0.3441	0.3253	0.3915	－27.89
	印刷业和记录媒介的复制	0.5123	0.4635	0.4847	0.4720	0.5258	2.64
	文教体育用品制造业	0.4870	0.5018	0.4954	0.5123	0.5733	17.72
	工艺品及其他制造业	0.4789	0.6468	0.6432	0.6650	0.5386	12.47

表 2－2　　　　2003~2013 年长三角服务业区域基尼系数及其变化率

产业 类型	时间 行业	2003	2005	2007	2011	2013	(2013－2003) ／2003(％)
生产性服务业	交通运输、仓储和邮政业	0.2999	0.2240	0.3318	0.3084	0.3598	19.99
	信息传输、计算机服务、软件业	0.0926	0.1410	0.2508	0.3262	0.5113	452.16
	批发和零售业	0.1188	0.4443	0.1118	0.2389	0.3917	229.74
	金融业	0.1069	0.1531	0.1338	0.2884	0.2570	140.42
	租赁和商务服务业	0.3817	0.4483	0.4146	0.1721	0.1671	－56.21

产业类型	行业 \ 时间	2003	2005	2007	2011	2013	(2013~2003)/2003（%）
消费性服务业	住宿、餐饮业	0.2336	0.1524	0.1808	0.3049	0.2144	-8.20
	房地产业	0.3274	0.2606	0.2836	0.5886	0.2803	-14.38
	居民服务和其他服务业	0.6199	0.9066	0.7043	0.3328	0.4402	-28.98
公共性服务业	公共管理和社会组织	0.2455	0.3831	0.2868	0.3840	0.4097	66.90
	卫生、社会保障和社会福利业	0.1566	0.2583	0.1564	0.2782	0.2882	84.05
	科学研究、技术服务业	0.3562	0.3150	0.4432	0.3083	0.2286	-35.81
	水利、环境和公共设施管理业	0.1488	0.2457	0.1541	0.2095	0.1830	22.96
	教育	0.2379	0.3719	0.2583	0.3260	0.3136	31.83
	文化、体育和娱乐业	0.1578	0.1405	0.1569	0.0709	0.1554	-1.55

表 2-1 中，2013 年 26 个制造业行业有 14 个行业的 G 值在 [0.5，1.0] 区间内，行业集聚现象明显；其余 12 个行业的 G 值在 [0.2，0.5] 区间内，行业存在集聚现象但不明显。资源依赖性行业和低技术行业的集聚度 G 值大部分大于 0.4。表 2-2 中，服务业整体集聚现象不明显，各行业之间也存在明显的差异。2007 年，14 个服务业行业中，仅信息传输、计算机服务和软件业的 G 值超过 0.5，其余行业有 10 个行业的 G 值在 [0.2，0.5] 区间内，3 个行业的 G 值在 [0，0.2] 区间内，可见服务业内部的集聚程度差异明显。

2. 时间维度的分析

从时间维度看，制造业部分行业逐渐趋向高度集聚，而大部分行业却存在分散化趋势；服务业大部分行业趋向高度集聚，少数行业存在分散化趋势。2003~2013 年，制造业 26 个细分行业产业集聚度的变化率中有 16 个行业为正值，说明这些行业的集聚程度在不断加深；其余 10 个行业为负值，说明这些行业的集聚程度逐渐降低，趋于分散。其中，家具制造业的集聚程度变化最大，在短短的 10 年内完成了从中低阶段的集聚到高度集聚的跨越；其次是木材加工及木竹藤棕草制造业，10 年内其区域基尼系数增大将近 50%，且 2007 年 G 值超过 0.9，这说明随时间的变化，该行业不仅集聚程度在不断加深，而且已经达到相当高的程度。服务业 14 个行业有 8 个行业的区域基尼系数变化率为正，6 个为负，这表明大部分服务业行业是由分散向集聚演变，由中低程度集聚向高度集聚演变。其中生产性服务业和公共物品服务业可以进行跨地区生产和消费，故呈现出由分散向集聚转变的特征；而消费性服务业由于服务于本地消费市场，具有本地化的特征，在各地均有分布，呈现出一定的分散趋势。

3. 城市等级维度分析

从城市等级维度分析，制造业行业在各级城市均有分布，但各行业在不同等级城市的分布规律不明显；服务业主要集中在上海、杭州、南京等大城市，即一、二级城市，特别是一级城市。其中，一级城市（上海）集聚的主要是高技术产业和服务业，这是由于上海消费市场规模大，交通运输便利，很容易吸引各产业进入，而且随着上海产业升级，将呈现出越来越明显的高技术产业和服务业集聚的特点；第二级城市集聚的主要是各级制造业和生产性服务业，这是由于该地区距离上海较近，承接了上海的产业转移，与上海形成产业互补，呈现出产业多元化发展的特征；第三级城市集聚的主要是资源依赖型产业和中低技术制造业，鲜有服务业。该地区自然资源较为丰富，劳动力充足，有条件承接一、二级城市的产业转移，加上历史因素和出口因素的影响，这些地区多发展低端产业，主要是劳动密集型产业。

（二）基于区位商的长三角产业集聚度演变特征

根据区位商的定义，运用各行业工业产值数据，本章测度长三角 15 个城市 28 个制造业行业 2000～2013 年间产业集聚度结果如表 2 - 3 所示。为了便于分析和比较，表 2 - 3 将 28 个产业按照资源依赖型、低中高技术产业重新排序，同时将 15 个城市按上述规模划分排序。

如表 2 - 3 所示，产业集聚度划分标准如下：超高（$LQ > 2$）、高（$LQ > 1$）、中（LQ 在 1 附近）、低（$LQ < 1$）、超低（$LQ < 0.1$）；而产业集聚度的变化则分为：升高、降低、波动。

由表 2 - 3 可以清楚地得到长三角 15 个城市 28 个制造业行业的产业集聚度及其变化情况，具体为：

第一等级城市上海，其制造业 28 个行业中，仅有石油加工（资源依赖型）、食品制造业（低技术行业）、通用设备制造业与交通运输设备制造业（中技术行业）、医药制造业与通信设备、计算机等制造业（高技术行业）等6 个行业的产业集聚度大于 1 并且一直比较稳定，其余制造业行业的产业集聚度均在不断下降或者低水平波动。这说明，上海市制造业中除个别本地化产

表 2 - 3　长三角 15 个城市 28 个制造业行业的产业集聚度变化：2000 ~ 2013 年

	上海	杭州	南京	苏州	无锡	宁波	常州	泰州
农副食品加工业	低, 波动*	低, 升高*	低, 波动	高, 降低	低, 降低	高, 波动*	低, 降低	高, 升高*
木材加工及木、竹等制造业	低, 降低	低, 波动	低, 降低	低, 降低	低, 升高*	低, 波动	高, 升高*	低, 波动
家具制造业	中, 波动*	高, 升高*	低, 降低	高, 波动*	超低, 波动*	中, 升高*	低, 波动	低, 升高*
造纸及纸制品业	低, 降低	高, 升高*	低, 降低	高, 波动*	低, 波动*	高, 波动*	低, 波动	低, 升高*
石油加工、炼焦等燃料加工业	高, 波动*	低, 波动*	高, 波动*	低, 降低	低, 升高*	高, 波动*	超低, 升	中, 升高*
化学纤维制造业	低, 降低	中, 升高*	低, 降低	高, 升高*	高, 波动*	低, 波动*	低, 波动*	超低, 波动
非金属矿物制品业	低, 波动	中, 升高*	高, 降低	中, 降低	低, 波动*	低, 升高*	高, 升高*	低, 波动
黑色金属冶炼压延加工业	高, 降低	低, 波动	高, 波动*	高, 升高*	高, 升高*	低, 升高*	高, 升高*	低, 波动
有色金属冶炼压延加工业	低, 降低	低, 升高*	低, 升高*	高, 波动*	高, 波动*	高, 波动*	高, 波动*	低, 降低
食品制造业	高, 波动*	高, 升高*	低, 波动	中, 降低	低, 升高*	低, 波动*	低, 波动*	低, 升高*
饮料制造业	中, 波动	超高, 降	低, 波动	低, 波动	低, 波动*	低, 波动*	低, 波动*	低, 升高*
纺织业	低, 降低	高, 波动	低, 降低	高, 降低*	高, 降低*	低, 波动*	高, 降低	低, 波动
纺织服装、鞋、帽制造业	低, 降低	低, 波动	低, 降低	中, 波动	低, 升高*	高, 波动*	高, 波动*	低, 波动
皮革、毛皮、羽毛等制品业	低, 降低	高, 降低	低, 降低	低, 降低	低, 降低	超低, 波动*	低, 升高*	超低, 波动

续表

	上海	杭州	南京	苏州	无锡	宁波	常州	泰州
印刷业和记录媒介的复制	高，降低	高，波动*	低，波动	低，升高*	中，降低	中，升高*	低，波动*	低，升高*
文教体育用品制造业	中，降低	低，升高*	低，波动	中，波动	低，波动	高，升高*	低，波动	低，波动
工艺品及其他制造业	低，波动	中，升高*	中，降低	中，降低	低，波动	高，波动*	低，降低	低，降低
化学原料及化学制品制造业	低，降低	低，升高*	高，波动*	中，降低*	高，降低	低，升高*	高，低	高，波动*
橡胶制品业	低，降低	高，升高*	低，波动	高，升高*	低，升高*	低，升高*	低，波动	低，升高*
塑料制品业	低，降低	低，升高*	低，降低	中，波动	高，降低	高，波动*	高，波动*	低，升高*
金属制品业	中，降低	中，波动*	低，波动	低，降低	中，降低	高，波动*	中，升高*	高，升高*
通用设备制造业	高，升高*	低，升高*	低，降低	低，波动	高，降低	高，波动*	高，降低	高，波动*
专用设备制造业	中，波动	低，波动	中，降低	高，升高*	高，降低	中，波动*	高，波动*	中，升高*
交通运输设备制造业	高，波动*	中，波动	中，降低	低，波动	低，升高*	低，升高*	低，波动*	高，升高*
医药制造业	高，升高*	高，波动*	低，波动	低，波动	低，降低	低，升高*	中，升高*	高，升高*
电气机械及器材制造业	中，降低	中，降低	低，降低	高，波动*	高，升高*	高，升高*	高，波动*	高，降低
通信设备、计算机等制造业	高，波动*	低，降低	高，波动*	超高，升*	低，升高*	低，波动*	低，降低	超低，波动
仪器仪表文化办公用品制造业	中，降低	高，降低	低，波动	超高，波*	低，升高*	高，波动*	低，波动	低，升高*

续表

	扬州	镇江	南通	绍兴	嘉兴	湖州	舟山
农副食品加工业	中，升高*	高，降低	高，升高*	低，升高*	高，降低	中，降低	高，波动*
木材加工及木、竹等制品业	高，波动*	高，波动*	超低，升高*	低，波动*	高，波动*	高，升高*	低，升高*
家具制造业	超低，波动	低，降低	低，降低	高，降低	高，升高*	高，波动*	超低，波动
造纸及纸制品业	低，升高*	高，波动*	低，升高*	低，波动*	高，波动*	低，降低	低，降低
石油加工、炼焦等燃料加工业	低，波动*	低，升高*	超低，升高*	超低，波动*	低，波动*	超低，波动	无
化学纤维制造业	高，降低	超低，波动*	高，降低	高，升高*	高，波动*	超低升高	中，降低
非金属矿物制品业	低，升高*	高，降低	中，波动*	高，波动*	高，波动*	高，升高*	低，升高*
黑色金属冶炼压延加工业	低，升高*	低，升高*	低，升高*	低，波动*	低，升高*	低，升高*	超低，波动
有色金属冶炼压延加工业	低，升高*	低，波动*	低，波动*	高，波动*	低，降低	高，波动*	超低，波动
食品制造业	低，波动*	低，降低	低，波动*	低，升高*	低，升高*	低，升高*	超低，波动
饮料制造业	低，升高*	低，波动*	低，升高*	高，升高*	低，升高*	中，波动*	低，降低
纺织业	低，降低	低，波动*	高，升高*	高，升高*	高，升高*	高，波动*	低，波动
纺织服装、鞋、帽制造业	高，升高*	低，波动*	高，升高*	高，波动*	高，波动*	低，波动*	超低，波动
皮革、毛皮、羽毛等制品业	高，升高*	低，波动*	低，升高*	低，降低	高，升高*	中，升高*	超低，波动
印刷业和记录媒介的复制	低，升高*	低，降低	低，波动*	低，升高*	高，升高*	中，升高*	低，波动

续表

	扬州	镇江	南通	绍兴	嘉兴	湖州	舟山
文教体育用品制造业	高，升高*	高，波动*	中，升高*	低，波动	低，升高*	低，波动	低，波动
工艺品及其他制造业	高，升高*	高，降低*	高，波动*	高，升高*	中，升高*	低，波动	无
化学原料及化学制品制造	低，波动	高，波动*	中，升高*	中，波动	低，波动	低，波动	超低，波动
橡胶制品业	低，升高*	低，波动	中，升高*	低，降低	高，波动	超低，波动	低，升高*
塑料制品业	中，降低	低，波动	低，波动*	高，升高*	低，升高*	低，升高*	低，降低
金属制品业	低，波动	高，波动*	中，升高*	低，波动	低，波动	低，波动	超低，波动
通用设备制造业	低，升高*	低，升高*	低，升高*	高，波动*	低，升高*	低，升高*	超低，波动
专用设备制造业	高，波动*	低，波动	低，升高*	高，波动*	低，升高*	低，升高*	中，降低
交通运输设备制造业	高，升高*	低，波动	低，升高*	低，升高*	超低，升高	超低，波动	中，升高*
医药制造业	低，升高*	低，降低	低，升高*	高，升高*	低，波动	高，升高*	中，降低
电气机械及器材制造业	高，升高*	高，波动*	低，升高*	低，降低	低，波动	中，波动	低，降低
通信设备、计算机等制造业	低，波动	低，波动	低，波动	低，降低	低，波动	超低，升高	超低，波动
仪器、仪表文化用机械制造	低，波动	低，波动	中，升高*	低，波动	低，波动	超低，升高	超低，波动

注：(1) 高：$LQ>1$；低：$LQ<1$；中：$LQ\approx1$附近值较多，即 LQ 大于 1、小于 1 的值均占较大比例。

(2) 波动：变化幅度较小，通常 $\Delta LQ<0.2$。

(3) *表示该产业集聚度较高或正在升高的行业，体现了该城市该产业发展的方向。

业、政策支持产业、部分重要的高中技术产业的集聚度在不断提高或比较稳定之外，其他产业的产业集聚度均在不断下降、波动。

第二等级城市杭州、南京、苏州、无锡、宁波的产业集聚度则体现了另一种变化状况。总体看来，一般地，该级别城市高技术产业集聚度开始升高，中技术产业集聚度呈现明显的上升趋势，低技术产业集聚度已经处于较高位置，开始出现波动或者下降，资源依赖性产业集聚度具有明显的升高趋势。这说明，第二等级城市已经开始逐步发展高技术产业，产业产值份额逐渐升高；中技术产业是该等级城市的主要阵地，产业集聚度处于相对较高的水平，低技术产业比例正在徘徊或者逐渐下降。其中，南京是个例外，由于其丰厚的文化底蕴和丰富的人力资本，其发展方向与上海相似，努力向第三产业发展。

第三等级城市的高技术产业开始萌发，个别城市的个别行业已经取得较大成果，如泰州、绍兴、湖州医药制造业，常州、扬州、温州、镇江电气机械制造业等；中技术产业集聚度开始升高；低技术产业集聚度处于较高位置，并且集聚度仍在不断上升；而资源依赖型行业则依各城市而不相同，比较典型的是温州和嘉兴，前者的资源依赖型行业产业集聚度较低且没有明显变化，而后者则恰好相反。这说明，第三等级城市的主要阵地在低技术产业，中技术产业已经开始发展，高技术产业发展凤毛麟角。其中，舟山是个例外，该城市制造业所占比重较低。

综上所述，之所以会出现上海大部分产业的产业集聚度下降、波动是因为上海近年来大力发展服务业等第三产业，其制造业所占比重下降，同时其他城市开始努力发展中、高端制造业使上海产值份额下降，因此上海制造业中很多行业产业集聚度下降或波动，这也反映了上海市制造业向其他城市制造业的产业转移过程；第二、三等级城市中、高技术制造业的产业集聚度开始上升，这是因为这些城市或者大力发展了中高技术制造业、产值比例升高，或者承接了上海的产业转移，并在某些高技术产业与上海形成竞争关系。

第3节 产业集聚演变的理论解释

根据前文分析，本节将从城市规模、资源状况、劳动力素质、劳动力成本、土地成本、运输成本、市场规模（本地和附近地区）、基础设施建设、生产及其配套设施建设、生活成本、资金供给、政府政策等方面分析长三角15

城市产业集聚度变化的原因，并为其产业发展方向提供一定的政策建议。具体原因分析如下。

（1）第一等级城市上海是我国第一大城市，从国内生产总值来看，第三产业比重越来越高，第一、二产业比重不断降低。随经济的不断发展，其土地资源日趋紧张，劳动力成本、土地成本、生活成本迅速提高，这不利于低技术①、中技术②企业等利润较低或污染较严重的行业发展，致使这些产业逐渐走向周围城市，产业集聚度不断下降；同时，由于上海基础设施完善，人力资本丰富，生产及配套设施先进，资金供给充足，政策环境有利，这就为高技术产业发展提供了良好的环境和政策条件，促进了医药制造业、通信设备计算机等高技术产业发展，因此，这些产业的集聚度升高；而上海自然资源并不丰富，除港口优势外，资源依赖型行业在此没有发展条件③。

综上所述，上海市经济发展应以第三产业为主，第二产业为辅。如图 2 - 1 所示，在第二产业的发展中，上海应大力发展医药制造业，电器机械及器材制造业，通信设备、计算机等制造业，仪器仪表制造业等高技术、高利润行业；适当发展通用设备、专用设备、交通运输设备制造业等中技术行业；限制发展低技术制造业；根据国家政策扶持结合本地实际状况发展资源依赖型产业，如石油加工、黑色金属冶炼及压延加工业。

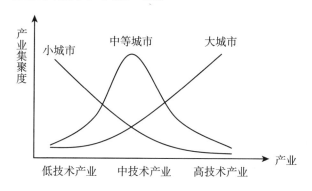

图 2 - 1　不同规模城市的产业发展方向示意

（2）在长三角经济发展的现阶段，第二等级城市土地资源开始短缺，劳

---

① 具有较强市场指向型的企业除外，如食品制造业。

② 个别具有较长产业链的行业如通用设备制造业、交通运输设备制造业等上海的传统制造业行业，得到政府的大力支持，在全国具有竞争优势，因此得到有力发展。

③ 石油加工行业、黑色金属冶炼及压延加工业由于受到国家政策支持，并且具有较低的运输成本（港口优势）而得到了较高程度的发展。

动力成本、土地成本、生活成本逐渐上升，处于第一等级和第三等级城市之间，生产成本、投资环境开始不利于低技术制造业等利润较低行业的发展，因此其产业集聚度下降；而由于其生产、生活成本不如第一等级城市高，并且具有相对丰富、优质的人力资本，相对完善的基础设施、生产及配套设施，较为丰富的资金供给等优势条件，因此中技术产业在该地区具有有利的发展空间，产业集聚度升高（在较高水平上）；进一步，由于政府政策大力支持，这些城市高技术产业得到有力发展，产业集聚度迅速提高；资源依赖型产业方面，部分产业由于港口优势、或市场优势、或政策优势、或在位优势特别突出，所以其产业集聚度不断升高。

综上所述，如图 2 - 1 所示，第二等级城市产业发展方向接近"钟形"。这些城市应结合本地产业基础及其他实际情况，大力发展高技术产业，如杭州发展医药、仪器仪表制造业，南京发展医药、通信设备计算机制造业，苏州、无锡、宁波发展医药、通信设备计算机制造、仪器仪表制造业；在控制环境污染的前提下，重点发展有竞争优势的中技术制造业，并向高技术制造业过渡，比如通用、专用、交通运输设备制造业，金属制品业；限制发展低技术制造业和污染严重的中技术制造业，如化学原料及其制品业，塑料、橡胶制品业，纺织业，纺织服装鞋帽制造业等行业；根据国家政策支持、本地优势发展资源依赖型产业，如家具制造业，造纸及纸制品业，石油加工业，黑色、有色金属制造业等。

（3）第三等级城市处于长三角经济发展的最低层次，这些城市土地资源较为丰富，劳动力成本、土地成本、生活成本较低，有利于资源依赖型产业、低、中技术产业、劳动密集型产业的发展，并在一定程度上有利于承接第一、二等级城市的产业转移，因此资源依赖型、低、中技术产业集聚度升高；而由于其基础设施不完善，劳动力素质相对较低，生产及配套设施不够先进或者缺乏，在一定程度上抑制中技术产业的发展，部分行业产业集聚度徘徊、波动；由于上述不利因素，并且该类城市资金供给不足、政策环境不优越，因此高技术产业发展缓慢，产业集聚度在低水平徘徊，高集聚度产业凤毛麟角（见表 2 - 3）。

综上所述，如图 2 - 1 所示，第三等级城市应该结合本地产业基础及其优势条件等实际情况，在控制环境污染、产业可持续发展的条件下大力发展中低技术产业和资源依赖型产业，比如，现在具有较高产业集聚度、或者集聚度正在升高的产业以及一些高关联性产业；适当、前瞻性地发展高技术产业。

第 4 节　计量检验

一、模型和变量选取

基于以上对产业集聚影响因素的分析，本节将从交通运输状况、市场规模大小、本地化要素、资源状况、集聚经济本身等五个方面考察各要素对长三角地区产业集聚的影响。考虑到数据可得性和统计口径的一致性，本节将采用 2013 年 15 个城市 28 个制造业行业和 14 个服务业行业的截面数据进行回归分析。由于制造业和服务业行业性质的不同，本节将分别构建计量模型实证分析产业集聚的影响因素。回归模型如下：

（1）制造业：

$$\ln Y_{ij} = a_0 + a_1 \ln T_{ij} + a_2 \ln Size_{ij} + a_3 \ln Wage_{ij} + a_4 \ln H_{ij} + a_5 \ln R_{ij} + a_6 \ln Y_{ij,t-1} + e_{ij}$$

$$(2.4)$$

（2）服务业：

$$\ln Y_{ij} = a_0 + a_1 \ln Size_{ij} + a_2 \ln Wage_{ij} + a_3 \ln H_{ij} + + a_4 \ln Y_{ij,t-1} + e_{ij} \qquad (2.5)$$

其中：Y_{ij} 表示 j 城市 i 行业生产总值，T 代表交通运输状况，$Size$ 代表市场规模，用工资（$Wage$）和员工素质（H）代表本地化要素，R 代表自然资源状况，$Y_{ij,t-1}$ 代表产业集聚本身，ε 是误差项。具体说来，首先，交通状况指标，由铁路、公路、港口货物吞吐量的总和来衡量，许多研究仅用公路、铁路运输线长度和来衡量（赵祥，2009），但考虑到长三角地区水路交通和港口的重要地位，故此处应以公路、铁路和港口三种交通方式的货物吞吐量之和衡量才更准确。从理论上讲，由于长三角地区运输系统较为发达，各类产业与交通系统的相关性应该较小。其次，市场规模指标 GDP 由各个城市 GDP 绝对值来衡量（经过物价指数调整）。一个城市 GDP 的大小从一定程度上衡量了该地区消费市场的大小，一般地，市场规模越大，对企业越有吸引力，越容易发生产业集聚，如上海陆家嘴金融业的集聚、苏州制造业行业的集聚等。第三，本地化的要素包括工资和人力资本（大专以上文凭人数），分别用来衡量一个地区劳动力的数量和质量。一般来说，高技术产业需要高素质的人才，而劳动密集型产业则需要大量的普通劳动力。第四，地方资源的衡量主要包括矿物资源（用黑色、有色、非金属矿等工业资源的产量总和表示），资源导向型行业对原材料的要求较高，可以期待该指标对资源导向型行业发展有促进作用。最后，集聚状况本身的衡量用上一年该产业产值来测度。

二、计量结果分析

分别对式（2.4）、式（2.5）进行分行业回归，回归结果如表 2-4 所示，简要分析如下。

表 2-4　　　　　　　　　　制造业和服务业分行业回归结果

行业 变量		制造业				服务业		
		资源导向 型行业	高技术 行业	中技术 行业	低技术 行业	生产性 服务业	消费性 服务业	公共服 务业
交通状况		1.030* (0.570)	0.079** (2.211)	−0.029 (−0.971)	−0.007 (−0.233)			
市场规模		0.031 (0.414)	−0.093 (−1.010)	0.120 (1.517)	−0.093* (−1.864)	−0.060 (−0.986)	0.014* (1.297)	0.036* (1.672)
本地化要素	工资	−0.019 (−0.170)	0.090 (0.690)	0.028 (0.433)	−0.212*** (−4.531)	0.041 (0.515)	0.083 (0.900)	−0.025 (−0.886)
	人力资本	−0.029 (−0.701)	−0.063 (−1.297)	−0.119*** (−3.307)	−0.072** (−2.436)	0.087* (1.704)	−0.123** (−2.030)	−0.044** (−2.140)
资源状况	矿业资源	0.072*** (2.720)	−0.038 (−0.618)	0.003 (0.156)	−0.003 (−0.142)			
集聚本身		0.940*** (48.054)	0.964*** (41.238)	0.105*** (48.57)	0.993*** (82.05)	0.902*** (26.96)	0.997*** (35.281)	0.998*** (110.44)
样本数		128	64	112	112	80	48	96
$Adjusted\text{-}R^2$		0.972	0.982	0.977	0.988	0.945	0.974	0.993

注：***、**、*分别代表显著水平为1%、5%、10%，括号内值为t值。

（一）制造业分行业回归结果分析

对资源导向型行业的回归表明，交通状况 T 和资源状况变量 R 与产业集聚水平显著正相关，这表明对资源导向型行业，地区资源禀赋和产业集聚度本身是产业集聚的重要影响因素。市场规模要素、本地化要素、产业集聚度本身对该类产业的产业集聚水平作用不明显。

对于高技术产业的回归表明，市场规模、本地化要素、资源状况的回归结果没有通过显著性检验，但是与交通状况和集聚本身显著正相关，这比较符合长三角地区现实状况。长三角地区高技术产业多集聚于一级城市和部分二级城市，这些城市的交通基础设施投入与城市发展水平基本相当，良好的交通设施，便利发达的海陆空港交通网络使高技术产业较少的受原材料、市场规模等因素的影响，为高技术产业的集聚提供了有利条件。

中技术行业本应该受到市场规模和本地化要素的制约，即市场规模和本地化要素对中技术行业的产业集聚有显著为正的影响。但从计量结果看，它与市场规模和劳动力数量虽然存在正相关，但相关性并不显著，甚至与劳动力素质存在负相关。这种状况也符合现实经济运行，因为江浙一带的中技术制造业在一定程度上仍然是以廉价劳动力取胜，而不是科技创新。

对于低技术行业来说，产业集聚与市场规模、本地化要素和产业集聚状况本身等三个要素弱负相关，交通状况和资源要素对产业集聚的影响不明显。这说明低技术行业，多是与基本生活需求相关的行业，更多地服务于本地市场需求，而较少能进行跨地区流动，并且由于许多这类产业产品附加值低，运输成本不足以弥补其期望收益。

（二）服务业分行业回归结果分析

对生产性服务业的回归表明，产业集聚与市场规模和劳动力数量的相关性不显著，与劳动力素质和产业集聚本身显著正相关。这是因为，生产性服务业多集聚在一级城市和部分二级城市，其他地区分布较少，故与市场规模和劳动力总量并无直接关系；并且由于生产性服务业行业本身的特征，对劳动力素质要求比较高，所以劳动力素质对产业集聚有显著影响；同时，由于集聚经济具有示范效应和自我强化功能，集聚经济本身对生产性服务业影响显著。

对于消费性服务业，产业集聚与市场规模正相关，还与劳动力素质和产业集聚本身显著相关，但与生产性服务业不同，消费性服务业与劳动力素质负相关，这可能是由于社会环境、行业性质和产业定位不同造成的。生产性服务业是较高端行业，其良好的工作环境和晋升机制，吸引了大批高学历人才进入，而消费性服务业则较为低端，就业门槛较低，整体劳动力素质相对较低。

对于公共服务业，产业集聚与市场规模和产业集聚本身显著正相关，而与劳动力素质存在显著负相关。公共服务业多承担着提供地区公共品的职能，例如基础性研究、公共交通设施、文化建设，所以城市规模的大小能够影响公共服务的发展规模和发展程度，城市规模越大，对公共品的需求越多，层次也越高。同时，由于公共物品多由政府提供，考虑到对其他政策目标的兼顾（如就业问题），学历较高的公民需要政府的扶助较少，学历相对不高的公民就业需要政府的辅助较多，从这个角度讲，公共服务业成为承担这种义务的媒介。

需要指出的是，产业集聚本身在制造业和服务业集聚过程中具有重要地位。马歇尔（Marshall, 1920）认为，在产业集聚的形成过程中，外部性是关键因素，会产生锁定效应（lock-in effect），"产业为自身发展选定一个区位时，它就会趋向于在该地区驻留相当一段时间，企业会发现与近邻之间从事同样的行业所得到的好处是如此之大……"。从回归方程的结果来看，就是前面所提及的分享中间投入品、人力资源、获得更高的技术匹配性和知识溢出效应。

第 5 节　本章小结

本章利用区域基尼系数和区位商分别测算了长三角 15 个城市制造业和服务业 2003～2013 年的产业集聚度，结果表明：

（1）长三角制造业和服务业集聚状况存在明显差异：制造业行业集聚程度较高，在各级城市均有分布，各城市间存在专业化分工；服务业行业集聚程度较低，部分行业集聚现象不明显。

（2）第一等级城市上海，大部分高、中、低技术产业的集聚度下降、波动或徘徊，部分产业集聚度上升。其经济发展应以第三产业为主，第二产业为辅。在第二产业的发展中，应大力发展高技术制造业；适当发展中技术行业；限制发展低技术制造业；根据国家政策扶持结合本地实际状况发展资源依赖型产业。

（3）第二等级城市高技术产业集聚度开始升高，中技术产业集聚度呈现明显的上升趋势，低技术产业集聚度已经处于较高位置，出现波动或者下降，资源依赖型产业集聚度开始具有明显升高。第二等级城市应该结合本地产业基础及其他实际情况，大力发展高技术产业，重点发展具有竞争优势的中技术制造业，限制发展低技术制造业和污染严重的中技术制造业，根据国家政策、本地优势和传统产业优势发展资源依赖型产业。

（4）第三等级城市高技术产业集聚度开始萌发，个别行业已经取得较大成果；中技术产业集聚度开始升高；低技术产业集聚度处于较高位置，并仍在上升；而资源依赖型行业则依各城市而不相同。第三等级城市应该结合本地产业基础及其优势条件等实际情况，在控制环境污染、产业可持续发展的条件下大力发展中低技术产业和资源依赖型产业，比如现在具有较高产业集中度或集中度正在升高的产业以及一些高关联性产业；适当发展高技术产业。

（5）利用简单的计量回归模型测算了交通状况、劳动力、市场规模、本地化要素、产业集聚本身对地区产业布局的影响，得出的结论与现实中长三角城市的产业布局基本吻合。

基于制造业与服务业产业集聚状况存在的差异和生产力布局相关理论，本章具有以下政策含义：第一，苏浙两省应充分发挥制造业集聚的优势，将高新技术运用于传统产业发展中，实现产业结构升级，由劳动力密集型向资本密集型和技术密集型转变，依靠技术创新来提高传统产业竞争力。第二，苏浙两省应通过政策引导、支持服务业发展，通过与上海互动，提高地区服务业的集聚度、竞争力和服务水平。第三，基于不同生产要素对产业发展的贡献不同，上海应充分发挥其人力资源优势，大力发展生产性服务业，促进相关生产要素集聚。

第3章

本地经济结构、空间溢出效应与长三角制造业增长差异[*]

制造业属于松脚型产业（loose-rooted industry），不同于农业依靠土地资源且无规模经济效应，也不同于服务业强烈依赖本地市场。制造业受要素流动影响显著（如对地租、工资敏感性高），还高度依赖于集聚效应，尤其在经济联系密切的城市群内集聚与扩散变动明显。同时，制造业不同细分行业由于所处产业生命周期阶段的差异，受本地要素和集聚效应影响存在差异，如处于成长期的产业通常对要素价格不敏感并在大都市经济环境中孕育，而处于成熟期的产业往往对要素价格敏感并集聚在中小城市，因此，不同类型（技术密集型、资本密集型、劳动力密集型）制造业具有差异化的集聚与扩散特征。

长三角作为我国最大的城市群，制造业发达，工业增加值占全国的比重在20%以上。在总量稳定增长的同时，16个城市制造业空间分布结构呈现差异化集聚，如核心城市服务业增长较快，制造业，特别是传统制造业表现为产业转移，而外围城市处于工业化加速期，制造业加快集聚。同时，这种产业集聚与扩散在空间上呈连续性，具有空间关联和空间溢出效应。通过分析城市自身的经济结构（如浙江许多城市的专业化模式）以及空间溢出效应（如上海对周边城市的产业扩散）对城市制造业相对增长率的影响，有助于揭示城市群地区产业空间重构的内在规律。

---

* 本章主要来自：魏守华、汤丹宁、孙修远：《本地经济结构、外部空间溢出与制造业增长：以长三角为例》，载《产业经济研究》2015年第1期，第71~82页。

国内外大量理论与实证研究解析了产业集聚与产业发展的关系（Glaeser et al.，1992；Henderson et al.，1995；Batisse，2002；石灵云等，2007；魏守华等，2009；等等），试图论证：这种集聚效应更多是来自于本地区同行业企业集聚（专业化效应），还是更多来自不同行业企业集聚（多样化效应）？长三角城市群市场机制强且城市间经济结构差异显著，如浙江的城市多以专业化经济为主，而上海和苏南则以多样化经济为主，城市经济结构是如何影响产业增长的？此外，库姆斯（Combes，2000）在专业化与多样化效应基础上，开创性地考察地方竞争度、企业规模、地方经济规模等因素对法国这类发达经济体产业增长的影响，本章借鉴其方法考察长三角城市群，以揭示上述因素在发达与发展中国家的影响差异。

经济现象不仅表现出时间上（纵向）的相关（连续性），而且在空间上（横向）也存在某种程度的相关（Anselin et al.，2000）。为此，安瑟林等（Anselin et al.，2000）构建的空间计量经济学，重点分析样本的空间自相关特征。之后，众多基于空间计量经济学的实证研究考察了地区间要素流动、技术扩散等经济活动的空间相互影响（Paci et al.，2000；吴玉鸣，2006；吴玉鸣、何建坤，2008；等等）。这种现象在长三角城市群产业集聚与扩散中具有一定的普遍性，如20世纪80年代上海的"星期日工程师"有力地促进了苏南纺织等产业的发展，20世纪90年代流行着"上海对江苏的辐射仅达到常州"的观点。目前长三角一体化的速度大大加快，空间溢出效应不断增强，那么空间关联和空间自相关如何影响着长三角城市间的产业增长？

基于以上两个逻辑，本章创新点在于：第一，综合产业集聚和空间自相关理论实证检验长三角16个城市制造业相对增长率的影响因素；第二，相对于现有的仅对某区域整体空间自相关的回归方法，本章采用空间误差模型（SEM）和空间滞后模型（SLM）分别对长三角全部城市和 H–H（高–高）、H–L（高–低）和 L–H（低–高）型城市回归，比较空间溢出效应对不同集聚类型产业的差异化影响；第三，在样本选择上，国内研究多以省级区面板数据为对象，本文以长三角地区16个地级城市6个典型制造业细分行业面板数据为样本，有利于深刻地揭示城市经济结构、空间溢出效应对产业增长的影响。

接下来，探讨城市经济结构和空间溢出对产业增长的影响，之后介绍计量模型和数据，第四部分是计量结果与解释，最后是结论与政策含义。

第 1 节　本地经济结构、空间溢出效应对产业增长的影响机制

一、本地经济结构对产业增长的影响

1. 产业专业化和多样化

在集聚经济文献中，专业化和多样化对产业发展的作用众说纷纭。胡佛（Hoover，1937）区分了两种外部性经济：专业化效应指相同或相关行业在某一区域集聚产生的外部性经济，仅惠及本行业，动态条件下被称为 MAR 外部性（来自 Marshall（1920）、Arrow（1962）和 Romer（1990））；多样化效应，指多样化的经济活动在某一区域集聚产生的外部性惠及所有行业，动态条件下又被称为 Jacobs 外部性（Jacobs，1969）。雅各布斯（Jacobs，1969）认为产业多样化比产业专业化对经济的促进作用更为重要，多样化经济更能给地区经济带来活力，促进企业迸发创新灵感。这是因为专业化经济侧重同一产业内企业间的交流，而多样化经济则能促进产业间的交流，使某产业的一些思想、思路或技术在传播过程中为其他产业所吸收，并且由于产业间相互竞争较小，更容易导致企业之间的交流，从而促进创新。阿卜杜·拉赫曼和藤田（Abdel-Rahman and Fujita，1993）认为部门内和部门间的规模经济决定了城市多样性程度，基于同质投入产出模型（类似于传统贸易理论的完全竞争或古诺的非完全竞争模型）表明本地增长和专业化相关。相反，迪克西特和斯蒂格利茨（Dixit and Stiglitz，1977）关于城市经济学和经济地理学的垄断竞争模型认为对多样性的偏好会导致集聚。换言之，理论界虽然阐述了产业增长受专业化和多样化影响的机制，但影响的程度和效果存在争议，有待于实证检验。

2. 地方企业竞争

波特（Porter，2000）认为产业集聚下的竞争环境和生存压力有利于激发企业斗志，促进产业创新和企业生产率的提高，从而有利于产业发展；而马歇尔（Marshall，1920）认为地方垄断有利于阻止知识与信息，特别是默会知识（tacit knowledge）的扩散，使本地区保持技术和信息的垄断优势，垄断有利于产业发展。藤田和蒂斯（Fujita and Thisse，2002）认为产品差异化、商品质量不确定性使企业放松价格竞争，更倾向于选择市场中心的位置。萨顿（Sutton，1996）则认为信息外溢对企业竞争的影响并不确定，因而与企业空间分

布不相关，实证研究也没有足够证据证明竞争对创新有积极作用。熊彼特（Schumpeter）认为，一定程度的竞争使企业有 R&D 投资的压力，但如果创新的速度太快，R&D 回报会降低，企业也会降低 R&D 投入，过度竞争对创新产生负作用。因此，竞争对本地 R&D 活动和创新有不同的影响，对本地产业增长的影响也是不确定的。

3. 企业平均规模

规模经济分企业的内在规模经济和区域性的外部规模经济。如果规模经济是来自内部因素，如垄断竞争模型中，大企业有较低的平均成本并且靠近市场时会受益更多；如果规模经济是来自外部环境，根据内生增长理论，只有城市大小决定规模经济的程度，企业更多受益于外部规模经济。如卡巴莱罗和里昂（Caballero and Lyons，1990）在美国州层面比较企业生产函数时发现，几乎没有证据显示有内部规模经济但却有 4 个州存在外部规模经济。此外，企业的 R&D 部门往往随规模增加而增加，但一些实证研究表明 R&D 效率会随着规模增大而降低；同时，小企业尽管没有 R&D 部门，但可以依托外部技术溢出而把握市场机会。因此，企业平均规模并不能决定产业增长的快慢。

4. 本地经济规模

奥尤兰彻和萨特思韦特（O'h Uallachain and Satterthwaite，1992）认为，地方经济规模有时可看作城市化经济的一部分，决定了市场规模和地方公共物品的供给，进而影响产业发展的环境条件。格莱泽等（Glaeser et al.，1992）也强调，企业选址和发展依赖于地方公共品投入、运输距离和市场的竞争强度。较大的经济规模意味着较大的市场规模和公共物品供给，还意味着企业之间可能存在更多技术与信息交流，影响着企业的选址和发展状况，但另一方面，本地经济规模也可能会引起污染、高地租等负外部性，如高密度地区意味着高土地租金，增加了企业的生产成本，对劳动密集型产业影响较大。因此，本地经济规模或本地市场也具有"双刃剑"效应。

二、产业的空间溢出效应

以上关于城市经济结构对产业增长影响的文献，多将区域视为互相独立的个体，忽视了要素流动等的空间关联效应，可能造成研究结果的偏差（Anselin et al.，2000）。区域经济理论认为外部性、技术溢出、要素流动等机制具有显著的地理特征，空间因素对地区经济（产业）发展的作用不可忽视

（Krugman，1993）。

空间自相关是指某区域单元中的某一属性值与其邻近区域单元中的相应属性值具有相关性，即研究对象属性值的相关性与其位置相似性存在一致性（Anselin，1988）。全局空间自相关（global spatial autocorrelation），是从整体上衡量空间要素之间的相关关系，描述空间单元某种现象的整体分布状况，以判断该现象在空间上是否存在集聚性或者相似属性的平均集聚度。通常用全局Moran's I 指数来判别，但该指数只能说明某种现象在空间分布上的整体关联程度，不能充分描述研究区域内所有单元之间的空间联系，尤其当空间效应表现出现非平稳状态时，难以探测出集聚区的空间分布及相关程度，此时需要局部空间自相关分析。局部空间自相关 LSA（local spatial autocorrelation），主要分析各单元属性值在异质性空间的分布格局，弥补全局空间自相关的局限。局部空间自相关分析能够更细致地分析其内部变化，揭示每个局部服从全局总趋势的程度（包括方向和量级）。通常用局部 Moran's I 指数来判别，其结果可以通过 Moran 散点图（moran scatter plots）和 LISA 图（local indicator of spatial association）来表示。本质上，局部 Moran's I 是全局 Moran's I 按照两地间关联程度分解到各个区域单元。因此，长三角产业空间扩散是遵循由高到低、由低到高，还是随机分布？

三、现有实证研究的主要结论

1. 地方经济结构与产业增长

格莱泽等（Glaeser et al.，1992）对 1956~1987 年间美国 170 个城市产业集聚的实证研究表明，专业化外部性对产业发展起负作用，相反，多样化产业环境有利于创新和产业增长；而亨德森等（Henderson et al.，1995）对 1970~1987 年间美国 224 个城市地区产业集聚的实证研究却表明：专业化和多样化产业环境均有利于创新和产业发展。具体说来，对高技术产业，专业化和多样化都有促进作用；对低技术产业，则只有专业化有促进作用。这两篇论文开启了相关实证研究的先河。此后，众多学者通过构建不同国家（地区）、不同行业、不同时间的面板数据进行实证研究，实证结果并不一致。如费尔德曼和奥德斯（Feldman and Audretsch，1999）对不同技术类型产业的实证结果表明：多样化外部性对产业发展有重要的促进作用，而专业化外部性的促进作用不明显。石灵云等（2007）从静态和动态集聚外部性（资金外部性和技术外部性）两个角度实证研究了专业化和多样化外部性对劳动生产率的促进作用，结果表明：不论是从静态角度还是从动态角度，外部性对产业集聚都具有重要影响；从静态角度，专业化和多样化都有利于劳动生产率的提高；而从动态角度则不然，产业多样化在统计上不显著，产业专业化阻碍了劳动生产率的提高。鉴于产业集聚外部性效果的争议，林秀丽（2007）采用类似于格莱泽等（Glaeser et al.，1992）的研究方法实证研究了中国省区产业的影响因素，结果表明：专业化不利于产业增长，尤其不利于落后省区的产业发展；而集聚促进了产业增长，且对产业发展的正向作用大于专业化的负作用；另外，利用 Herfindhal 集中化指数的倒数进行稳健性检验的结果表明：多样化有利于产业增长。

在专业化与多样化效应基础上，库姆斯（Combes，2000）测度了地方化经济结构（专业化效应、多样化效应、本地竞争、企业平均规模、总就业密度）对法国 341 个地区 52 个制造业行业和 42 个服务行业就业增长的影响。结果表明：对制造业，专业化和多样化外部性对就业增长有阻碍作用；对服务业，专业化外部性对就业增长具有阻碍作用，而多样化外部性则有促进作用。巴蒂斯（Batisse，2002）分析中国 29 个省份（除西藏外）制造业面板数据，探讨了产业专业化、产业多样化、竞争度和一省经济发展的初始水平等因素对产业增长的作用。结果表明：多样性环境和竞争度有利于产业发展，而专业化影响为负，同时这种影响在东部沿海省份和内陆省份的产业间存在差异。蔡杰、龙志和（2006）认为现有研究未考虑基期与末期间的时间跨度，忽视了动态因素的影响，通过引入时间维度（即面板数据的时间序列），构建三重结构面板数据静态及动态模型，将产业集聚的知识溢出分三种：MAR 外溢、Jacobs 外溢和 Porter 外溢，分析各省区经济结构与产业增长之间的关系。结果表明：无论从全国范围，还是东、中、西部三个经济带，产业发展均存在显著的 MAR 溢出效应，但不存在 Jacobs 溢出，即专业化而非多样化促进产业增长；Jacobs 溢出效应与产业关联度相关，在高关联度行业中 Jacobs 溢出的正向效应十分明显；现阶段，我国经济某种程度上的市场垄断比高竞争环境更有利于产业增长。以上实证研究结果，并不能提供城市经济结构对产业增长影响的一致性观点，所以需要针对不同国家、不同阶段、不同产业进行具体分析。

2. 空间自相关与产业增长

雷伊（Rey，1999）通过构建空间计量模型研究 β 收敛的影响因素，发现相邻区域的经济增长存在显著的空间自相关，地区间要素流动等存在空间溢出效应。张晓旭、冯宗宪（2008）在研究中国区域经济收敛时发现，是否考虑空间溢出效应是检验中国地区经济增长是否存在 β 收敛的关键：不考虑空间溢出效应，没有发现地区收敛；考虑空间自相关的情况下，存在 β 收敛。陈晓玲、李国平（2006）认为地区间的空间相关性对各地区经济增长的影响越来越大，采用地理空间权重矩阵和经济空间权重矩阵对各省市间的空间滞后和空间误差模型进行了实证分析。以上研究大多基于区域经济总体状况，以产业为对象的研究比较少。梁晓艳等（2007）运用空间计量方法研究了我国省际高技术产业 1995～2004 年的空间分布特征，并实证分析空间自相关的影响程度——Moran'I 指数、Moran 散点图及空间回归模型，结果表明：我国高技术产业的发展水平及其增长模式存在明显的全局和局域正向空间依赖特征，高技术产业发展水平高（或低）的省区相对集聚，某省区高技术产业发展受邻近省区的影响。综上所述，空间自相关对区域间产业发展具有重要影响，忽视空间依赖性可能会造成模型设定的偏差与计量结果的非科学性。本书因此采用空间经济计量模型考虑空间溢出对产业增长的影响。

3. 近期关于长三角制造业集聚与扩散的研究

陈建军、胡晨光（2008）通过向量误差修正模型（VECM）和协整分析，以垄断竞争增长为分析框架，检验了长三角中心—外围式产业集聚的外部性效应，发现产业集聚不仅促进技术创新，提高区域产业竞争力，还可以带来产业结构升级和区域经济索洛剩余递增。与新经济地理学以规模报酬递增作为产业集聚存在的原因不同，他们认为集聚区域未必存在规模报酬递增，索洛剩余递增才是产业集聚的原因，而经济效率的根源在于产业集聚竞争导致的区域技术进步促使索洛剩余的递增。梁琦、詹亦军（2006）以长三角制造业为研究对象，利用长三角 16 个城市制造业面板数据对专业化、技术进步与产业升级间的关系进行了计量研究，结果表明：专业化能促进产业从劳动密集型向资本密集型升级，推动行业的技术进步；专业化行业的技术进步增长率和技术对经济的贡献率都明显高于非专业化行业。靳诚、陆玉麒（2009）认为 20 世纪 90 年代以来江苏省县域经济发展水平表现出很强的空间自相关性，相似的地区在空间上集聚分布，县域经济空间分布多表现为以苏州、无锡为核心的圈状结构且不断向东南方向集聚。张学良（2009）在绝对收敛模型中加入空间权重矩阵构建空间计量模型，以分析地区经济空间相互作用与空间依赖性对长三角县域经济收敛性的影响。研究结果发现长三角 132 个县（县级市、区）经济增长存在着显著的空间自相关特征，因而采用考虑空间自相关因素的模型进行估计会更准确。

第2节 计量模型、变量测度与数据来源

一、计量模型

1. 空间滞后模型（spatial lag model，SLM）

假定一个地区的因变量依赖于其附近地区的因变量，以检验产业增长是否存在空间溢出效应。该模型侧重空间自相关的存在性和强度，变量空间相关对地区产业增长的影响由外生的空间滞后项反映。本书在考虑城市经济结构对产业增长影响的基础上，构建的空间滞后模型如下：

$$\ln Y_{it} = b_0 + b_1 \ln Spe_{it} + b_2 \ln Div_{it} + b_3 \ln Com_{it} + b_4 \ln Siz_{it} + b_5 \ln Den_{it}$$
$$+ r \sum_{j \neq i} W_{ij} \ln Y_{it} + \varepsilon_{it} \tag{3.1}$$

式中，Y_{it} 为 i 地区制造业 t 时期内产值增长率；Spe_{it}、Div_{it}、Com_{it}、$Size_{it}$、Den_{it} 分别表示专业化效应、多样化效应、企业竞争度、企业规模、地方经济规模；空间滞后因变量（$\sum_{j \neq i} W_{ij} \ln Y_{i,t}$）是内生变量，$r$ 是待估参数，反映空间溢出效应；W_{ij} 是空间权重矩阵，用来给 i 地区的临近区域进行权重赋值，并将 i 区域所有临近区域的同一制造行业增长率加总成一个综合变量，以进行回归；误差项 $\varepsilon_{it} \sim N(0, \sigma^2 I)$。

2. 空间误差模型（spatial error model，SEM）

该模型通过计量邻近地区对因变量的误差冲击来测度空间自相关对本地区观察值的影响，空间相关性体现在误差扰动项中。当地区之间地理位置不同而相互作用不同时，采用这种模型。对式（3.1）简化的模型如下：

$$\ln Y_{it} = \beta_0 + \beta \ln X_{it} + \varepsilon_{it}; \quad \varepsilon_{it} = \lambda W \varepsilon_{it} + \mu_{it} \tag{3.2}$$

式中，λ 和 β 是待估参数；λ 为截面因变量向量的空间误差系数，表示回归残差之间空间关系的强度，衡量地区属性值的空间自相关，即相邻地区的观察值 Y 对本地区 Y 影响的方向和程度；β 反映解释变量集 X 对因变量 Y 的影响；ε 为随机误差项向量，$W\varepsilon$ 是空间滞后误差项；μ 为正态分布的随机误差向量（$\mu_{i,t} \sim N(0, \sigma^2 I)$）。SEM 模型与时间序列中的序列相关问题类似，因此又被称为空间自相关模型。Y_{it} 为 i 地区制造业 t 时期内的产值增长率；X 为解释变量集，具体变量及其含义与式（3.1）相同。

二、变量测度

1. 增长率差异（被解释变量）

产业增长率用一定时期一城市某制造业相对于长三角对应行业增长率的偏差来表示。研究目的不是简单地解释城市某产业增长的高低，而是解释某产业相对于长三角城市群对应行业增速的差异。当忽略城市面积变化时，该指标也可解释为集聚度增长率。公式为：

$$\ln(y_{ikt}) = \ln\left(\frac{Y_{ikt}/Y_{ikt0}}{Y_{kt}/Y_{kt0}}\right) = \ln\left(\frac{Y_{ikt}}{Y_{ikt0}}\right) - \ln\left(\frac{Y_{kt}}{Y_{kt0}}\right) \tag{3.3}$$

其中，y_{ikt} 为 i 城市 k 产业在时段 t 相对于长三角平均增长率的偏差，Y_{ikt} 和 Y_{iket0} 分别表示 i 城市 k 产业在期末和期初时的产值，Y_{kt} 和 Y_{kt0} 分别表示长三角 k 产业在期末和期初时的产值。当 $y_{ikt} > 1$ 时，说明城市该产业增速高于长三角平均增速并趋于集聚；当 $y_{ikt} < 1$ 时，说明该城市增速低于长三角平均增速。

2. 专业化指数

本书借用魏守华等（2009）的方法，即在给定时点以一城市某产业产值占城市总产值的比重与长三角该产业产值占长三角总产值（扣除出口值）比重的比值来表示。公式如下：

$$Spe_{ij} = \frac{VA_{ij}/VA_i}{(VA_{jn} - EXP_{jn})/(VA_n - EXP_n)} \tag{3.4}$$

式中，VA_{ij} 表示 i 城市 j 产业的产业增加值，VA_i 表示 i 市所有产业的增加值总和；VA_{jn} 表示长三角 16 个城市 j 产业增加值之和，VA_n 表示长三角 16 个城市所有产业的增加值总和；EXP_{jn} 表示长三角 16 个城市 j 产业的产品出口值——奥沙利文（O'Sullivan，1996）指出，如果一个国家某产业自给自足，那么专业化指数估计不考虑出口是准确的，但是，如果该国家该产业有产品出口，那么该值可能会被低估。由于长三角 16 个城市的很多产业出口占重要地位，因此，有必要考虑出口因素，以调整对高出口产业集聚度的低估。Spe_{ij} 越大，则专业化程度越高。

3. 多样化指数

与艾里森和格莱泽（Ellison and Glaeser，1997）等所用方法类似，用标准化的 Herfindhal 集聚性指数的倒数来测量某城市产业的多样化程度，公式如下：

$$Div_{ij} = \frac{1 \Big/ \sum_{j' \neq j}^{J} \left(\frac{VA_{ij'}}{VA_i - VA_{ij}} \right)^2}{1 \Big/ \sum_{j' \neq j}^{J} \left(\frac{VA_{j'n}}{VA_n - VA_{jn}} \right)^2} \tag{3.5}$$

其中，$VA_{ij'}$表示 i 城市除 j 产业的其他各个产业的增加值，$VA_{j'n}$ 表示长三角 16 个城市除去 j 产业的其他各个产业的增加值。该指标只是强调 j 产业在 i 市所具有的产业多样性，并不必然与 j 产业的专业化指数负相关，即一城市某产业可同时具有多样化和专业化特征。

4. 竞争环境指数

与巴蒂斯（Batisse，2002）所用方法类似，本书用 i 市 j 产业的企业个数与该产业增加值的比值（也就是单位产出的企业个数）除以该比值在长三角 16 个城市范围内的平均值来描述企业面临的地区产业竞争程度，即：

$$Com_{ij} = \left(\frac{NBE_{ij}}{VA_{ij}} \right) \Big/ \left(\frac{NBE_{jn}}{VA_{jn}} \right) \tag{3.6}$$

其中，NBE_{ij} 和 NBE_{jn} 分别为长三角 16 个城市 j 产业的企业个数和长三角 16 个城市整体 j 产业的企业个数。

5. 企业平均规模指数

与格莱泽等（Glaeser et al.，1992）所用方法类似，用行业从业人员数除以企业个数，并用长三角 16 个城市整体的企业平均规模标准化来表示企业的内在规模经济，即：

$$Siz_{ij} = \frac{Emp_{ij}/Num_{ij}}{Emp_j/Num_j} \tag{3.7}$$

其中，Emp_{ij} 表示 i 市 j 行业从业人员总数，Num_{ij} 是 i 市 j 行业的企业个数。Emp_j 与 Num_j 分别表示长三角 16 个城市整体 j 行业的从业人员数和企业数量。

6. 经济密度（地方经济规模）

与库姆斯（Combes，2000）用总就业反映地方经济规模不同，本书引入地区 GDP 以测度地方经济规模。公式如下：

$$Den_i = \frac{GDP_i}{Area_i} \tag{3.8}$$

式中，GDP 表示 i 城市经济规模，$Area$ 表示城市建成区的面积。

7. 空间自相关

采用安瑟林（Anselin，2000）的全局和局部 Moran's I 指数。全局 Moran's I 指数的计算公式为：

$$I(d) = \frac{\sum_{i=1}^{n} \sum_{j=1}^{n} w_{ij}(x_i - \bar{X})(x_j - \bar{X})}{s^2 \sum_{i=1}^{n} \sum_{j=1}^{n} W_{ij}} \tag{3.9}$$

其中，$S^2 = \frac{1}{n} \sum_{i=1}^{n}(X_i - \bar{X})^2$，$\bar{X} = \frac{1}{n} \sum_{i=1}^{n} X_i$，$n$ 为空间单元数量，X_i、X_j 分别为 i、j 地区要素 X 的属性观测值，W_{ij} 为空间权重矩阵，当 $i=j$ 时，$W_{ij}=0$。全局 Moran's I 取值范围介于 $-1 \sim 1$ 之间，当 $I(d) > 0$ 时，表示各地区间空间正相关而具有集聚现象；当 $I < 0$ 时，表示空间负相关，即相邻区域之间存在明显差距；当 $I=0$ 时，表示空间不相关，即呈无规律的随机分布。

局部 Moran's I 是全局 Moran's I 按两地间关联程度分解到各个区域单元，公式如下：

$$I_i(d) = \frac{(x_i - \bar{X}) \sum_{i=1}^{n} W_{ij}(x_j - \bar{X})}{s^2} \tag{3.10}$$

其中，S、X、X_i、W_{ij} 含义同上。$I_i(d)$ 的绝对值越大，表示子区域空间关联性程度越高。当 $I_i(d)=0$ 时，表明地区 i 的属性值 X_i 与其相邻地区 j 的属性值 X_j 不相关；当 $I_i(d)$ 为正值时，表明地区 i 的属性值 X_i 与所有相邻地区 j 的属性值 X_j 是正相关；当 $I_i(d)$ 为负值时，表明地区 i 的属性值 X_i 与所有相邻地区 j 的属性值 X_j 是负相关。

在计算全局或局部 Moran's I 的过程中，还需要测度空间权重矩阵——通常根据空间单元拓扑关系的一阶或多阶邻接性构造。本书使用边界相邻策略来构建，矩阵如下：

$$W_{ij} = \begin{bmatrix} W_{11} & \cdots & W_{1n} \\ \vdots & \ddots & \vdots \\ W_{n1} & \cdots & W_{nn} \end{bmatrix} \tag{3.11}$$

其中，矩阵元素 W_{ij} 的取值规则为邻接性构建矩阵。简单的二进制邻接矩阵定义为：当区域 i 和区域 j 邻接时，$W_{ij}=1$；当 $i=j$ 时，$W_{ij}=0$；当区域 i 和区域 j 不邻接时，$W_{ij}=0$。

8. 控制变量

包括外商直接投资（FDI）和进出口效应（Trade），分别用产业 FDI 投资占行业总固定资产投资比重、进出口贸易额占产业产值比重来表示。

三、数据来源

本章数据主要来自长三角 16 个城市统计年鉴，其中，上海市数据来自《中国工业经济统计年鉴》，时间为 1998～2015 年。同时，鉴于有些城市的统计数据没有区分市区和全市范围，所以本章的城市是全市范围。这样，市辖县较多的城市（如苏州）和市辖县较少的城市（如无锡）对市区的测度是有差异的，但现有数据无法甄别是市区还是市辖县驱动制造业增长的。

第 3 节　计量结果及解释

在空间计量和回归分析时，本节借鉴亨德森等（Henderson et al.，1995）的研究思路，重点分析长三角制造业中的 6 个典型行业，分别是低技术制造业（纺织业、服装与鞋帽制造业）、资源与资本密集型制造业（化学原料制品业、黑色金属冶炼及压延加工业）、技术与资本密集型制造业（交通运输设备制造业）、知识与技术密集型制造业（通信设备、计算机等制造业），主要是因为：一是其产值在长三角制造业中所占比重较高，二是代表着 OECD 分类的多种产业，空间溢出效应具有典型意义。计量时，首先运用全局 Moran's I 指数对上述产业在长三角的空间相关性给予总体描述；其次，运用空间自相关的空间滞后模型和空间误差模型进行回归检验；最后，运用空间自相关模型比较不同产业的空间溢出路径。

一、全局空间自相关特征

2001 年、2004 年、2008 年、2011 年和 2014 年上述 6 个典型行业的全局 Moran's I 指数见表 3 - 1。

表 3 – 1　　　　　长三角 16 个城市 6 个典型行业的全局 Moran's I 指数

年份 \ 行业	纺织业	服装与鞋帽制造业	化学原料及制品业	黑色金属冶炼及压延业	交运设备制造业	通信设备、计算机制造业
2001	0.0946	0.0841	0.0804	0.0591	- 0.1350	0.1265
2004	0.3041	0.2847	0.0350	- 0.0987	0.2688	0.0883
2008	0.1144	0.1627	0.0527	- 0.0742	0.1461	0.3893
2011	0.1582	0.1791	- 0.0202	- 0.0852	0.1826	0.4211
2014	0.1053	0.1534	0.0693	- 0.0693	0.2495	0.5436

　　从中发现：首先，考察期内低技术制造业（纺织业、服装业）全局 Moran's I 指数都为正，意味着一城市该行业指标高则周边城市指标也高，表明劳动密集型制造业在长三角城市群处于临近扩散过程中，可能是因为基于生产成本的压力，产业由核心城市向外围城市转移（如上海向外围的产业转移）。其次，知识与技术密集型的通信设备、计算机等制造业也表现出空间扩散特征，这主要是长三角各城市都通过高技术产业园区、优惠政策吸引国内外投资等方式积极发展这类产业，导致产业同构化现象显著。再者，技术与资本密集型的交通运输设备制造业，由初期（2001 年）负相关（高度集聚）向目前的空间扩散转变，这主要是近 10 年来交通运输设备制造，特别是汽车及零部件制造业的技术逐步成熟、国内巨大的市场需求，吸引众多城市发展相关制造业，如汽车制造由最初的集聚在少数城市（上海的上汽集团、南京的跃进汽车集团）向周边城市扩散（如宁波、杭州、常州、扬州、台州等汽车及零部件业）。最后，对于资源与资本密集型制造业（化学原料制品业、黑色金属冶炼及压延加工业）由初期正相关向目前的负相关转变，说明这类产业依托市场机制向沿海或沿江地区集聚（如上海、宁波、苏州、南通），这些城市结合国内外资源与资本，形成产业集聚。

二、空间计量结果与解释

　　以上空间相关分析表明 6 个行业在空间上存在相关性，这与最小二乘法（OLS）关于变量相互独立的假设违背，需要通过空间计量方法测度这种相关性对产业增长的影响，否则，回归结果会无效或有偏。为此，借助 Arc GIS 软件采用极大似然估计法（ML）进行 SEM 和 SLM 模型的估计及检验。在运用空间模型回归时，需要通过两个拉格朗日函数（LM-Lag 和 LM-Error）及其稳健形式（R-LMERR 和 R-LMLAG），判断 SEM 和 SLM 模型哪个更合适。根据安瑟林和贝拉（Anselin and Bera，1998）的判别准则：LM-Lag 和 LM-ERR 是判断的第一标准，如果一个指标显著而另一个不显著，则选指标显著的模型；如果都不显著，则可能不存在空间相关性，采用 OLS 模型；如果都显著，则进一步比较 R-LMLAG 和 R-LMERR 显著性，若 R-LMLAG 显著而 R-LMERR 不显著，采用空间滞后模型，若 R-LMERR 显著而 R-LMLAG 不显著，采用空间误差模型。表 3 - 2 呈现对长三角城市整体进行空间回归和 OLS 回归的结果①，从中发现：

1. 专业化效应

6 个产业无论是 OLS 回归还是空间回归，专业化效应的系数都为正且显著，说明专业化效应有助于长三角城市群产业增长。这一结果支持亨德森等（Henderson et al.，1995）而不同于格莱泽等（Glaeser et al.，1992）的观点，这可能是我国的出口导向战略有助于长三角城市群制造业拥有全球市场，即使像服装与鞋帽制造业也能通过义乌小商品市场销往全球，因而专业化提高了产业生产效率和增长率。

2. 多样化效应

服装与鞋帽制造业，交通运输设备制造业，通信设备、计算机制造业三个行业表现出显著的多样化效应，前两个行业可能是受市场需求、上下游关联产业影响大而受益于多样化产业环境，后一个行业则属于高技术产业，从产业生命周期和产业技术特征更适合于在大城市发展，支持格莱泽等（Glaeser et al.，1992）、费尔德曼和奥德斯（Feldman and Audretsch，1999）的判断。纺织业发展与多样化效应无关，而化学原料及化学品制造则受制于多样化经济，前者主要是原材料产业的属性，后者则可能带来环境和污染的外部性而更适合于专业化发展。

3. 地方竞争度

地方竞争度不利于大多数产业的发展，特别是交通运输设备制造业，该产业往往受到地方政府的保护，如政府采购等，但有利于通信设备、计算机制造

---

①　采用极大似然法估计空间回归模型的参数，基于残差平方和残差分解的拟合度检验（R^2，$A - R^2$）意义不大。对模型拟合效果，除拟合优度外，常用的检验准则还有自然对数似然函数值（Log likelihood，Log-L）、赤池信息准则（AIC）和施瓦茨信息准则（SC）。对数似然值越大，AIC 和 SC 值越小，模型拟合效果越好。表 3 - 2 报告了空间回归模型的 Log-L、AIC 和 SC 值，以便与 OLS 回归拟合优度比较。

表 3 - 2 空间滞后模型/空间误差模型的回归结果

产业 / 变量	纺织业 OLS	纺织业 空间回归	服装与鞋帽制造业 OLS	服装与鞋帽制造业 空间回归	化学原料及化学品制造 OLS	化学原料及化学品制造 空间回归	黑色金属冶炼及压延加工 OLS	黑色金属冶炼及压延加工 空间回归	交通运输设备制造 OLS	交通运输设备制造 空间回归	通信设备与计算机制造 OLS	通信设备与计算机制造 空间回归
常数（α）	0.591*** (0.0034)	0.4841* (0.1015)	-0.2717* (0.1114)	-1.187** (0.4234)	1.5267*** (0.3273)	0.3199 (0.1004)	-1.8714* (0.7033)	2.1461** (1.1127)	0.5103 (0.2763)	1.1331*** (0.3639)	1.2438* (0.3886)	1.0531* (0.2641)
Spe	0.2572*** (0.0691)	0.1245** (0.0134)	0.0963* (0.0305)	0.0548*** (0.0341)	0.1363** (0.0661)	0.1163* (0.0390)	0.1840** (0.0228)	0.1703** (0.0446)	0.3859*** (0.1080)	0.3605** (0.0261)	0.0522 (0.0289)	0.0443** (0.0159)
Div	0.0714* (0.0408)	0.0515 (0.0228)	0.0520 (0.0385)	0.0416** (0.0084)	0.0663** (0.0422)	-0.0478* (0.0231)	0.2172* (0.1091)	0.2132* (0.1165)	0.0485* (0.0217)	0.0565* (0.0312)	0.1334* (0.1212)	0.1495*** (0.0632)
Com	-0.1961 (0.1167)	0.0915 (0.0342)	-0.0858* (0.0432)	-0.2992** (0.0623)	-0.0452 (0.0785)	0.2715* (0.1536)	0.1983* (0.1102)	-0.0915* (0.0721)	-0.6446*** (0.1123)	-0.0386* (0.0221)	-0.2742*** (0.1021)	0.0138* (0.0053)
Size	0.0688* (0.0021)	0.0773* (0.0406)	0.0982* (0.0552)	0.1163 (0.0221)	0.3052*** (0.0561)	0.2085*** (0.1023)	0.2156*** (0.0910)	0.1445* (0.1225)	0.1175** (0.0921)	0.2477*** (0.0320)	0.1885** (0.1015)	0.1291* (0.0613)
Den	-0.0485 (0.0232)	-0.1015*** (0.0301)	0.0197 (0.0171)	0.0368 (0.0412)	-0.1452* (0.0812)	0.0336 (0.0121)	0.1345* (0.0825)	0.0875 (0.0791)	0.0796 (0.1588)	0.1025* (0.0401)	0.1132* (0.0088)	0.1936*** (0.0119)
FDI	-0.2478** (0.0754)	-0.0815*** (0.0223)	0.0442* (0.0343)	0.0125* (0.0551)	-0.0315* (0.0185)	0.0829* (0.1065)	-0.1498* (0.0375)	-0.0286 (0.0246)	0.1809* (0.0994)	0.1452*** (0.0321)	-0.1995*** (0.0975)	0.0176*** (0.0019)
Trade	0.1135* (0.0721)	0.0785* (0.0310)	0.0685* (0.0252)	0.2455** (0.1103)	-0.0128* (0.0085)	-0.0598 (0.0289)	-0.1568* (0.0480)	0.1578** (0.0548)	-0.1687* (0.1132)	0.0554** (0.0239)	-0.3752** (0.1108)	0.0523** (0.0315)
ρ/λ		0.0452* (0.0123)		0.0554* (0.0218)		0.0209 (0.0296)		0.0013 (0.0069)		0.0890 (0.0312)		0.0958*** (0.0521)
Log-L	12.658	29.060	22.964	28.176	11.558	19.721	16.296	16.271	27.242	36.775	-8.4852	13.363
AIC	-4.675	-48.192	-30.935	-38.221	-3.186	-19.423	-12.219	-14.524	-16.532	-34.254	26.532	-8.145
SC	-12.156	-34.235	-28.854	-31.213	4.126	-11.421	-7.125	-7.711	-22.766	-24.321	24.125	-1.145

注：括号内为标准差，***、 ** 和 * 分别表示在 1%、 5% 和 10% 水平上显著。

业的发展，这个行业高度全球化，竞争不只在本地企业之间，甚至为跨国公司在本地的投资企业之间，如昆山笔记本电脑产业，竞争更有利于该产业发展。

4. 企业平均规模

企业规模对资本和技术密集型产业，如交通运输设备制造业，通信设备、计算机制造业，化学原料及化学品制造业，黑色金属冶炼及压延加工业都有促进作用，主要是这些行业本身的规模经济属性所决定，如钢铁厂、整车装配厂、炼油厂等都具有最小规模经济要求。但企业规模对纺织业影响不明显，对服装与鞋帽制造业是负效应，说明后者更多是来自城市整体的外部效应，而不是单个企业的规模，这与库姆斯（Combes，2000）的观点一致。

5. 地方经济规模

用地方 GDP 来表示的地方经济规模，对资本密集、技术密集型产业，包括交通运输设备制造业，通信设备、计算机制造业、化学原料及化学品制造业，黑色金属冶炼业都有促进作用，说明这些产业受城市规模的影响大，而对成本依赖度高的纺织业是显著负影响，对产品差异化程度高和市场依赖的服装制造业影响不显著，这说明本地的劳动力成本、租金成本对不同行业的影响是有差异的，对低技术产业有明显的负面影响。

6. 控制变量

进出口贸易对所有产业都有积极影响，说明长三角通过"两头在外"的开放战略有助于产业增长；FDI 对大部分行业的发展都有促进作用，特别是高技术行业，只有纺织业受到负面影响，这与当前我国高档纺织原材料来自进口或外资企业主导的现实吻合。

总体上，关于城市经济结构影响产业增长的实证结果，与格莱泽等（Glaeser et al.，1992）、亨德森等（Henderson et al.，1995）、费尔德曼和奥德斯（Feldman and Audretsch，1999）、库姆斯（Combes，2000）等经典研究既有相似点又有差异性。相似点表现在：多样化效应、地方竞争、地方经济密度对产业都有相似的影响；差异性表现在：专业化效应和企业平均规模对长三角地区制造业多表现为积极作用，前者主要源自长三角开放的国内外市场有利于发挥专业化效应，后者主要是由于我国是发展中国家，部分企业规模低于最小经济规模，因而存在内在规模经济。

三、不同产业空间溢出路径的比较

在表 3 - 2 分析长三角城市整体产业增长的基础上，进一步比较空间滞后模型（SLM）和空间误差模型（SEM）系数的差异（ρ/λ）。表 3-3 比较 6 个行业 H-H 型、H-L 型和 L-H 型产业集聚类型的空间溢出效应①，以分析不同产业空间溢出的路径。

表 3-3　　　　　　　H-H、H-L 与 L-H 型产业空间溢出效应比较

行业	纺织业			服装与鞋帽制造业			化学原料及化学品制造业		
城市	H-H 型	H-L 型	L-H 型	H-H 型	H-L 型	L-H 型	H-H 型	H-L 型	L-H 型
ρ/λ	0.085 ** (0.028)	-0.072 * (0.032)	0.026 ** (0.011)	0.084 (0.007)	-0.056 ** (0.025)	-0.048 ** (0.019)	0.023 ** (0.018)	-0.045 * (0.011)	-0.019 ** (0.009)

行业	黑色金属冶炼及压延加工业			交通运输设备制造业			通信设备、计算机等制造业		
城市	H-H 型	H-L 型	L-H 型	H-H 型	H-L 型	L-H 型	H-H 型	H-L 型	L-H 型
ρ/λ	0.005 * (0.004)	无	无	0.117 ** (0.031)	-0.084 *** (0.042)	0.019 ** (0.009)	0.123 ** (0.001)	-0.148 *** (0.085)	0.058 *** (0.021)

注：括号内为标准差，***、** 和 * 分别表示在 1%、5% 和 10% 水平上显著。

1. H-H 型产业空间溢出路径

对于双高的城市产业类型（本地集聚度高且周边城市集聚度也高），所有 6 个行业的回归系数都为正且显著，表明对于 H-H 高水平集聚的城市，由于各城市及其周边发展水平都较高，双向的空间溢出效应对产业发展有显著的促进作用，特别是对于交通运输设备制造业，通信设备、计算机等制造业两个行业。这说明产业空间集聚与扩散不是随机的，而是遵循经济发展梯度的原则，特别是长三角高技术产业主要沿沪宁线、沪杭甬线、沪甬线实现产业转移。

2. H-L 型产业空间溢出路径

对于高低组合的城市产业类型（本地集聚度高而周边城市集聚度低），5 个行业（除黑色金属冶炼及压延加工业外）的回归系数为负且显著，空间溢出效应使产业集聚度高的城市的产业增长率下降，说明长三角地区存在着由高集聚度城市向低集聚度城市的产业扩散。低技术的劳动密集型（如纺织业）产业可能是由于劳动力成本和租金成本等生产成本的原因，而高技术产业（如通信设备、计算机等制造业）可能是由于地方政府积极的干预政策的原因，如宁沪高技术产业带的镇江，为了"熨平"产业"洼地"，借助省级高技术产业开发区上升到国家级，还努力打造"润南综合商务与科技创新园区"

---

① L-L 型城市由于产业低水平集聚，回归结果显示空间溢出效应不显著，故省略。

发展高技术产业。唯一例外的黑色金属冶炼及压延加工业，主要是该产业空间自相关不显著，更多依赖港口条件而不是简单地遵循由高到低的产业扩散模式。

3. L – H 型产业空间溢出路径

对于低高组合的城市产业类型（本地集聚度低而周边城市集聚度高），纺织业，交通运输设备制造业，通信设备、计算机等制造业 3 个行业的系数为正且显著，服装与鞋帽制造业、化学原料及化学品制造业 2 个行业的系数为负且显著，表明前 3 个行业可以吸引周边（高产业集聚度城市）的产业转移而加速发展，这与 H – L 型空间溢出效应的解释类似；后 2 个行业则由于本地缺乏吸引力而向高集聚度城市逆向产业集聚，说明产业集聚或扩散不只是表现为"由高向低"，还可能出现"由低向高"的模式，如服装制造业由于受市场需求和集聚效应等影响，反而进一步向产业基础好的城市集聚。

第 4 节　本章小结

鉴于现有文献忽略了空间自相关对城市群产业集聚增长的影响，本书在扩展城市经济结构要素的同时，结合空间溢出效应，实证检验影响长三角制造业增长的原因，结果发现：

首先，城市经济结构显著影响着产业增长。从所选行业看，专业化和多样化效应均有利于长三角制造业发展，但空间回归模型的系数小于不考虑空间溢出效应时的系数，说明普通 OLS 回归方法会高估这两个因素的影响；竞争性产业环境对企业发展具有激励作用，但存在行业间差异，如竞争有利于服装与鞋帽制造业，通信设备、计算机等制造业的发展，鼓励它们创新和产品差异化；较大的企业规模有利于企业获取内在规模经济，促进产业发展，但规模过大则会导致规模不经济；地方经济规模对纺织业等成本敏感性行业是抑制作用，而有利于服装等市场依赖型产业的增长。

其次，城市及其邻近城市之间产业发展相互联系、相互影响，空间溢出效应对城市制造业发展有重要作用。从整体上看，长三角制造业呈现出较强的空间自相关性，在空间上相对集聚，特别是以上海为中心的沿江、沿海、沿沪宁线等轴线的产业集聚，而外围地区，如扬州、湖州、台州等城市接受核心区域产业转移和产业扩散的功能还不强，特别是资本密集型、技术密集型等先进制造业。

　　再者，不同产业空间溢出的路径存在差异。对于 H－H 双高型产业（城市与邻近城市产业集聚度都高）存在双向的空间溢出效应，显著促进产业集聚与扩散；H－L 型（高低组合型）产业有较强的产业转移；L－H 低高型产业则分两种情形，对纺织等成本主导型产业能吸引周边城市的产业转移，但在服装等高度依托集聚效应和市场需求的产业，反而存在逆向的产业集聚，即产业由低集聚度向高集聚度城市转移。

　　本章政策含义如下：首先，加强本地区与其他城市（尤其是上海、苏州、杭州、宁波）在资金、技术、信息、原材料、中间投入品和市场等方面的沟通、合作，通过加强要素流动、信息扩散等机制，借助邻近城市促进本地制造业发展。其次，通过各种开发区、产业园区、高技术园区等，促进行业内和行业间技术、思想、管理经验交流，使本地企业能分享本行业的专业化效应、通过产业关联受益于多样化效应、扶持企业规模化以获取规模经济等。

第4章

内生创新努力、技术溢出与长三角高技术产业创新绩效*

建设创新型国家和提高自主创新能力是我国国家发展战略的核心之一。《国家中长期科学和技术发展规划纲要（2006－2020）》明确了我国科技发展的核心是"自主创新，走建设创新型国家之路"。长三角两省一市（上海市、江苏省、浙江省）是我国经济最发达的地区之一，产业体系完备且基础雄厚，又是科技与教育资源主要集中地，还是对外开放与国际经济技术交流的前沿阵地。长三角高技术产业不仅担负着地区产业结构调整的重任，而且应该成为自主创新的排头兵，在国家自主创新战略中发挥更大作用。本章运用1997～2014年面板数据分产业维和区域维的实证研究，旨在揭示长三角高技术产业创新受区域内在因素，尤其是产业集聚环境下技术溢出效应的影响程度。

关于长三角地区的经济活动和中国高技术产业发展的研究一直是学术界的一个热门话题。如陈柳（2007）将本土创新能力、FDI技术外溢结合起来对长三角经济增长进行了实证研究；刘和巴克（Liu and Buck, 2007）对中国高技术产业的内生创新能力和国际技术溢出的影响因素（FDI、出口、技术引进）进行了实证分析，发现影响中国高技术产业创新的关键因素是内生创新能力和国际技术溢出的"耦合"——技术吸收能力。上述研究都强调内生创新努力的作用，如陈柳（2007）的本土创新能力实质是内生增长理论的内生创新努力——R&D活动，而本章则对上述内生创新努力——R&D活动进行了扩展，

* 本章来自魏守华、姜宁、吴贵生：《内生创新努力、本土技术溢出与长三角高技术产业创新绩效》，载《中国工业经济》2009年第2期，第25～34页，此处有修改。

重点拓展杰夫（Jaffe，1989）提出的技术地理一致性指数（geographic techno-logical coincidence index）概念——反映区域间技术一致性特征，并从这两个方面对长三角高技术产业的创新绩效进行实证研究。本研究揭示了内生创新努力、本土技术溢出对长三角高技术产业创新绩效的影响，有助于长三角二省一市行政区之间相互作用、相互依赖，发挥区域整体优势，促进高技术产业发展。

首先，对内生创新努力、本土技术溢出相关的理论进行梳理，其次介绍模型构建及主要变量，接下来从产业和区域两维分析计量结果；最后是本章的结论和有待于探讨的问题。

第1节　内生创新努力与技术溢出对创新的影响机制

创新，不是一个简单地从 R&D 活动、新知识产生到新技术应用的线性过程，而是由一组多影响因素组成的复杂反馈环组成，往往还存在着环链脱节，甚至是"死节"的现象（Malecki，1997），克莱恩和罗森博格（Kleine and Rosenberg，1986）早先就称之为链环回路模型（chain-liked model）。由此，罗斯韦尔（Rothwell，1992）提出创新高度依赖于创新主体的相互作用和相互学习能力；伦德威尔（Lundvall，1992）进一步诠释创新是包括了 R&D 部门和外部合作者（上下游企业、知识创造者、科技服务机构等）组成的网络创新和互相学习过程。以罗默（Romer）为代表的新（内生）增长理论、以克鲁格曼（Krugman）为代表的新经济地理学理论、以纳尔逊（Nelson）为代表的国家（产业或区域）创新体系理论是本章的理论基础。

以罗默（1990）、格罗斯曼和赫尔普曼（Grossman and Helpman，1991）等为代表的新（内生）增长理论（new growth theory）认为：技术创新和技术进步是经济增长的内在动力和源泉，新思想和新技术来源于 R&D 活动的投入及其知识存量的有效利用。弗尔曼等（Furman et al.，2002）在内生增长理论的基础上（还结合波特的产业集群理论、纳尔逊的国家创新体系理论），实证了国家创新能力与 R&D 活动的投入（人力与经费）及知识存量相关，并发现国家创新能力（内生创新能力）有助于增加高技术产品出口的市场份额。

以克鲁格曼（1991）为代表的新经济地理学理论（new economic geography）则基于经济集聚与知识外溢的视角，探讨了报酬递增与产业发展的关系。聚集经济分为两类，即相同行业或相关行业的企业在一地集中所形成的专业化经济（specialized economies）和由多样化经济活动在一地集中所形成的多样化经济（diversified economies）。一种学术观点认为，专业化的产业环境更有利于知识溢出和创新，代表人物是马歇尔－阿罗－罗默（Marshall-Arrow-Romer，MAR）；而以雅各布斯（Jacobs，1969）为代表的另一些学者则认为多样化的环境有利于新思想、新技术的形成。

以纳尔逊（1993）为代表的国家创新体系理论（national innovation system）则认为：创新是一个由相互关联的创新主体以及相应体制和机制构成的系统性过程，由此还衍生出以道格森和罗斯韦尔（Dodgson and Rothwell，2000）为代表的产业创新体系和以库克（Cooke，1998）为代表的区域创新体系理论。关于创新主体（企业、研发机构、高校、政府和中介机构）间互动创新的代表性研究如下：（1）大学等基础研究对知识溢出和技术创新的影响，如杰夫（Jaffe，1989）评价了大学等基础研究对产业创新的影响，尤其是对医药等高技术产业影响较大。（2）政府 R&D 对高技术产业的影响，如斯特尔伯格（Sternberg，1996）以美国、德国、英国、法国和日本五个工业化国家为例，论证了政府 R&D 活动和区域高技术产业就业之间具有正相关关系。（3）关于企业间相互作用对创新的影响，如冯·希普尔（Von Hippel，1988）关于供应商、制造商、终端客户等上下游企业互动创新的研究。

以上研究强调创新的内生性、集聚性、互动性，但随着经济全球化和信息技术的发展，国际技术溢出对一国技术创新，尤其是后发国家的高技术产业创新有重要影响。研究的视角大致可分为三类：一是国际贸易对技术溢出的积极影响（Feder，1983；Grossman and Helpman，1991；Coe and Helpman，1995；赖明勇等，2003；等等），经典的研究如科和赫尔普曼（Coe and Helpman，1995）分析了 1971～1990 年间 OECD 国家全要素生产率与国内 R&D 经费存量、贸易国 R&D 经费存量、贸易依存度具有正相关关系，对于大国来说，国内 R&D 活动的资本存量比较重要，小国则受国外 R&D 活动的资本存量影响较大；对于经济开放程度高的国家来说，受益于国外 R&D 活动的资本存量的程度较高。二是 FDI 和跨国公司 R&D 活动对技术溢出的影响（Blomstrom and Kokko，1998；Xu，2000；Buckley et al.，2002；Liu and Wang，2003；Sinani and Meyer，2004；沈坤荣、耿强，2001；江小涓，2002；等等），如江小涓（2002）认为 FDI 的技术溢出效应途径主要包括技术扩散、技术竞争和技术应用；当然，FDI 对东道国技术外溢效应，国内外许多学者用不同数据和模型进行了大量的经验研究，结果显示正反两方面效应的证据都存在，总体上，存在着"抑制论"、"促进论"和"双刃剑论"三种观点（范爱军、韩青，2007）。

三是关于直接技术进口的技术溢出效应。康诺利（Connolly，2000；2003）先后构造了理论模型论证了发展中国家从发达国家的技术进口及强化技术学习过程有利于发展中国家技术水平的提高，而且发展中国家与发达国家的相互联系比发达国家之间的相互联系具有更好的技术溢出效果。

结合以上内生增长理论、新经济地理学理论、国家创新体系理论，本章从创新的内生努力——R&D 活动规模，产业内的技术溢出——技术地理一致性指数两方面，对长三角高技术产业创新绩效的影响程度进行测度。其中，依据内生增长理论，考察长三角高技术产业 R&D 活动规模对创新绩效的影响，结合新经济地理学理论和国家创新体系理论，借鉴杰夫提出的技术地理一致性指数概念，重点考察长三角特定区域高技术产业内的技术溢出效应，既反映产业专业化的技术溢出效应，又揭示区域间相互联系的技术溢出效应。此外，还考察新产品出口——国际技术溢出的一个重要渠道，对长三角高技术产业创新绩效的影响。利用 1997~2006 年长三角高技术创新投入与产出的面板数据（Panel data），本章将上述四个相关理论融合在统一分析框架下进行实证研究。

第 2 节　计量模型与变量统计特征

罗默（Romer，1990）的内生增长理论运用知识生产函数表达了技术进步率与经济增长之间的内在关系：

$$\dot{A} = \delta H_{A,t}^{\lambda} A_t^{\phi} \qquad (4.1)$$

式中，$\dot{A}$ 定义为技术进步增长率，H_A^{λ} 代表研发（R&D）活动的人力资源，A_t^{ϕ} 代表可利用的知识存量，从而使技术进步内生于这两个部门中。罗默的模型中 $\lambda = \phi = 1$，表明特定比例的知识存量会导致创新部门相应地增加产出量，在这种假设下，创新增长率是 R&D 部门努力程度的函数，且（$\dot{A}/A = \delta H_A$）反映了一个可持续的增长率。但琼斯（Jones，1995）却认为 ϕ 和 λ 可能小于 1，从而遏制了长期可持续创新的可能。另外，弗尔曼等（Furman et al.，2002）进一步提出，当 $\phi > 0$ 时，表明当前的 R&D 活动"站在巨人的肩膀上（standing on shoulders effect）"；当 $\phi < 0$ 时，表明当前的 R&D 活动由于前期"涸泽而渔"而出现低效率（the fishing out effect）。对内生增长模型参数的争议，引

发了一些改进参数的研究，如弗尔曼等在考察一个国家创新能力的影响因素时，将该国的创新基础设施、产业集群创新环境、科研与产业部门联系质量等因素纳入内生增长模型中。

正是基于这样的考虑，本章认为如果仅根据内生增长理论，无论是将长三角作为一个整体还是作为三个独立的地理空间对创新绩效测度，都不足以反映长三角三个行政区之间相互联系、相互依赖的关系。为此，本章增加一个关键解释性变量来揭示长三角高技术产业创新的网络关系，构建以下模型：

$$\ln(Y_{ijt}) = \alpha_{ijt} + \beta_k \ln(C_{ijt} \times \sum_{k=1}^{n=3} RD_{kjt}) + \gamma \ln(RD_{ijt}) + \lambda_1 \ln(AV_{jt}) + \lambda_2 EXP_{ijt} + \varepsilon_{ijt}$$

$$(4.2)$$

模型中，Y_{ijt} 代表创新产出变量，i 代表省区，k 代表省区（$k \neq i$），j 代表高技术产业及其细分行业，t 代表年份[①]。国际上关于创新产出的变量通常用专利来表示，但格里利兹（Griliches，1990）认为专利作为产出变量存在着不足：有些专利并没有商业化价值，专利往往过高估计创新产出的真实价值；对高技术产业来说，有些企业为了能及时推出新产品或保密商业技术而不申请专利，从而出现遗漏的现象。因此，借鉴阿克斯等（Acs et al.，1992）、费尔德曼和佛罗里达（Feldman and Florida，1994）、刘和巴克（Liu and Buck，2007）的方法，选择新产品销售额作为创新产出变量，反映得到了市场认可并取得实际效果的绩效。

第一个解释性变量 RD_{ijt} 反映内生增长理论的内生创新努力程度，用 R&D 经费量指标；当然，在弗尔曼等的模型中还考虑 R&D 人力资源投入量，但刘和巴克在研究中国高技术产业创新绩效时忽略了该变量，可能是由于中国科研体制改革而导致 R&D 人力资源在 2000 年前后差异较大而影响计量结果，本章进行尝试后，发现借鉴刘和巴克（2007）的经验方法更为适合。

第二个解释性变量为（$C_{ijt} \times \sum_{k=1}^{n=3} RD_{kjt}$），其中，$C_{ijt}$ 为长三角技术地理一致性指数，主要是借鉴杰夫（Jaffe，1989）提出的技术地理一致性指数的概念（以下简称"一致性指数"），运用一致性指数的目的是揭示出长三角内部之间

---

① 费尔德曼和佛罗里达（Feldman and Florida，1994）认为创新投入与产出之间有时间滞后效应（time lag effect），并认为选择四年比较合适。本书由于数据时间跨度短，而样本数（产业、区域与时间的组合）偏少，如最少的只有 30 个，所以选择当期投入产出指标。当然，作者也试图用 2 年的滞后期分析，但效果并不好，可能是她们的研究中，涉及大学等基础研究，从而导致时间滞后效应比较长的缘故。

相互作用、相互依赖的关系，比如苏州的一个计算机制造业企业由于靠近上海或杭州的同类企业，既有可能通过学习而获得正的技术溢出效应，又有可能被模仿而导致负的技术溢出效应。杰夫一致性指数的含义为：当大学等研究机构与产业 R&D 在地理上（同一大都市区或州）和技术领域（比如同为电子信息技术）分布相对一致时，有利于技术创新与扩散，否则，即使大学的基础研究能力很强，但缺少与之匹配的产业 R&D 活动，也不利于技术创新与扩散。其数学公式为：

$$C_i = \frac{\sum_s U_{is} TP_{is}}{\left[\sum_s U_{is}^2 \right]^{1/2} \left[\sum_s TP_{is}^2 \right]^{1/2}} \tag{4.3}$$

其中，C_i 为特定地理空间大学和产业在同一技术领域（technological area）的一致性指数；下标 i、s 分别代表地理单元和技术领域；U_{is} 代表某大学实验室在某技术领域的研究人员数，$\sum U_{is}$ 代表 i 地理空间所有大学实验室在 s 技术领域的研究人员总数；TP_{is} 代表某产业实验室在某技术领域的研究人员数，$\sum TP_{is}$ 代表 i 地理空间所有产业实验室在 s 技术领域的研究人员总数。

借鉴杰夫一致性指数方法，本章在计算 C_{ijt} 时，分两种情形：一是分产业计算高技术产业及其细分行业在长三角的一致性指数时，分别用该产业的科技机构总数与平均科研人员（平均每个科技机构科研人员数）、平均科研经费（平均每个科技机构科研活动内部经费支出）在不同省区之间的交互作用（交叉相乘）来计算。二是在分区域计算长三角内某一行政区与另外两个行政区的一致性指数时，则分别计算两两之间的交互作用。简言之，在第一种情形下，用一个数值反映长三角高技术产业整体性的交互作用，如计算机制造业在整个长三角的一致性指数；而在第二种情形下，则一个行政区有两个交互作用值，如江苏的计算机制造业一致性指数包含江苏与浙江的一致性指数、江苏与上海的一致性指数。在计算出一致性指数 C_{ijt} 后，用 $C_{ijt} \times \sum_{k=1}^{n=3} RD_{kjt}$ 代表周边省区对本省区的技术溢出效应，针对前文两类指数进一步举例如下：在第一种情形下，江苏计算机制造业在长三角的技术溢出效应取决于长三角一致性指数与上海和浙江两省区计算机制造业 R&D 经费之和的乘积影响；在第二种情形下，江苏计算机制造业受到江苏与上海的一致性指数与上海计算机制造业 R&D 经费乘积的影响，还受到江苏与浙江的一致性指数与浙江计算机制造业 R&D 经费乘积的影响。

两个控制变量分别为产业创新的机会窗口（opportunity windows）和出口

学习效应（learning by export）。对于机会窗口可解释为当一个产业面临着巨大的市场机会时，企业倾向于开拓新市场或扩大生产规模，而相对忽略技术创新；反之，当一个产业进入成熟期，由于市场竞争比较激烈，企业不得不加大研发力度。机会窗口变量控制产业间创新的差异，本文用 AV_{jt}——全国整个产业增加值来表示。另一个控制变量为出口学习效应，根据刘和巴克（Liu and Buck，2007）的观点：产品出口，尤其是高技术新产品出口，有利于对国际市场的了解、把握国际先进技术，有利于产业创新。因此，本章用 EXP_{ijt}——新产品出口销售额来表示。另外，ε_{ijt} 代表随机扰动量。

全部数据均来源于《中国高技术产业统计年鉴》（1999～2015 年）、《中国科技统计年鉴》（1999～2015 年）、《浙江省统计年鉴》（1999～2015 年）、《江苏省统计年鉴》（1999～2015 年）、《上海市统计年鉴》（1999～2015 年）。采用《中国高技术产业统计年鉴》对高技术产业的界定内涵，包括：医药制造业、航空航天器制造业、电子及通信设备制造业、电子计算机及办公设备制造业、医疗设备及仪器仪表制造业，共 5 个细分行业（事实上，还包括核燃料加工、信息化学品制造两个行业，但《中国高技术产业统计年鉴》没有提供相应的数据，故省略）。

首先，分析创新产出——新产品销售额。图 4-1 描述了长三角二省一市高技术产业新产品销售额在 1998～2014 年间的变化情况，从总体规模看，2007 年以前依次是上海、江苏、浙江；2007 年江苏实现了赶超，并在之后一直扩大领先地位；上海在 2007 年后一直处于下降趋势，并在 2011 年被浙江赶超。从增长率看，江苏的增长势头最猛，呈现指数式增长；浙江保持稳定增长；上海则在近八年一直处于下降趋势。

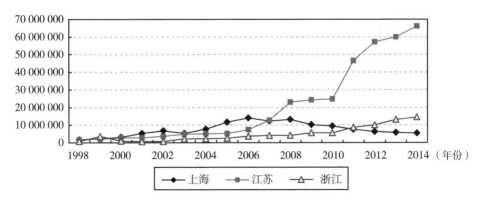

图 4-1　长三角二省一市高技术产业新产品销售额（万元：以 1998 年不变价）

图 4 – 2 对 1998～2014 年医药制造业在长三角二省一市分布进行了描述（新产品销售额），从行政区对比看，总体规模依次是江苏、浙江、上海；增长率方面，两省一市保持稳定增长，其中江苏的增速要略高于浙江和上海。

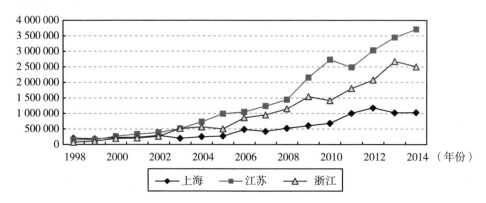

图 4 – 2 　长三角医药制造业新产品销售额（万元：以 1998 年不变价）

图 4 – 3 反映了 1998～2014 年航空、航天器及设备制造业的新产品销售额在长三角二省一市的分布情况，从总体规模上看，依次是江苏、上海、浙江，且江苏 2010 年在规模上以压倒性优势超过上海和浙江，相反浙江在航空航天领域基本一直是空白；从增速角度看，江苏在 2010 年后以爆发式速度进行增长，而上海和浙江均相对稳定，保持原有规模。

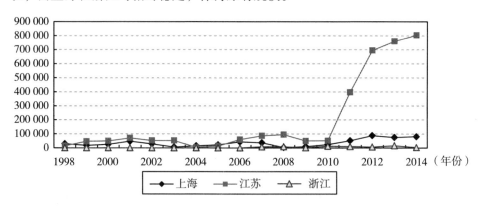

图 4 – 3 　长三角航空、航天器及设备制造业新产品销售额
（万元：以 1998 年不变价）

图 4 – 4 描述了长三角二省一市电子及通信设备制造业新产品销售额在 1998～2014 年间的变化情况，可发现图 4 – 4 与图 4 – 1 较为相像。简单对比

发现，电子及通信设备制造业的新产品销售额在高技术产业中占比最大，它的发展趋势对高技术产业发展趋势在一定程度上有代表意义。具体来看，从总体规模看，近几年依次是江苏、浙江、上海；2007 年江苏实现了赶超，并在之后一直扩大领先地位；上海在 2007 年后一直处于下降趋势，并在 2012 年被浙江赶超。从增长率看，江苏的增长最快；浙江保持稳定增长；上海则在近五年一直处于下降趋势。

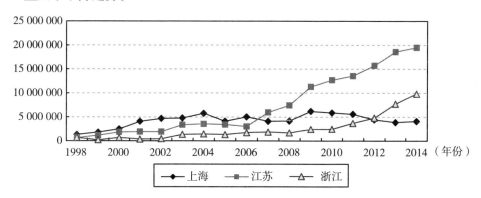

图 4-4 长三角电子及通信设备制造业新产品销售额（万元：以 1998 年不变价）

图 4-5 反映了 1998~2014 年计算机及办公设备制造业的新产品销售额在长三角二省一市的分布情况，从总体规模上看，上海在 2004~2008 年实现爆发式增长后，近几年出现发展停滞，而江苏省在 2006 年一直保持较高的活力，2010 年后的爆发式增长使其远超其他地区，浙江则始终保持较低水平。

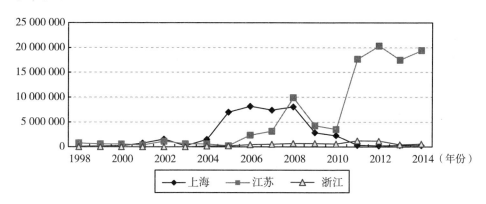

图 4-5 长三角计算机及办公设备制造业新产品销售额

（万元：以 1998 年不变价）

图4-6描述了长三角二省一市医疗仪器设备及仪器仪表制造业新产品销售额在1998~2014年间的变化情况。具体而言，从总体规模看，基本上依次是江苏、浙江、上海；并且从2007年开始，它们之间的规模差距不断增大。从增长率看，江苏的增长最快，浙江次之，上海平稳增长，保持原有的规模。

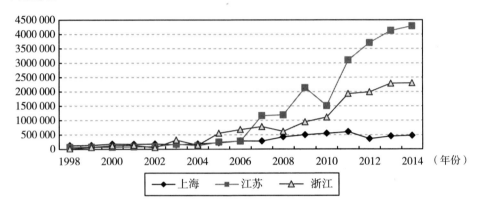

图4-6　长三角医疗仪器设备及仪器仪表制造业新产品销售额
（万元：以1998年不变价）

其次，考察两个解释性变量：内生创新努力和本土技术溢出的分布状况。内生创新努力用R&D经费来表示，图4-7描述了长三角二省一市高技术产业R&D经费在1998~2014年间的变化情况，从总体规模看，二省一市都呈较高增长率，但江苏增长最快，在总量上处于第一位，浙江也逐步与上海接近，说明二省一市都高度重视内生创新努力。

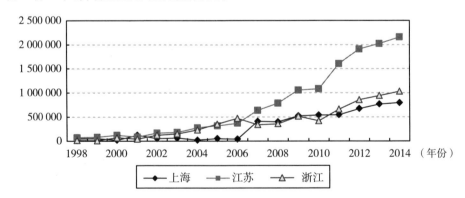

图4-7　1998~2014年长三角高技术产业R&D经费
（万元：以1998年不变价）

另一个重要的解释性指标——本土技术溢出也用 R&D 经费来表示，图 4 - 8 描述了长三角二省一市医药制造业在 1998～2014 年间的技术溢出变化情况。从总体上看，技术溢出程度依次为江苏、浙江、上海，且它们技术溢出之间的差距近逐年增加。从增长趋势来看，增速依次还是江苏、浙江、上海。

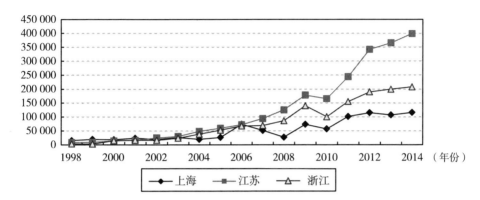

图 4 - 8 1998～2014 年长三角医药制造业 R&D 经费

（万元：以 1998 年不变价）

图 4 - 9 描述了长三角二省一市航空、航天器及设备制造业在 1998～2014 年间的技术溢出变化情况。总体上看，技术溢出程度依次为上海、江苏、浙江。具体来看，浙江的技术溢出近乎可以忽略不计，上海的技术溢出增速远高于江苏，且上海的技术溢出近几年出现较大的起伏，江苏则表现为较稳定的增长。

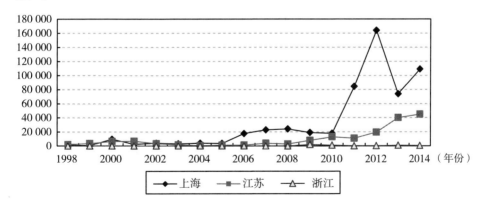

图 4 - 9 1998～2014 年航空、航天器及设备制造业 R&D 经费

（万元：以 1998 年不变价）

图 4 - 10 描述了长三角二省一市电子及通信设备制造业在 1998～2014 年

间的技术溢出变化情况。从技术溢出总体上看，近几年依次是江苏、浙江、上海；2005 年江苏实现了赶超，并在之后一直扩大领先地位；上海增长过程中出现了起伏，并在 2011 年被浙江赶超。从增长率看，江苏的增长最快，浙江次之，上海增速最为缓慢并伴有波动。

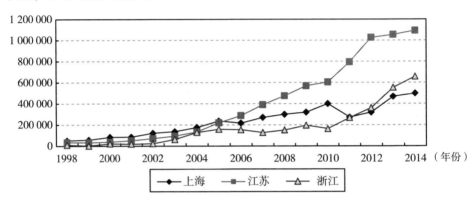

图 4 - 10　1998 ~ 2014 年电子及通信设备制造业 R&D 经费（万元：以 1998 年不变价）

图 4 - 11 描述了长三角二省一市计算机及办公设备制造业在 1998 ~ 2014 年间的技术溢出变化情况。从技术溢出总体规模看，基本上依次是江苏、浙江、上海，且近几年规模均有回落，出现平稳情况。从增长率看，江苏的增长最快，浙江次之，上海平稳增长，并保持原有的规模。

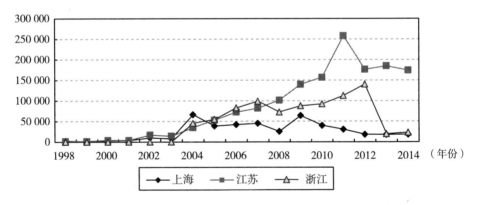

图 4 - 11　1998 ~ 2014 年计算机及办公设备制造业 R&D 经费
（万元：以 1998 年不变价）

图 4 - 12 描述了长三角二省一市医疗仪器设备及仪器仪表在 1998 ~ 2014 年间的技术溢出变化情况。从总体上看，技术溢出程度依次为江苏、浙江、上海，且它们技术溢出之间的差距近逐年增加。从增长趋势来看，增速依次还是

江苏、浙江、上海。

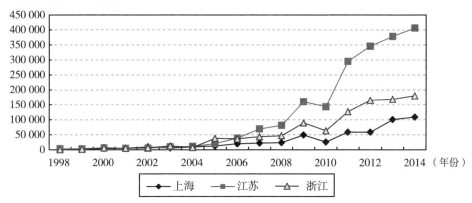

图 4 – 12 1998 ~ 2014 年医疗仪器设备及仪器仪表 R&D 经费
（万元：以 1998 年不变价）

第 3 节 计量结果及解释

本节分两类回归分析。第一类，使用产业固定影响的数据和方法对产业（长三角高技术产业及其细分行业）进行回归，也就是将数据视为三维（产业—省—时间）的面板数据形式，将同类产业放在同一个回归模型里。第二类，分区域进行回归，也就是分别考察长三角 3 个行政区的高技术产业及其细分行业。在用面板数据变截距模型分式时，主要考虑两种情况：固定效应模型和随机效应模型，两者都考虑了不同省份、不同产业之间的差异，区别在于固定效应模型将不同省份、不同行业的这种个体影响看作由不同的常数项说明，在回归结果中表现为截距的差异；随机效应模型则把不同省份、不同行业的差异看作服从某一随机分布，截距项被分为常数项和随机变量两部分，且用其中的随机变量表示个体差异的影响。借鉴巴提瑟（Batisse，2002）在面板数据回归时使用固定效应回归模型的研究经验，本章以固定效应模型为准。

一、分产业回归结果

对 1998 ~ 2014 年长三角两省一市高技术产业（五个细分行业）255 个样本数据的统计性描述见表 4 – 1，相关分析见表 4 – 2。

表 4 - 1   1998～2014 年长三角高技术产业样本数据的统计性描述（对数值）

变量	样本数	均值	标准差	最小值	最大值
创新产出（销售额）y	255	15.45293	4.587095	0	20.98391
内生创新努力（R&D 经费）x_1	255	9.497141	2.949831	0	15.65852
本土技术溢出（R&D 经费）x_2	255	10.638337	4.021662	0	17.60036
机会窗口（产业增加值）x_3	255	15.24524	3.93458	0	27.26369
出口学习（新产品出口值）x_4	255	11.64154	4.858529	0	29.99145

表 4 - 2   变量的相关性分析

	y	x_1	x_2	x_3	x_4
y	1.0000				
x_1	0.7845	1.0000			
x_2	0.4009	0.4572	1.0000		
x_3	0.6361	0.6698	0.4203	1.0000	
x_4	0.6632	0.4730	0.4495	0.6891	1.0000

对上述变量分全部样本和五个细分行业用面板数据，选择固定效应模型方法回归。回归结果中，固定效应校正的拟合优度在 0.74～0.97 之间，模型的设定具有一定的解释能力，具体结果见表 4 - 3。从表 4 - 3 中，可以发现：

表 4 - 3   长三角高技术产业及细分行业受内生创新努力、本土技术
溢出影响的回归结果

	高技术产业全部	医药制造业	航空航天器制造业	电子及通信设备制造业	电子计算机及办公设备制造业	医疗设备及仪器仪表制造业
内生创新努力（X_1）	0.422 *** (0.041)	0.518 *** (0.077)	0.341 ** (0.143)	0.386 *** (0.128)	0.385 *** (0.107)	0.301 *** 0.141
本土技术溢出效应（X_2）	-0.108 ** (0.043)	-0.050 * (0.028)	0.058 * (0.037)	-0.037 * (0.027)	-0.314 ** (0.118)	-0.217 * 0.098
机会窗口：（X_3）	-0.024 * (0.017)	0.167 * (0.112)	-0.096 * (0.062)		-0.254 * (0.153)	-0.321 * 0.145

续表

	高技术产业全部	医药制造业	航空航天器制造业	电子及通信设备制造业	电子计算机及办公设备制造业	医疗设备及仪器仪表制造业
出口： （X_4）	0.325 *** (0.035)	0.217 ** (0.094)	0.194 ** (0.091)	0.303 ** (0.126)	0.506 *** (0.102)	0.489 *** (0.118)
常数项	4.473 (1.151)	2.881 (1.625)	4.358 (2.013)	5.035 (0.663)	6.536 (2.223)	5.493 (2.431)
R^2	0.887	0.932	0.961	0.812	0.786	0.741
样本总数	255	51	51	51	51	51
样本组数	15	3	3	3	3	3

注：***、**、*分别表示1%、5%和10%的水平上显著；括号内的值为标准差。电子及通信设备制造业内生创新努力（R&D经费支出）和机会窗口（全国产业增加值）之间存在严重多重共线性关系，故舍弃机会窗口变量。事实上，1998～2014年电子及通信设备制造业R&D经费支出、产业增加值几乎呈指数型同步增长趋势。

全部高技术产业回归结果有如下特点：第一，创新绩效与内生创新努力有较强的相关性，根据贡献弹性，内生创新努力（R&D经费支出）每增加10%，则创新绩效增加4.2%左右，符合罗默等的内生增长理论。第二，本土技术溢出效应表现为负的外部性，周边省区R&D经费总支出每增加10%，则创新绩效降低大约1%，该结果支持格莱泽等（Glaeser et al.，1992）、费尔德曼和奥德斯（Feldman and Audretsch，1999）、巴提瑟（Batisse，2002）等人的研究——产业专业化表现为负的技术外部性，而不同于亨德森等（Henderson et al.，1995）关于高技术产业专业化也有利于创新的观点，说明长三角同质化竞争、相互模仿在一定程度上阻碍了创新。

高技术产业细分行业回归结果有以下特征：第一，除航空航天产业外，其他四个行业的本土技术溢出效应都为负，进一步说明产业专业化多表现为负的外部性。航空航天产业具有正的外部性，可能是由于浙江产业基础非常弱而形成以江苏和上海空间垄断为主的缘故。第二，计算机和医疗设备制造业的负外部性明显，出口学习的贡献弹性系数比较大，可能是由于长三角在这两个产业也表现为一定的空间垄断性，并以对外联系为主；相对而言，电子及通信设备和医药产业的负外部性相对较小，出口学习的贡献弹性系数较小，可能是由于这两个行业相对处于产业成熟期，导致一方面相互学习与模仿，不利于创新，但另一方面，市场竞争压力不得不进行技术创新，从而导致技术负外部性相对较小，同时，这两个行业尽管出口规模大但内销规模也很大，出口学习效应不如前者明显。

两个控制变量中机会窗口和出口学习对高技术产业创新绩效呈相反的影响。机会窗口与创新绩效呈负相关关系，机会窗口大的行业，创新绩效负相关作用也强，其含义是：当产业处于扩张期，则企业增加研发是不经济的，更多地通过规模经济或新市场（考虑中国经济发展水平差异而造成的产品差异化分割市场）而获取利润。另一个控制变量出口学习效应则呈现明显的正相关关系，其含义是：外向型经济主导的长三角地区可通过吸收国际技术溢出加速高技术产业发展。

总体上，内生创新努力和本土技术溢出效应两个关键性解释变量对长三角高技术产业创新呈复合性影响，从绝对弹性系数看，内生创新努力（R&D 经费支出）每增加 10%，则创新绩效增加 4.22%，而周边地区 R&D 经费支出之和每增加 10%，则创新绩效降低 1%。可见，尽管长三角地区高技术产业由于同质化竞争，相互模仿不利于创新，但内生创新努力依然是决定产业创新的主导力量，并引导产业创新与发展。

二、分区域回归结果

分区域回归模型中，重点考察周边对本区的技术溢出效应。为此，分别计算长三角两省一市相互间的技术一致性指数，具体来说，分别计算江苏与上海、浙江的一致性指数，上海与浙江、江苏的一致性指数，浙江与上海、江苏的一致性指数。相对于前文产业回归模型中用一个变量来测度本土技术溢出效应，分区域回归模型的本土技术溢出效应包含两个变量，如江苏包含来自上海、浙江的技术溢出效应，类似地，浙江包含来自上海、江苏的技术溢出效应。一致性指数的计算方法与分产业模型类似，只是分别考察两两省区之间的效应，而不是考察三者之间的综合效应。为了突出周边对本区的技术溢出效应，分区域模型分两步：第一步，计算在不考虑周边对本区技术溢出效应时回归结果；第二步，考虑周边对本区的技术溢出效应时回归结果。也就是把第一步计量分析作为第二步的对比基准（baseline），从而更加明晰地发现本土技术溢出效应对创新绩效的影响。

类似于前文，运用面板数据时，选择固定效应模型方法。回归结果中（见表 4 - 4），固定效应校正的拟合优度在 0.621 ~ 0.975 之间（浙江相对更好，江

苏相对较差），从整体上看，模型的设定具有一定的解释能力。从表4-4中，
可发现：

表4-4　　　　　长三角分区域高技术产业受内生创新努力、
　　　　　　　　　本土技术溢出影响的回归结果

	江苏		上海		浙江	
	不考虑技术溢出效应	考虑技术溢出效应	不考虑技术溢出效应	考虑技术溢出效应	不考虑技术溢出效应	考虑技术溢出效应
内生创新努力 (X_1)	0.438 *** (0.151)	0.426 *** (0.121)	0.410 ** (0.145)	0.434 ** (0.146)	0.413 *** (0.067)	0.389 *** (0.071)
本土技术溢出效应 (X_{21})		0.046 * (0.020)		-0.167 * (0.073)		0.109 * (0.063)
本土技术溢出效应 (X_{22})		-0.133 * (0.069)		0.107 * (0.066)		0.021 * (0.012)
机会窗口：(X_3)	-0.702 ** (0.301)	-0.612 ** (0.312)	0.285 *** (0.046)	0.296 *** (0.061)	-0.167 * (0.064)	-0.302 * (0.154)
出口：(X_4)	0.723 *** (0.164)	0.725 *** (0.172)	0.521 ** (0.191)	0.475 ** (0.231)	0.512 *** (0.128)	0.603 *** (0.122)
常数项	9.970 (2.642)	8.425 (2.951)	3.458 (1.841)	2.821 (1.084)	5.163 (1.445)	6.365 (1.632)
R^2	0.714	0.621	0.835	0.842	0.975	0.969
样本总数	85	85	85	85	85	85
样本组数	5	5	5	5	5	5

注：***、**、*分别表示1%、5%和10%的水平上显著；括号内的值为标准差。
对江苏来说，X_{21}表示来自浙江的技术溢出，X_{22}表示来自浙江的技术溢出；对上海来说，
X_{21}表示来自江苏的技术溢出，X_{22}表示来自浙江的技术溢出；对浙江来说，X_{21}表示来自上
海的技术溢出，X_{22}表示来自江苏的技术溢出。

本土技术溢出效应在两省一市存在差异。对江苏省来说，可从上海获得正
的技术外部性，而浙江为负的技术外部性；对于上海来说，可从浙江获得正的
技术外部性，而江苏为负的技术外部性；对于浙江来说，无论是上海和江苏两
者都表现为正的技术外部性。解释如下：第一，上海对江浙都表现出正的技术
外部性，可解释为上海技术处于相对高端，技术相对低端的江浙可通过学习与

模仿等方式获得技术外溢。第二，如果假定江苏的技术水平总体上介于上海与浙江之间（至少从高技术产业规模、创新产出规模来看是合理的），根据前文产业专业化集聚不利于创新的结论，则技术水平相近组的产业集聚接近于竞争关系，不利于创新，导致江苏对上海为负的外部性、浙江对江苏为负的外部性。第三，浙江对上海具有正的外部性，可解释为上海与浙江由于技术差距相对大，具有一定的垄断和独占性，而不同于江苏的接近竞争关系，浙江技术的提升有助于上海技术的推广和扩散。

内生创新努力和本土技术溢出对两省一市创新绩效影响不同，而且表现出差异性政策含义。第一，无论考虑或者不考虑本土技术溢出效应，创新绩效与内生创新努力都有较强的因果关系，因为贡献弹性显示，内生创新努力（R&D 经费支出）每增加 10%，则创新绩效增加 3.9% ~ 4.4%，与内生增长理论相吻合。第二，对于江苏和上海来说，当考虑本土技术溢出效应时，技术溢出会产生负效应，尤其是江苏和上海之间的负效应，说明技术水平相近时，技术溢出使本地技术外溢，不利于创新绩效提高，因此需加强技术保护而不是加强技术溢出。第三，对于浙江来说，当考虑本土技术溢出效应时，内生创新努力（R&D 经费支出）的产出弹性降低，意味着浙江由于处于相对低的技术梯度，可通过技术学习和模仿更多、更好地获得外部效应，换而言之，可以部分地"搭便车"。这样，两省一市存在差异性的政策含义，江苏和上海需进一步加强自主研发，而浙江可积极利用技术外部性，重点培育技术吸收能力。

两个控制变量机会窗口和出口学习对高技术产业创新绩效有较大的影响。机会窗口在江苏和浙江与创新绩效呈负相关，意味着：当存在巨大市场机会时，企业不需要进行研发新产品，而依托新市场或生产规模就可以获取利润；机会窗口在上海与创新绩效呈正相关，可能是上海是中国的一个重要创新极，市场机会和潜力给新产品的研发提供了很好的产业环境，可获取更高的垄断利润。出口学习都表现出正的外部效应，说明长三角出口导向战略有利于吸收国际技术溢出，而且对江苏、浙江这两个制造业规模相对较大的省区，这种效应比上海更加明显，也说明了为什么江苏出口学习具有很高的贡献弹性。

第 4 节　本章小结

本章利用 1998 ~ 2014 年长三角二省一市高技术产业及其五个细分行业的面板数据，实证研究了长三角高技术产业创新的影响因素。在考虑国际技术溢出（出口）、产业创新机会窗口的情形下，本章分产业和区域维重点考察内生创新努力和本土技术溢出的影响程度，发现：

（1）从产业维看，长三角高技术产业遵循罗默（Romer，1990）等的内生增长理论，内在创新努力是产业创新和发展的基本动力；本土技术溢出效应表现为负的外部性，当周边省区 R&D 经费总支出每增加 10%，则本区创新绩效大约降低 1%，显示了产业专业化集聚不利于创新，该结论支持格莱泽等、费尔德曼和奥德斯、巴提瑟等人的研究，意味着长三角高技术产业存在同质化竞争，过度模仿不利于原始性创新，但鉴于内生创新努力决定性影响因素，长三角高技术产业需不遗余力地加强 R&D 活动。出口学习效应对产业创新绩效有较强的贡献弹性，既说明了长三角出口导向型发展战略的正确性与合理性，又说明了进一步积极利用国际技术溢出发展高技术产业的必要性；从产业创新的机会窗口来看，作为发展中国家，中国高技术产业巨大的市场环境更多是诱使企业扩大生产规模或开拓市场，尚未迫使企业形成以创新为主导的发展模式。

（2）从区域维看，无论考虑或者不考虑本土技术溢出效应，创新绩效与内生创新努力都有较强的因果关系；但本土技术溢出效应在不同省区差异较大：对江苏省来说，可从上海获得正的技术外部性，而浙江则带来负的技术外部性；对于上海来说，可从浙江获得正的技术外部性，而江苏则带来负的技术外部性；对于浙江来说，无论是上海和江苏都表现为正的技术外部性。概而言之，如果把上海、江苏、浙江技术水平分为高、中、低三个区（相对而言），则低技术水平区从高技术水平区受益，反之亦然，可能是由于无序竞争和模仿不利于保护创新者利益；但当技术水平差异较大时，高技术水平区也可从低技术区受益，可能是由于技术适度扩散有利于增加创新者利益。此外，外部环境中，出口学习有利于创新，而机会窗口不利于江苏、浙江两省的创新。

本研究有两个不足之处，一是忽略了大学、独立研究机构等知识创新主体对产业（企业）的知识（技术）溢出效应，杰夫的一致性指数正是测度大学基础研究的溢出效应，主要是由于缺乏长三角大学等研究机构对应于高技术产业细分行业的数据，如具体技术领域的重点实验室数量、科研人员和科研经费数等。二是国际技术溢出渠道中仅考虑出口学习因素，而没有涉及跨国公司研发和 FDI 的技术溢出效应研究，同样也是由于缺乏跨国公司研发和 FDI 细分行业在长三角的数据。总体上，数据不足是本章的天生缺陷，未来研究把大学基础研究的知识溢出效应、跨国公司研发和 FDI 的技术溢出效应纳入统一的分析框架是非常必要的。

第 5 章

长三角不同等级城市的服务业增长差异[*]

自 20 世纪 60 年代起,世界主要发达国家经济重心开始转向服务业,服务业在就业和国民生产总值中的比重不断提高,逐步居于主导地位,全球产业结构也呈现由"工业型经济"向"服务型经济"转型的总趋势。目前,长三角 16 个城市以全国 2% 左右的国土面积,实现了全国 20% 以上的经济产出,以工业化和城市化为基础,以服务业为主导促进长三角城市群经济增长,是长三角地区经济结构优化和产业竞争力提升的重要途径。

就服务业而言,纽约和伦敦的金融服务业、新加坡和香港的航运业是促成其成为或走向全球性城市的重要动力,尤其是在当今信息和网络技术的支撑下,服务业已成为经济发达国家或地区的主导力量。波特(2000)在宣扬产业集群对国家或区域竞争力至关重要的过程中,也强调风险投资、大学和研究机构等生产性服务业对产业集群的支撑作用,甚至用产业集群只是浮现的"冰山"来形象比喻其与支撑环境之间的关系。也即生产性服务业是支持国家竞争力的重要因素,因此,生产性服务业发展状况对一个国家或地区非常重要。杨吾扬和梁进社(1997)根据德国经济地理学家克里斯泰勒的经典"中心地"理论,深入探讨过城市等级与消费性服务业活动之间的关系,因为餐饮等消费性服务业不仅是人民生活的必要需求,而且是城市繁荣的象征之一。因此,长三角地区在关注服务业总量增长的同时,还不能忽略服务业内部的结构性变化特征。

---

* 本章主要来自魏守华、韩晨霞:《长三角服务业增长差异:基于份额—偏离分析法》,载《南京邮电大学学报》2009 年第 3 期,第 25 ~ 36 页;魏守华、韩晨霞:《城市等级与服务业发展——基于份额—偏离分析法》,载《产业经济研究》2010 年第 4 期,第 32 ~ 39 页,此处有修改。

国内现有关于服务业的研究多集中在产业层面：一是服务业与国民经济发展之间的关系，如江小涓和李辉（2004）分析了服务业与中国经济增长的关系及加快服务业增长的潜力；李江帆（2005）系统分析了第三产业发展及其与国民经济发展之间的关系；王治和王耀中（2009）通过实证研究发现中国服务业及其内部各行业的发展与经济增长的因果关系是有差异的。二是服务业及其内部结构的特征，如：许宪春（2000）、岳希明和张曙光（2002）分析了中国服务业发展相对滞后的原因；程大中（2004）系统论证了中国服务业增长的特点、原因及影响；荆林波和李蕊（2008）描述了中国服务业目前发展水平、结构变化和增长趋势，并评价其国际竞争力；李春成等（2009）通过实证研究发现天津市服务业发展水平与服务业制度、技术创新之间存在长期稳定的均衡关系。

上述研究从产业体系角度分析服务业及其内部结构发展的规律，而均未将城市规模（等级）和服务业发展联系起来，毕竟产业和空间是相互作用、相互影响的，如纽约、伦敦等全球性城市以金融等生产性服务业为主，而绝大多数小城市和小城镇主要为本地提供基本的服务功能，如以商品零售等服务业为主。为此，本章采用区域经济学关于产业增长差异的份额—偏离分析法，利用 2003 ~2014 年长三角 16 个地级以上城市 14 个服务业细分行业的面板数据，来揭示长三角 4 个不同等级城市组服务业及其内部结构增长的特征，试图回答服务业及其细分行业最适合在哪类城市发展，或者说，哪类城市更适合发展何类服务业？

首先，介绍份额—偏离分析法模型、城市分组与数据；其次，从城市和产业两方面分析计算结果；最后是结论和政策含义。

第 1 节　模型与数据

自从克里默（Creamer，1943）创立了份额—偏离分析法（Shift-Share Method，SSM）和佩洛夫等（Perloff et al.，1960）将其运用到区域经济分析以来，该方法一直处于争议之中，而焦点则是该模型作为预测和分析工具的有效性，一些学者表示支持（Praskevopouls，1971；Ashby，1964；Andrikopoulos et. al，1990），而休斯顿（Houston，1967）和布朗（Brown，1969）等则怀疑其有效性。鉴于此，有学者建议在计算时可以通过增加乘数基础或相对权重等参数来改进和完善该方法（Kalbacher，1979；Klaasen and Paelinck，1972；McDonough and Sihag，1991）。中国学者崔功豪等（1999）认同份额—偏离分析法是区域经济社会结构分析中通用的方法，具有较强的综合性和动态性特点，有利于揭示区域部门结构变化的原因，并明确未来发展的主导方向。本章运用这一方法，参考王宜虎和徐银良（2009）对模型的处理，揭示城市等级与服务业发展关系。

一、份额—偏离分析法

本章的份额—偏离分析法以全国为参照系分析服务业及其内部结构的变化过程，将城市服务业的变动分解为三个分量：份额、结构偏离和竞争力偏离分量。数学模型如下：

$$G_i = e_{i,(t+k)} - e_{i,t} = N_i + P_i + D_i \tag{5.1}$$

$$N_i = \left(\frac{E_{(t+k)}}{E_t}\right) e_{i,t} - e_{i,t} \tag{5.2}$$

$$P_i = \sum_{j=1}^{n} \left[\left(\frac{E_{j,(t-k)}}{E_{j,t}}\right) e_{ij,t} \right] - \left(\frac{E_{(t+k)}}{E_t}\right) e_{i,t} \tag{5.3}$$

$$D_i = e_{i,(t+k)} - \sum_{j=1}^{n} \left[\left(\frac{E_{j,(t+k)}}{E_{j,t}}\right) e_{ij,t} \right] \tag{5.4}$$

其中，e_i 表示 i 城市组服务业就业数；E 表示全国服务业就业数；i 表示不同城市、j 表示服务业内部结构（14 个细分行业），$j = 1, 2, \cdots, n$；t 表示期初（2003 年）；$t + k$ 表示期末（2014 年）。当只考虑一级分类时，分别出现 G_i、N_i、P_i、D_i，计算的结果为所有行业总量数量，如表 5 - 1 的结果；当考虑二级分类时，上述的 G_i、N_i、P_i、D_i 又可进一步细化为：G_{ij} 是 i 城市组第 j 个服务业部门的就业增长量；N_{ij}（份额分量）是指 i 城市组 j 服务业部门内部结构以全国 j 服务业部门平均比例增长时的变化量。P_{ij}（结构偏离分量）是指 i 城市组 j 服务业部门比重与全国相应部门比重的差异而引起的偏差，它排除了城市组增长速度与全国平均速度的差异，突出部门结构对总增长的影响和贡献；D_{ij}（竞争力偏离分量）是指 i 城市组的 j 服务业部门增长速度与全国相应部门增长速度的差异而引起的偏差，反映 i 城市组 j 部门的相对竞争能力；$P_{ij} + D_{ij}$（总偏离分量）表示 i 城市组 j 服务业部门实际增长与平均比例增长之间的偏离分量，反映其总体增长优势；计算出的结果为次级分类行业数值，如表 5 - 3 中的生产性服务业值。

二、城市等级与数据选取

本章主要根据《中国城市统计年鉴》（2004 ~ 2015 年）和长三角省区相

关城市的统计年鉴，在数据选取时涉及三方面问题：服务业分类、城市范围的确定和时间段选择，具体分析如下。

1. 服务业分类

服务业分类是本研究的基础，针对城市这一特定的空间单元，应该要揭示和发现不同服务业对城市发展和运行的差异，并进行分类研究。目前，国际上有关服务业的产业分类规范体系主要有：国际货币基金组织 1993 年颁布的《国民账户体系》和《国际收支手册》；联合国 1990 年到 1998 年先后颁布的《全部经济活动的国际标准产业分类》《产品总分类》《扩大国际收支服务分类》和《国际商品贸易分类》；经合组织和欧洲统计局 1996 年联合颁布的《联合贸易分类》；1991 年的《关税及贸易总协定》；美国普查局 2002 年颁布的《北美标准产业分类》等。国家统计局在 2003 年 5 月 14 日印发的《三次产业划分规定》将第三次产业划分 15 类。另外，《2006～2020 年国家中长期科学与技术发展规划研究》服务业课题组，将服务业划分为四大类：基础服务、生产和市场服务、个人消费服务、公共服务；还有的研究把服务业分为两类：服务业有服务产业和服务事业之分，以增值为目的提供服务产品的生产部门和企业集合叫服务产业；以满足社会公共需要提供服务产品的政府行为集合叫服务事业①。这样，本章的服务业及其细分行业分类如下：

（1）生产性服务业：信息传输、计算机服务和软件业，交通运输、仓储和邮政业，金融业，房地产业，租赁和商务服务业，共 5 类行业。

（2）消费性服务业：批发和零售业，住宿和餐饮业，居民服务和其他服务业，共 3 类行业。

---

① 《北美产业标准分类》（2002）将三次产业分为 23 类，其中，农业 4 类：包括种养业、捕猎业、林业和渔业；工业 4 类：包括采掘业、公用事业、建筑业、制造业；服务业 15 类：包括：1. 批发；2. 零售；3. 运输和仓储；4. 信息服务（包括通信计算机互联网等服务）；5. 金融和保险；6. 房地产和出租、租赁；7. 专业、科学和技术服务；8. 公司和企业管理服务；9. 垃圾管理和治理服务；10. 教育服务；11. 医疗保健和社会援助；12. 艺术和娱乐服务；13. 旅店业、餐饮业；14. 其他服务（不包括政府提供的公共服务）；15. 公共行政管理服务。国家统计局 2003 年后对中国服务业分以下 15 类：1. 交通运输、仓储和邮政业；2. 信息传输、计算机服务和软件业；3. 批发和零售业；4. 住宿和餐饮业；5. 金融业；6. 房地产业；7. 租赁和商务服务业；8. 科学研究、技术服务和地质勘查业；9. 水利、环境和公共设施管理业；10. 居民服务和其他服务业；11. 教育；12. 卫生、社会保障和社会福利业；13. 文化、体育和娱乐业；14. 公共管理和社会组织；15. 为国际组织提供的服务。《2006～2020 年国家中长期科学与技术发展规划研究》服务业课题组分类：1. 基础服务：包括通信服务和信息服务，信息服务又包括信息技术服务和信息内容服务等；2. 生产和市场服务：包括金融（银行、证券、保险）、物流、批发、电子商务、农业支撑服务以及包括中介和咨询等专业服务；3. 个人消费服务：包括教育、医疗保健、住宿、餐饮、文化娱乐、旅游、房地产、商品零售等；4. 公共服务：包括政府的公共管理服务、基础教育、公共卫生、医疗以及公益性信息服务等。

（3）公共服务业：公共管理和社会组织，卫生、社会保障和社会福利业，共2类行业。

（4）事业性服务业：科学研究、技术服务和地质勘查业，水利、环境和公共设施管理业，教育，文化、体育和娱乐业，共4类行业。

2. 城市分类标准

本章研究目的是揭示长三角不同等级城市组服务业及其细分行业的发展状况，试图找出不同城市最适合发展哪类服务业，所以关于城市等级的划分至关重要，亦是本章研究的基础。本章考虑三个因素：一是城市人口规模（以市区人口为标准），城市规模越大，则城市的等级越高；二是城市的行政级别，行政级别越高，则城市等级越高；三是城市经济活力。为此，本章选取2003~2014年11年期间各城市市区人口的平均值，再结合城市的行政级别，把长三角16个地级以上城市分为以下4个不同等级的城市组①。

第一组：全国性大城市，上海。

第二组：区域性大城市，包括南京和杭州，它们既是省会城市，又是经济大区的中心城市。

第三组：地级大城市，包括宁波、苏州、无锡和常州，它们经济实力和经济总量较大，在全国有一定影响力。

第四组：地级城市，除前三组外的城市，包括浙江的嘉兴、湖州、绍兴、台州、舟山，江苏的镇江、扬州、泰州和南通，共9个城市。

3. 时段选择

由于2003年前后《中国城市统计年鉴》对服务业细分行业的分类标准不一致，2014年为最新数据，故共选取11年数据。根据刘志彪、郑江淮等（2008）的观点，这一阶段长三角经济增长主要为服务业发展驱动，这样有利于揭示服务业在不同等级城市间的增长与变化过程。

第2节 不同等级城市经验结果与解释

图5-1对比了2003~2014年期间，长三角15个城市市辖区服务业就业数，可以看出上海的就业总数"一枝独秀"，在2014年达到460万人；南京

---

① 这里的长三角考虑了浙江台州，共16个城市，与其他章节的15个城市（没有考虑台州）有所区别，特此说明。

和杭州的服务业就业数大致相当，在 120 万人左右；宁波、无锡、常州和苏州的服务业就业人数在 20 万 ~45 万人之间，其中常州、无锡相对偏少（20 万 ~30 万人），而宁波和苏州大致相当，在 40 万人左右；其余的城市都在 20 万以下，相对于城市规模，舟山和绍兴的服务业相对发达。

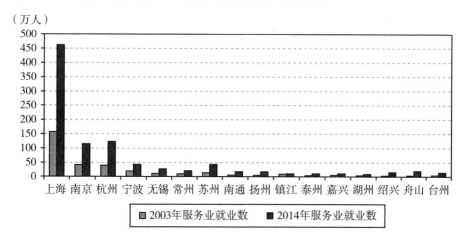

图 5 – 1　2003 年和 2014 年长三角 16 个城市市辖区服务业就业数对比

图 5 – 2 描述了上述城市 2014 年与 2003 年的服务业就业增长比率，舟山、绍兴和扬州增长比率比较高，在 3.5 倍以上；苏州、南通、杭州、上海、南京等城市增长比率在 3 倍左右；而增长比率比较低的城市为宁波、常州、嘉兴和湖州；增长比率最低的城市为镇江。

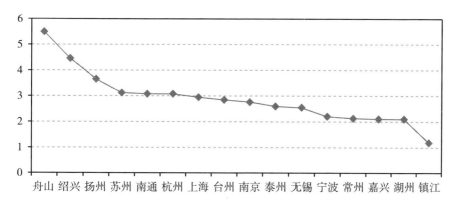

图 5 – 2　2014 与 2003 年长三角 16 个城市市辖区服务业就业增长比率

下文将通过份额—偏离分析法解析上述城市在绝对量和相对量增长的原因。

表5-1列举了长三角16个城市2003~2014年间服务业整体的份额—偏离分析结果。特别需要说明的是,在运用份额—偏离分析法时,选择的参照系非常重要,如本书选择全国所有城市(286个地级以上城市)市辖区作为参照系,如果选择整个长三角或全国(包括乡村),则计算的结果会有明显差异。

表5-1 2003~2014年长三角16个城市服务业的份额—偏离分析结果

	份额分量（万人）	偏离分量（万人）			实际增长量（万人）
		结构性偏离	竞争力偏离	总偏离	
上海	122. 342	104. 371	78. 647	183. 018	305. 360
南京	32. 473	20. 083	20. 834	40. 917	73. 390
杭州	31. 289	4. 411	47. 545	51. 957	83. 245
宁波	15. 317	8. 570	− 0. 322	8. 248	23. 565
无锡	8. 500	11. 076	− 2. 762	8. 314	16. 814
常州	7. 846	16. 697	− 13. 173	3. 525	11. 371
苏州	10. 783	8. 786	9. 752	18. 539	29. 321
南通	4. 612	3. 892	3. 787	7. 678	12. 291
扬州	3. 818	3. 044	6. 143	9. 187	13. 005
镇江	7. 074	4. 646	− 10. 051	− 5. 406	1. 669
泰州	3. 374	2. 268	1. 265	3. 534	6. 907
嘉兴	4. 262	3. 087	− 1. 304	1. 783	6. 045
湖州	3. 467	2. 331	− 0. 909	1. 422	4. 889
绍兴	2. 820	2. 038	7. 677	9. 715	12. 535
舟山	2. 898	2. 523	11. 279	13. 802	16. 700
台州	4. 028	3. 552	1. 952	5. 504	9. 532

(1)份额分量反映各城市按整个全国平均增长率可能达到的增长,其大小与城市服务业初始水平有关,如上海、南京、杭州等居前,而基础比较小的城市,该指标相对较小。

(2)实际增长量中,上海"一枝独秀",其次为杭州和南京,其余城市的实际增长量都比较小。其中,镇江最小。该指标为不同城市的实际增长量,引起考察期末不同城市服务业发展的差异。

(3)偏离分量反映实际增长量与份额分量之间的差异,并由结构性偏离和竞争力偏离组成。总偏离指标中，上海、杭州、南京、苏州的数值较大，说明这些城市有更加集中的趋势。镇江的总偏离为负数，说明该城市服务业发展有明显相对萎缩的趋势。

（4）在结构性偏离中，所有城市的偏离分量为正，即细分行业增长具有结构性优化的特点，如生产性服务的增长幅度超过全国平均。在竞争力偏离分量中，该指标为正的城市，细分行业相对全国有竞争力（如上海、杭州等），而该指标为负的城市，细分行业在市场竞争中处于不利地位，是导致城市服务业相对停滞的重要原因（如镇江、常州、无锡等）。对比结构性偏离和竞争力偏离，杭州、舟山的竞争力偏离分量远大于结构性偏离分量，说明这些城市的细分行业在全国有竞争力是导致总偏离增加的主要动力；反之，常州、镇江等城市的竞争力偏离为负，影响了城市服务业发展；还有些城市，如上海、南京的竞争力偏离和结构性偏离都为正，且接近，说明这些城市服务业发展良好的动力是"双轮驱动"——既有来自结构性优化的优势，又有来自市场竞争力强的优势。

进一步结合城市特征，解释如下：

（1）长三角的服务业处于以上海为核心的"极化"阶段，换言之，上海的服务业辐射整个长三角地区。上海的服务业不仅基础好、实际增长量"一枝独秀"，而且无论从服务业细分行业的结构性优化（结构性偏离为正），还是细分行业的市场竞争力（竞争力偏离分量为正），说明上海服务业不仅在结构上代表着长三角地区发展的方向，而且极具有竞争力，如金融保险、房地产等行业具有极强的竞争力，所以上海的服务业发展有进一步极化的趋势。

（2）以上海为核心的长三角服务业辐射力度遵循空间距离衰减原理。在沪宁线上，苏州、无锡、常州、镇江的偏离分量随距离增加而数值减小，尤其是无锡、常州和镇江的竞争力偏离都为负，说明这些城市既受到来自上海竞争的"挤压"又受到来自南京竞争的"挤压"，服务业发展相对缓慢；在沪杭甬线上，嘉兴、湖州也呈现相似的特点，不过舟山、绍兴的服务业发展却较好，舟山可能是特殊的地理位置决定的。

（3）从城市等级变化的情况看，第一等级的上海，"一枝独秀"，而且未来有进一步加强的趋势。第二等级的南京、杭州，服务业的次中心地位相对加强，特别是杭州。次中心地位上升的原因：一是交通通信技术进步，如高铁、城际列车、私家小汽车，使杭州和南京的吸引范围加大；二是结构性优化，如杭州的网上购物、金融服务外包，而南京的软件产业，同样使吸引范围增大（如腹地扩展到安徽和苏北的周边地区）。第三等级的宁波、苏州、无锡和常州，出现分化的趋势，苏州的服务业有加快发展趋势，在这类等级城市处于领先者，而宁波、无锡和常州的服务业相对缓慢，特别是常州放缓的趋势最为显著。第四等级的城市为其他地级城市，镇江、嘉兴、湖州、泰州的服务业发展相对缓慢，特别是镇江、嘉兴，可称之为"大城市阴影下的城市"（魏守华等，2015），服务业发展显著受到大城市的"挤压"，如镇江受南京的负面影响，嘉兴同时受到来自上海和杭州的"挤压"；不过，舟山、扬州、南通的服务业发展相对较快，如舟山特殊的地理位置，扬州、南通相对不利的交通条件，这两个城市到目前尚未开通高铁。总体上，不同等级城市出现分化现象。

第 3 节　分行业经验结果与解释

前文从城市的角度探讨了服务业总量变化及其内在的机理，这里侧重从服务业内部各行业着手，分析其在长三角 16 个城市内的变化特点，目的是揭示和发现服务业内部结构的变化过程。根据前文对服务业内部结构分为消费性服务业、生产性服务业、事业性服务业和公共服务业四类，计算结果见表 5 - 2 ~ 表 5 - 5。其中，份额分量是指按整个服务业平均增长率到期末应该达到的总量，实际增长量与份额分量之差为偏离分量——结构性偏离和竞争力偏离两个分量，结构性偏离分量反映该行业与总体发展方向之间的关系，竞争力偏离分量反映该行业增长的势头。对表 5 - 2 ~ 表 5 - 5 的结果分析与解释如下：

1. 消费性服务业

消费性服务业是长三角服务业的主要增长部分之一，但增长势头趋缓，属于平稳增长的部门，属于"成熟行业"。

（1）2003 ~ 2014 年间，消费性服务业的实际增长量为 151.66 万人，仅次于生产性服务业就业增加人数（271.42 万人），远高于事业性服务业和公共服务业的 123.69 万人和 79.86 万人。表 5 - 2 中，从单个城市实际增长量看，上海增加 87.10 万人，南京和杭州分别为 18.71 万人和 17.65 万人，基本随城市规模递减。不过，镇江的就业数是负增长，湖州的增幅也很小，说明这些城市服务业发展缓慢，甚至是停滞。

（2）份额分量的差异在很大程度上取决于原有的基础，上海基础好，故份额分量大，南京、杭州次之；地级大城市如苏州、无锡、常州等高于舟山、绍兴等中等城市。

（3）总偏离分量中，上海、南京、杭州等等级高的城市为正，而镇江、湖州等为负。有些意外的是,舟山、绍兴的总偏离较高,这可能是两个城市有独特性,舟山可能是因为旅游城市,又距离其他城市较远;绍兴可能是因为位于杭州和宁波的中间"洼地",吸引两地顾客而提升竞争力。

(4)结构性偏离大多为正,说明消费性服务业在长三角发展要优于全国,这可能是由经济发展水平决定的。竞争力偏离中,上海等正偏离的城市,说明它们在产业内竞争中处于优势,而镇江、湖州等城市的数值为负,说明它们在同行竞争中处于劣势。该指标是导致这些城市消费性服务业总偏离以及实际增长量偏小的主要原因。

表 5 - 2 　　　　2003～2014 年长三角 16 个城市消费性服务业的份额—偏离分析结果

	份额分量（万人）	偏离分量（万人）			实际增长量（万人）
		结构性偏离	竞争力偏离	总偏离	
上海	30.323	12.444	44.333	56.777	87.100
南京	6.007	4.322	8.381	12.703	18.710
杭州	5.937	5.321	6.396	11.717	17.654
宁波	2.976	1.231	-0.558	0.673	3.649
无锡	2.158	2.354	-1.027	1.327	3.486
常州	1.667	1.325	-1.570	-0.245	1.423
苏州	1.940	1.365	2.984	4.349	6.289
南通	1.278	0.952	-1.159	-0.207	1.071
扬州	1.060	0.325	-0.514	-0.189	0.871
镇江	1.465	0.635	-2.508	-1.873	-0.409
泰州	0.600	0.321	0.284	0.605	1.205
嘉兴	0.725	0.544	-0.527	0.017	0.741
湖州	0.483	0.244	-0.709	-0.465	0.018
绍兴	0.483	0.325	0.794	1.119	1.602
舟山	0.709	2.365	4.426	6.791	7.500
台州	0.873	0.324	-0.440	-0.116	0.757

注:消费性服务,包括:交通运输、仓储和邮政业,住宿和餐饮业,居民服务和其他服务业,共 3 类。

2. 生产性服务业

生产性服务业是长三角服务业的主要增长部分,而且增长势头旺盛,未来有望进一步加速增长，属于"成长行业"。

（1）生产性服务业的实际增长量为271.42万人，远超过其他三个部门各自新增的就业人员，是长三角服务业的主要增长部分。表5-3中，从单个城市的实际增长量看，规模大、等级高的城市实际增长量大（如上海等），并随城市规模递减而减小。

表5-3　　2003~2014年长三角16个城市生产性服务业的份额—偏离分析结果

份额分量（万人）	偏离分量（万人）			实际增长量（万人）
	结构性偏离	竞争力偏离	总偏离	
上海　140.628	-1.744	-0.154	-1.898	138.730
南京　29.802	-1.325	3.843	2.518	32.320
杭州　24.403	4.345	8.065	12.410	36.813
宁波　13.312	-2.245	1.774	-0.471	12.842
无锡　8.985	-5.364	1.503	-3.861	5.124
常州　5.730	-3.654	1.202	-2.452	3.278
苏州　7.699	2.351	4.409	6.760	14.459
南通　5.594	-2.341	0.678	-1.663	3.931
扬州　3.820	-1.244	1.179	-0.065	3.756
镇江　5.380	-1.325	-3.392	-4.717	0.662
泰州　2.495	-0.851	0.325	-0.526	1.968
嘉兴　3.781	-1.324	0.347	-0.977	2.804
湖州　2.456	0.425	0.213	0.638	3.094
绍兴　2.924	0.259	0.541	0.800	3.724
舟山　3.216	0.851	0.303	1.154	4.370
台州　5.029	-1.244	-0.234	-1.478	3.551

注：生产性服务，包括：信息传输、计算机服务和软件业，批发和零售业，金融业，房地产业，租赁和商务服务业，共5类。

（2）份额分量中，虽然数值与城市规模正相关，但差异悬殊相对不大，说明所有城市都能分享生产性服务业快速增长的"果实"。

（3）在总偏离分量中，该指标显著不同于消费性服务业的对应值，一是上海为负，可能是因为上海的商务成本偏高，如软件服务等迁离上海。二是杭州、苏州等综合实力较强的城市发展较好，说明综合商务成本适合生产性服务业发展。三是中等城市发展也不够好，可能是这类城市尚欠缺发展生产性服务业的条件，如人力资本等。总体上，生产性服务业的总偏离量和消费性服务业有较大差异。

（4）结构性偏离分量多为负数，且竞争力偏离分量也不高。前者可能是因为，这一期间内长三角生产性服务业普遍发展都较好，增长速度较快，很难区分城市之间的差异；后者可能是因为城市之间形成差异化竞争的格局，或者各有特色，导致城市之间的竞争力并无多大差异，如上海并没有显示出优越性。

3. 事业性服务业

事业性服务业在长三角服务业增长中低于平均增速，是稳定发展的基础性部门。

（1）事业型服务业的实际增长量为 123.69 万人，低于生产性服务业和消费性服务业，但高于公共服务业。表 5 - 4 中，从单个城市的实际增长量看，规模大、等级高的城市，如上海、杭州、南京增幅较大。有意思的是，绍兴、扬州等城市增长量相对较大，可能是这些城市加大教育投入，如扬州大学、绍兴文理学院发展所致，说明长三角在教育、医疗、卫生等服务业领域发展进入均衡发展态势。

表 5 - 4　2003 ~ 2014 年长三角 16 个城市事业性服务业的份额—偏离分析结果

	份额分量（万人）	偏离分量（万人）			实际增长量（万人）
		结构性偏离	竞争力偏离	总偏离	
上海	12.208	12.444	34.158	46.602	58.81
南京	11.959	3.215	- 4.184	- 0.969	10.99
杭州	1.122	5.624	20.136	25.760	26.882
宁波	2.875	- 0.642	0.230	- 0.412	2.463
无锡	3.007	- 0.775	0.109	- 0.666	2.341
常州	8.305	- 2.444	- 8.132	- 10.576	- 2.271
苏州	3.810	- 0.442	- 0.445	- 0.887	2.923
南通	0.467	2.6754	0.588	3.264	3.731
扬州	0.343	3.7841	1.293	5.077	5.419
镇江	1.784	0.648	- 1.618	- 0.969	0.815

	份额分量（万人）	偏离分量（万人）			实际增长量（万人）
		结构性偏离	竞争力偏离	总偏离	
泰州	0.865	0.554	0.311	0.865	1.73
嘉兴	1.060	0.124	0.028	0.152	1.211
湖州	0.989	−0.121	−0.010	−0.131	0.858
绍兴	0.834	1.25	1.269	2.519	3.353
舟山	0.203	1.365	0.622	1.987	2.19
台州	0.514	1.132	0.598	1.730	2.244

注：事业性服务业，包括：科学研究、技术服务和地质勘查业，水利、环境和公共设施管理业，教育，文化、体育和娱乐业，共4类。

（2）份额分量中，各城市的相对差异不大，主要是教育、医疗、卫生作为基础性部门，在各城市比例（如每万人教师数）相差不大（除上海、南京、杭州等高等院校集聚的城市）。

（3）在总偏离分量中，不同城市表现出差异性，江苏的城市多为负数，而浙江的城市多为正数。这主要是历史上江苏在教育、医疗等方面的基础优于浙江，浙江随着经济发展而加大这些领域的投入，如嘉兴、绍兴等都积极发展地方性高等院校。

（4）结构性偏离分量中，规模最大的几个城市，如上海、南京和杭州为正，规模最小的城市，如舟山等也为正，而较大城市，如苏州、无锡、常州、宁波却为负数，可以解释为，苏锡常等城市的事业性服务业在相对自身结构性增长中，处于劣势，换言之，其他细分行业表现更加突出；规模最小城市的数值为正，说明这些城市的生产性服务业、消费性服务业不如规模大的城市好，导致相对结构性优势。竞争力偏离分量中，上海、杭州表现突出，可能是这两个城市在科学研究、教育等领域继续加大投入，尤其是杭州，历史基础与南京有差距，但近十多年来，加大科学研究、教育等投入，发展势头较好。江苏的城市多表现为负增长，如南京、常州、镇江、苏州等，可能是这些城市历史基础较好，近十年来相对降低了对这些方面的投入。如镇江的高等院校主要围绕江苏大学、江苏科技大学的质量提升，而不同于绍兴等浙江城市，基础薄弱，还处于以量为重点的发展阶段，如绍兴积极发展绍兴文理学院等地方性院校。

4. 公共服务业

公共服务业是长三角服务业增长相对缓慢的行业，属于相对"衰退行业",但另一方面,也反映了管理效率的提高,使公共管理部门就业的比重逐年降低。

(1)长三角公共服务业的实际增长量为 79.86 万人,远低于其他三类行业。表 5-5 中,从单个城市的实际增长量看,各城市的增幅差异最小,增幅最大的上海也只有 20 万人左右,第二等级城市的南京和杭州在 10 万人左右,宁波、苏州等较大的城市增幅在 4 万人左右,而中小城市在 2 万人以下,公共服务业主要来自政府管理部门,这些部门既与城市的规模有关,又有一定的规模经济效应。换言之,规模大的城市增幅相对小,这主要是由于这个部门的性质所决定。

表 5-5   2003~2014 年长三角 16 个城市公共服务业的份额—偏离分析结果

	份额分量（万人）	偏离分量（万人）			实际增长量（万人）
		结构性偏离	竞争力偏离	总偏离	
上海	43.552	15.24	−38.072	−22.832	20.720
南京	4.788	8.52	−2.938	6.582	11.370
杭州	13.458	4.365	−6.706	−2.341	11.117
宁波	5.924	1.324	−3.198	−1.874	4.050
无锡	3.005	0.852	−0.230	0.622	3.627
常州	1.869	2.365	−0.155	2.210	4.079
苏州	5.090	1.254	−2.253	−0.999	4.091
南通	1.165	1.025	1.368	2.393	3.558
扬州	1.639	0.892	0.427	1.319	2.958
镇江	3.091	0.324	−2.815	−2.491	0.600
泰州	1.682	0.251	0.071	0.322	2.004
嘉兴	1.783	−0.854	0.359	−0.495	1.288
湖州	1.869	−1.251	0.301	−0.950	0.920
绍兴	0.618	2.31	0.929	3.239	3.857
舟山	1.294	1.254	0.092	1.346	2.640
台州	1.165	1.311	0.505	1.816	2.981

注:公共服务业,包括:公共管理和社会组织,卫生、社会保障和社会福利业,共 2 类。

（2）份额分量中，除上海数值较高，其他城市与实际增长量比较接近。上海的数值较高，意味着，如果上海基于公共服务业基数按照全国增长的比例，则要达到43.55万人，而实际增长幅度只有20.72万人，说明上海在管理服务领域的效率非常高。

（3）在总偏离分量中，最大的特征是上海的总偏离负数，且高达22.83万人，表面上看，似乎上海的公共服务业竞争力不强，但这是个反向指标，负数值越大，则说明上海的公共服务也越有竞争力——以更少的人力承担等同的服务。其他城市中，杭州、宁波、苏州表现都比较好，而南京正偏离达到6.58万人，可能意味着机构不够精简。

（4）结构性偏离分量中，突出的特点是南京的就业数达到8.52万人，意味着南京如果按照全国细分行业的增幅，则就业规模会大幅度增加，这是由于南京在这些部门的基数大，毕竟南京作为江苏省会城市，又是六朝古都，管理机构比较齐全。在竞争力偏离中，上海、杭州、宁波、苏州等城市的数值为负，这些城市人员的相对降低，反映了这些城市管理效率较高。

第4节 本章小结

研究区域产业增长，不仅要从总量上还要从内部结构加以分析，而份额—偏离分析法则提供了一个很好的分析工具，通过对2003～2014年间长三角地区16个城市服务业及其内部结构性增长的动态过程考察，可以得到以下结论：

首先，从城市或区域的角度看服务业增长的过程，则会发现：长三角的服务业处于以上海为核心的"极化"阶段，这与制造业在长三角处于扩散阶段还是有一定区别的；服务业在长三角地区形成以上海为核心遵循空间距离衰减原理对外辐射，尤其在消费性服务业部门；但南京和杭州，在长三角地区服务业的次中心地位相对上升，主要是由于交通基础设施改善，导致吸引范围或腹地增强的缘故。

其次，从服务业内部四个主要部门的动态变化看，消费性服务业是长三角服务业的主要增长部分之一，但增长势头趋缓，属于平稳增长的部门，属于"成熟行业"；生产性服务业是长三角服务业的主要增长部分，而且增长势头旺盛，未来有望进一步加速增长，属于"成长行业"；事业性服务业和公共服务业是长三角服务业增长相对缓慢的行业，属于相对"衰退行业"；总体来看，服务产业（生产性服务业和消费性服务业）已成为长三角服务业内部的主要增长部门，而且还呈加速发展的趋势，说明长三角城市内服务业的活动和功能不再局限于政府管理和公共服务，而且正成为区域和城市经济增长的主要动力。

相应地，本章提出如下政策含义：第一，不同等级城市在发展服务业时，要根据自身的特点采取差异化策略，不存在"万能"的模式（one size for all），如在"十二五"规划时，许多城市，甚至一些中等城市纷纷提出发展生产性服务业，但本章的研究表明，生产性服务业更适合于特大城市和少数区域性大城市发展，至少在长三角当前阶段具有这一特点。第二，在当前发展阶段，服务业宜采取"极化"战略，即优先发展大城市，因为无论是市场规模还是要素供给，它们都具有更大的优势。第三，不同等级城市短期内发展服务业的策略大致如下：全国性（上海）和区域性大城市（南京、杭州）侧重于发展生产性服务业；地级大城市重点发展消费性服务业和事业性服务业，如教育、科技服务等；而中小城市重点还是完善城市基本性服务功能，加强公共服务业和事业性服务业发展。当然，可发展与本地制造业互动的有关生产性服务业。

第6章

长三角由全球制造中心向创新中心
转变的机制与影响因素*

经过改革开放三十多年来的努力，中国已成为全球加工与制造中心，但这种以资源消耗和环境成本为代价的国际代工模式，处于全球价值链低端环节（刘志彪，2007）。由中国制造向中国创造转变是必然的选择，特别是对于制造业基础雄厚、科教资源丰富的东部大都市区，需要率先走创新驱动发展道路。狭义的长三角（16个城市）是我国经济最发达的地区之一，以2%左右的国土面积生产出全国20%左右的GDP，在全国乃至全球都具有制造业基础雄厚、产业体系完备的条件。同时，长三角长期以来是我国科技与教育资源重要集聚地，又是我国对外开放的前沿阵地，需要率先由全球生产中心向创新中心转变。

本章一方面从理论上探讨长三角由全球生产中心向创新中心转变的机制，另一方面，扩展费尔德曼和佛罗里达（Feldman and Florida，1994）地理创新函数及其递归法，测度制造业空间集聚对相关科技活动的影响，以及这些科技活动又如何影响创新产出和创新中心的建设。通过理论探讨与实证检验，本章有助于解析长三角从全球制造中心向创新中心转变的渐进性和系统性过程，对其他城市群具有借鉴意义。

文章将从理论上解剖地理制造中心向创新中心转变的机制，其次是递归模型的构建及变量的含义，再描述长三角生产和创新活动分布特征，然后是实证

---

* 本章主要来自魏守华、刘小静、程穆：《长三角由全球制造中心向创新中心转变的机制分析》，载《上海经济研究》2013年第4期，第15~26页，这一论文，有所改动。

结果及解释，最后是简短结论。

第1节 地理制造中心向创新中心转变的机制

地理制造中心能否向创新中心转变？现有文献间接地给予了肯定的回答，如奥德斯和费尔德曼（Audrestch and Feldman，1996）对美国生产活动（制造业集聚）和创新活动（新产品集聚）的实证研究表明，生产活动和创新活动在地理空间分布上具有较高的相关性，而且创新活动比生产活动在空间上更加集中；吴贵生等（2007）发现中国创新活动的空间分布也具有类似的特点，创新活动（如 R&D 活动、专利、科技论文等）较人口和经济（GDP）更集中于少数地区（北京科技极、沿海科技带和内陆科技圈）。因此，制造业集聚与创新活动集聚之间具有相关性和耦合关系，地理制造中心具有向创新中心转变的可能性。

既然国际经验表明这种转变是可行的，那么地理制造中心向创新中心转变的机制是什么？现有文献只给予了部分回答。费尔德曼和佛罗里达认为地理创新中心往往和该地区的制造业基础、大学与科研部门的研发能力、企业的研发能力、知识密集型服务业水平相关，具体表现为：这些创新基础设施的空间集聚有助于技术知识的共享，促进面对面的交流，实现创新性思想的"碰撞"；地理接近能够加快信息流和知识溢出，降低创新的风险和成本；创新活动还具有历史依存性，过去的知识存量（knowledge stock）、人力资本的积累和创新氛围为新技术产生提供必要的基础。弗尔曼等（Furman et al.，2002）、弗尔曼和海耶斯（Furman and Hayes，2004）比较分析国家间创新能力的差异，认为一国的创新基础设施、产业集群的创新环境、科技与产业部门联系的质量是影响国家创新能力的关键因素。

在上述文献的基础上，本章认为推动长三角地理创新中心的力量是由需求链、供给链、供求相互关联链等多影响因素组成的复杂反馈环构成。其中，需求链指企业或用户对技术需求拉动"逆向"创新过程（即产业需求→技术创新→R&D 活动），供给链指从 R&D 活动、新知识产生到新技术应用的"正向"创新过程（科技创新→技术应用→新技术商业化），供求关联则指 R&D 机构、企业、科技中介等相关作用的网络化过程或链环回路过程。基于链环回路过程并借鉴安同良等（2011）的观点，用图 6 - 1 来解析长三角由地理制造中心向地理创新中心转变的作用机制：

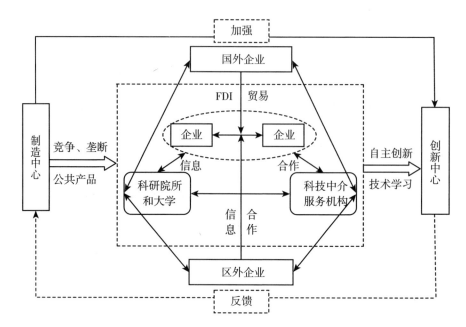

图 6 - 1 地理制造中心向创新中心转变的作用机制

首先，制造业发展对科技活动，特别是科技投入的影响。当制造中心出现，企业由于市场竞争或者为获取垄断利润，建立企业技术中心，开展研发活动，形成产业研发中心和需求链；同时，部分政府税收通过财政拨款的方式支持大学和独立研究机构的科研活动，大学等公共研发能力增强，形成供给链。

第二，本土区域创新体系的形成。大学等研发机构和企业的研发机构相互作用、相互加强；同时，大学等科研成果进入技术市场，企业进行技术购买获得相关的技术。这样，大学等研发、产业研发、技术市场、知识密集型服务业中介相互作用，形成区域创新体系。

第三，开放式创新体系的形成。长三角作为我国对外开放的前沿，FDI、进口（技术进口、中间产品进口等）、出口活跃，相应地伴随着国际技术溢出效应。同时，长三角内部产业之间、产业和大学之间、大学与大学之间相互合作和交流，带来区域间技术溢出，形成开放的区域创新体系。这样，从需求链、供给链、网络化体系到开放性创新体系。

最后，地理创新中心的创新产出。创新产出包括专利、新产品、科技论文、重大科技成果、高技术产业发展和国际竞争力（出口）等。

第2节　地理创新生产函数与影响因素

费尔德曼和佛罗里达最早提出地理创新中心的生产函数，之后，弗尔曼等、弗尔曼和海耶斯分别构建国家创新能力的生产函数。这些创新生产函数揭示了影响一个国家或地区创新产出的主要因素。本章借鉴费尔德曼和佛罗里达等地理创新生产函数，运用递归（recursive regression）法分三步来解析长三角由制造中心向创新中心转变的过程。第一个方程是分析制造业集聚（制造中心）对科技活动，特别是科技投入要素的影响：

$$ST_{it} = \alpha_{it} + \beta Manu_{it} + \varepsilon_{it} \tag{6.1}$$

ST 代表科技活动（包括 R&D 经费、产业 R&D 经费、大学和独立研究机构 R&D 经费、技术市场交易等科技投入）；i 代表地区，t 代表特定时点，$Manu$ 代表制造业增加值。

第二个方程分析制造业集聚、科技活动及其关联科技活动之间的关系，揭示区域创新体系要素之间的相互影响关系：

$$ST_{it} = \alpha_{it} + \beta_1 Manu_{it} + \beta_j \sum ST_{jt}^{j \neq i} + \varepsilon_{it} \tag{6.2}$$

第三步，借鉴弗尔曼等和弗尔曼和海耶斯的地理创新生产函数方程，将创新产出（如专利）作为因变量，而将科技活动投入及相关影响因素作为自变量：

$$Y_{i,t+1} = \delta_{i,t}(X_{i,t}^{Clus}, X_{i,t}^{Link}, X_{i,t}^{Uni}) H_{i,t} A_{i,t} \tag{6.3}$$

Y 代表创新产出，$H_{i,t}$ 指研发领域的人力资本，$A_{i,t}$ 指可利用的知识存量，$X_{i,t}^{Clus}$、$X_{i,t}^{Uni}$、$X_{i,t}^{Link}$ 分别代表产业集聚、大学等基础研究、产学研之间联系，$\delta_{i,t}$ 为参数。但刘和巴克（Liu and Buck，2007）、魏守华等（2010）认为费尔德曼和佛罗里达（Feldman and Florida，1994）构建的地理创新方程，只强调国内或区域内的科技活动，而忽略了开放经济条件下的影响因素，如国际或区域间技术溢出效应。本章认为长三角作为一个有机体，需要考虑区域间技术溢出效应，因此公式（6.3）增加两组变量，以测度国际技术溢出（$X_{i,t}^{Inter-n}$）和区域间技术溢出效应（$X_{i,t}^{Inter-r}$），得到公式（6.4）：

$$Y_{i,t+1} = \delta_{i,t}(X_{i,t}^{Clus}, X_{i,t}^{Link}, X_{i,t}^{Uni}, X_{i,t}^{Inter-n}, X_{i,t}^{Inter-r}) H_{i,t} A_{i,t} \tag{6.4}$$

对公式（6.4）求对数得到：

$$\ln Y_{i,t+1} = \alpha_{i,t} + \beta_1 \ln X_{i,t}^{Clus} + \beta_2 \ln X_{i,t}^{Link} + \beta_3 \ln X_{i,t}^{Uni} + \beta_4 \ln X_{i,t}^{Inter-n}$$
$$+ \beta_5 \ln X_{i,t}^{Inter-r} + \gamma \ln H_{i,t} + \lambda \ln A_{i,t} + \varepsilon_{i,t} \tag{6.5}$$

区域间技术溢出效应 $X_{i,t}^{Inter-r}$ 反映长三角地理单元之间的知识扩散效应,借鉴芬克和尼布尔(Funke and Niebuhr,2005)、郭和杨(Kuo and Yang,2008)等的研究方法,一个地理单元获得的知识溢出量来自相邻单元的知识存量及相互之间的地理距离,计算方法如下:

$$X_{i,t}^{Inter-r} = \ln\left(\sum_{j=1,j\neq i}^{N} RD_j \cdot w_{ij}\right) = \ln\left(\sum_{j=1,j\neq i}^{N} RD_j \cdot e^{-\beta_E \cdot d_{ij}}\right)$$
$$= \ln\left[\sum_{j=1,j\neq i}^{N} RD_j \cdot e\left(\frac{\ln(1-\gamma_E)d_{ij}}{D}\right)\right] \tag{6.6}$$

其中,j 表示与省份 i 相邻的省,ω_{ij} 代表空间权重,RD_j 表示 j 省的 R&D 经费,β_E 是距离衰减参数 γ_E 的负指数方程,d_{ij} 通常取 0.5,D 表示各省到相邻省份的省会城市之间的平均距离。

公式(6.4)~(6.6)中自变量的定义、含义和测度方法如表 6 – 1 所示。

表 6 – 1   变量的定义、含义和测度方法

变量	含义	测度方法
因变量:创新产出		
专利强度:Y:$\ln(IP_{t+1})$	每万人均专利授权量代表创新强度	$t+1$ 年每万人专利授权量
自变量 I:创新基础设施		
H:$\ln(FTE)$	R&D 人力投入规模	R&D 人员全时当量
A:$\ln(R\&D)$	用 R&D 经费表示的前期知识存量	永续盘存法计算的 R&D 经费支出
A:$\ln(GDPper)$	用经济水平表示的前期知识存量	人均 GDP
A:$\ln(KS)$	用专利量表示的前期知识存量	省区前三年专利授权量之和
自变量 II:制造中心		
X^{Clus}:Manu /GDP	反映区域产业结构特征	制造业增加值占区域 GDP 的比重

续表

变量	含义	测度方法
X^{Clus}：Hi-tec/Manu	反映高技术产业发展	高技术产业占制造业增加值比重
自变量Ⅲ：大学等基础研究		
X^{Uni}：Uni	大学知识创新和 R&D 活动	大学 R&D 经费
X^{Uni}：Inst	独立研究机构 R&D 活动	独立研发机构 R&D 经费
自变量Ⅳ：产学研联系质量		
X^{Link}：Market	技术市场反映科技成果转化状况	技术市场交易金额
X^{Link}：Uni-firms	大学和产业 R&D 合作状况	大学 R&D 经费中来自企业的比重
自变量Ⅴ：国际技术溢出		
X^{Inte-n}：FDI	FDI 的国际溢出效应	FDI 占固定资产投资比重
X^{Inte-n}：Trade	国际贸易（进出口）溢出效应	进出口贸易与工业总产值之比
自变量Ⅵ：区际技术溢出		
X^{Inte-r}	省区之间技术溢出效应	公式（6.6）

第3节　长三角生产制造与创新活动分布特征

一、制造业活动

中国是全球制造业增长最快的国家，随着制造业的快速发展，世界制造中心逐渐向中国转移。截至 2014 年末，中国的制造业增加值已位居世界第二，仅次于美国。2009 年，长三角的制造业增加值达到 3 200 亿美元，超过意大利、法国、英国和韩国，仅次于美国、日本、德国。而 2010～2014 年，长三角的制造业增加值均超过 3 400 亿美元，长三角制造业发展已稳定（见表 6 - 2）。

表 6 - 2　　　　　　2000～2014 年世界主要国家及长三角制造业增加值　　单位：亿美元

	2000 年	2002 年	2004 年	2006 年	2008 年	2010 年	2012 年	2014 年
美国	15 430	14 633	15 454	17 000	18 005	18 306	19 836	20 977
中国	3 849	4 356	6 252	8 931	14 922	18 550	17 775	17 611
日本	10 341	8 118	9 619	9 338	9 248	15 133	15 497	11 964
德国	3 925	4 106	5 655	5 950	7 549	10 307	10 902	11 732
长三角	**609**	**823**	**1 324**	**1 998**	**2 906**	**3 737**	**3 467**	**3 443**
江苏	277	356	528	810	1 180	1 510	1 466	1 431
浙江	161	248	425	645	1 000	1 248	1 150	1 148
上海	171	219	371	543	726	979	851	864
意大利	2 055	2 162	2 949	2 995	3 098	5 180	4 948	5 027
法国	1 905	1 923	2 558	2 578	2 912	5 189	5 280	5 499
英国	2 282	2 204	2 831	2 732	2 838	4 994	5 461	6 263
韩国	1 346	1 294	1 734	2 314	2 325	4 189	4 655	5 393
巴西	962	530	1 095	1 627	2 130	6 047	6 413	5 792
墨西哥	1 072	1 107	1 114	1 698	1 994	3 688	4 314	4 451
印度	656	727	1 010	1 369	1 773	4 639	5 814	6 164
南非	229	199	367	420	410	1 132	1 181	1 032

资料来源：2001～2015 年《国际统计年鉴》、《上海统计年鉴》、《江苏统计年鉴》、《浙江统计年鉴》。

就长三角制造业在中国的地位看，其制造业增加值约占全国的 17%，化学纤维制造业、纺织业、仪器仪表和文化、办公用机械制造业等 10 个行业的集中度高于 30%，如化学纤维制造业集中度达到 72%、纺织业集中度为 43.1%、仪器仪表业集中度为 42%。①

从高技术产业看，1999～2014 年长三角高技术产业总产值在全国的份额从 25.9% 上升到 35.2%。高新技术产业占工业总产值比重，全国稳定在 11% 左右，而长三角则由 10.2% 上升到 15.4%，比重和增长速度超过全国平均水

---

① 集中度的计算公式为：$C_{ij} = \dfrac{X_{ij}}{\sum_i X_{ij}}$，其中，$C_{ij}$ 表示集中度，i 表示地区，j 表示产业，X_{ij} 表示是 i 地区 j 产业的总产值，i 加总表示全国。

平。在世界主要国家中，韩国高技术产品出口额占制成品出口额比重达到33.56%，居于世界首位，中国比重达到28.34%，具有一定的国际竞争力，而长三角的高技术产品出口额占制成品出口额比重自2005年开始超越韩国，江苏和上海的比重更是达到40%以上，远高于世界主要国家的比重，说明长三角有先进的生产技术，具有成为创新中心的潜力。

二、创新活动投入

本章分别用R&D人员全时当量和R&D经费内部支出来衡量人力资本和物质资本投入。从人力资本投入看，1998年到2014年，长三角的R&D人员全时当量占全国的比重由15.89%增长为35.94%，约上升20个百分点。2010年，大中型工业企业R&D人员全时当量在全国的份额为27.41%，高等学校为17.98%，独立研发机构为14.96%。

从物质资本投入看，长三角R&D经费内部支出占全国的比重由18.88%增长为26.01%，约上升7个百分点。2013年，大中型工业企业的比重为26.43%，高等学校为23.29%，独立研发机构为16.81%。

技术市场是技术转让的交易场所，技术市场成交合同金额反映科技成果转让的规模与活跃程度。1998年，长三角技术市场成交合同金额占全国的18.52%，2003年占全国份额上升到25.11%，2014年，金额达到941.125亿元。长三角技术市场约占全国的1/5，反映技术交易较为活跃。

三、创新活动产出

由于篇幅关系，本章仅以专利反映科技产出。从每万人专利数看，韩国、日本、美国分别居世界第一、二、三位，韩国和日本的每万人专利数均超过30件，约为位居第三位的美国的两倍，更是远远超过世界其他国家。中国人口众多，每万人专利数排在世界第七位，约为美国的1/5，约为日本和韩国的1/10。但长三角的每万人专利数高于全国平均水平，与位列第四的德国相当，上海则接近于位列第三的美国。从1998～2014年变化趋势看，韩国、美国呈稳定上升趋势，日本基本不变，英国、法国、德国、意大利、荷兰则呈下降趋势，中国缓慢保持增长，长三角则发展迅速，说明中国在全球创新能力不断提高，长三角更是高于全国水平，具有成为创新中心的潜力。

第 4 节　计 量 结 果 及 解 释

　　基于前文的模型分三部分回归（递归）来分析长三角由制造中心向创新中心转变的过程：（1）制造中心是否会促进科技活动，如产业 R&D 经费、大学和科研机构的 R&D 经费、科技中介服务（技术市场）、创新能力（三种专利授权）；（2）区域创新体系之间的互动关系，如产业 R&D 经费、大学和科研机构的 R&D 经费、技术市场等之间的关系；（3）开放式创新体系，即制造中心及相关科技活动（包括产业、大学和科研机构 R&D 经费、科技中介服务，及来自国外和区外企业技术溢出效应）对创新产出的影响。

　　数据来源于 1999 ~ 2015 年《中国统计年鉴》、《中国高技术产业统计年鉴》、《中国科技统计年鉴》，及上海、江苏、浙江的统计年鉴。R&D 经费和技术市场交易额、工业增加值等数据平减为 1998 年不变价金额，R&D 经费用永续盘存法计算为存量形态。面板数据回归进行单位根检验，对于不平稳的序列进行差分处理，除了用"省区前三年专利授权量之和"表示的知识存量二阶差分平稳，其他不平稳序列均能一阶差分后平稳；面板回归采用固定效应模型。计量结果呈现如下。

一、制造中心对区域科技活动的影响

　　用制造业增加值作为自变量，分别考察其对产业 R&D 经费、大学和科研机构 R&D 经费、技术市场交易额和三种专利授权量的影响，以揭示制造业集聚对科技活动的影响。表 6 - 3 的结果显示，变量系数均显著为正，且拟合度很高，说明制造中心确实能促进产业、大学和科研机构 R&D 经费的增加，促进科技中介服务的增强，促进创新能力的提高。因而，本章关于制造业中心有助于加强科技活动的观点得到验证。

二、区域科技活动之间的相互关联性

　　在单因素回归分析基础上，进一步分析制造中心及科技活动之间的相互影响关系以验证本章的第二判断，即区域科技活动之间影响关联，计量结果见表 6 - 4。

表6－3 制造业发展对科技活动的影响

	产业 R&D 经费	大学等 R&D 经费	技术市场交易额	专利总量
制造业增加值	1.865 (0.000)***	1.056 (0.000)***	0.786 (0.000)***	1.586 (0.000)***
常数项 C	−19.43 (0.000)***	−5.26 (0.000)***	−0.005 (0.632)	−18.33 (0.000)***
R^2	0.927	0.968	0.786	0.898

注：***、**、*分别表示在1%、5%和10%水平上显著；括号内值为概率 P 值。表6－4、表6－5和表6－6同理。

表6－4 区域科技活动之间的相互影响关系

	产业 R&D	大学等 R&D	技术市场交易额	专利授权
制造业增加值	0.185(0.043)***	0.035(0.001)***	0.387(0.067)*	0.342(0.000)***
产业 R&D	—	0.128(0.002)***	−0.082(0.032)**	1.256(0.000)***
大学等 R&D	0.080(0.036)**	—	2.64(0.001)***	0.070(0.045)**
技术市场交易	−0.020(0.012)**	0.051(0.001)***	—	0.165(0.006)***
C	8.365(0.003)***	2.758(0.002)***	3.915(0.365)	—
R^2	0.976	0.963	0.896	0.887

第2列估算产业 R&D 经费的影响因素。结果表明，制造业增加值对产业 R&D 经费显著为正的影响，与表6－3的结果一致；大学和科研机构 R&D 经费对产业 R&D 经费也具有积极的影响，意味着大学和科研机构 R&D 的增强，为企业 R&D 活动提供支持，有助于吸引产业 R&D 活动，与费尔德曼和佛罗里达对美国的实证吻合；技术市场交易额对产业 R&D 经费略为负的影响，可以解释为发达的技术市场对产业 R&D 活动有一定的替代效应。

第3列是估算大学和独立科研机构 R&D 经费的影响因素。结果显示，大学与科研机构的 R&D 经费与制造业增加值、产业 R&D 经费、技术市场交易额增长都有一定的正相关，可解释为产业发展与 R&D 经费增加会推动大学与科研机构的 R&D 活动，这符合前文提出的"逆向"创新路径。

第4列是估算技术市场交易额的影响因素。技术市场交易额显著受大学等 R&D 活动影响，大学等科技成果多，技术市场的供给量增加；技术市场交易额还与制造业增加值关联性强，制造业发达对技术市场需求量大；技术市场交易与产业 R&D 呈弱的负相关关系，主要是两者具有替代效应。

第 5 列测度专利授权量受相关因素的影响程度。结果显示，所有变量的系数显著为正，专利授权量受到产业 R&D 经费的影响最显著，但受大学 R&D 经费影响较小，这主要是由于大学的科技产出重在论文，而企业创新产出重在专利。另外，制造业增加值、技术市场交易额等对专利有促进作用。

总体上，本章关于区域科技活动之间具有良性互动的观点得到验证。

三、地理创新中心的影响因素

地理创新中心生产函数是一个多因素作用的系统，本章将分三个回归揭示不同因素的影响程度：首先，依据内生增长模型，检验创新基础设施（R&D 人员和知识存量）对创新能力的影响；其次，封闭条件下区域创新体系的回归，即在内生增长模型基础上增加制造业集聚、大学和独立科研机构 R&D 投入、产学研联系等变量；最后，考察从封闭条件到开放条件下多因素的综合效应，特别是来自国外和区域外的技术溢出效应。结果如下：

1. 内生增长模型为基准的计量结果

罗默（Romer，1990）等的内生增长理论认为创新努力和知识存量是创新产出的基本因素。本章用 R&D 人员全时当量作为长三角的创新努力程度，分别用 R&D 经费存量、人均 GDP 和前三年专利量之和作为前期知识存量的变量。三种知识存量具有差异化的含义：R&D 经费存量表示资本投入品的有效积累量，人均 GDP 表示特定经济水平下的总体技术状况，前三年专利量之和表示前期专利积累对后期的影响。三个指标从不同角度考察知识存量，具有一定的互补性。表 6-5 的结果显示：

表 6-5　　　　　基于内生增长理论的创新要素对创新产出的影响

	Y: 专利强度	Y: 专利强度	Y: 专利强度
人力投入: H: Ln（FTE）	0.268（0.015）**	0.168（0.040）**	0.188（0.022）**
知识存量1: R&D 经费存量	0.681（0.004）***	—	—
知识存量2: 人均 GDP	—	0.848（0.050）**	—
知识存量3: 近三年专利之和	—	—	0.875（0.036）**
C	-4.293（0.000）***	-2.324（0.023）**	-8.705（0.000）***
R^2	0.975	0.915	0.946

首先，第 2 列用 R&D 人员全时当量和 R&D 经费存量作为变量的回归方程总体效果最好，原因可能是：第 3 列的人均 GDP 虽然能反映总体技术水平，但随着三次产业升级和服务经济的发展，其与专利不完全正相关，正如前文所提及的一些发达经济体专利反而呈下降趋势；第 4 列用前三年专利量之和表示前期知识存量，是借鉴弗尔曼等的方法，不同专利有效期不同，前三年专利之和未必能准确反映出前期知识存量；而第 2 列的 R&D 经费存量是创新活动的直接投入，因而回归效果最好。其次，内生增长理论的两个基本因素，R&D 人员全时当量对创新产出的贡献度在 0.3 左右，知识存量的贡献度在 0.7 左右，意味着创新努力和知识存量共同决定着长三角的创新产出。

2. 封闭条件下区域创新体系的计量结果

表 6 - 5 结果显示用 R&D 人员和 R&D 经费存量来表示的内生增长模型拟合度最高，本章以此为基准，再增加反映本地制造业、大学和科研机构、产学研联系等变量，测度封闭条件下相关因素对创新产出的影响。表 6 - 6 第 4 列的结果显示，除人力投入和知识存量依然是创新产出的基本动力外，其他因素，如高技术产业发展、技术市场交易额、产学研合作度对创新产出都有显著的影响。其中，反映制造业发展水平的两个变量：一是制造业比重的系数为正，但统计上不显著，表明工业化进程并不是创新产出的唯一决定因素，因此，制造中心向创新中心转变还需要发挥其他因素的作用；二是高技术产业发展与创新产出高度相关，说明创新中心的形成不仅需要制造中心的存在，更需要制造业的创新能力，这与魏守华等（2010）的观点相似。大学和独立科研机构虽然有助于创新产出，但统计学上不够显著，这可能是本文以专利来测度创新产出，而大学和科研机构，特别是大学主要以科技论文为产出指标有关。另外，技术市场交易额和大学 R&D 经费中来自企业的比重都显著有效，这与费尔德曼和佛罗里达、弗尔曼等、魏守华等（2010）的结果类似。总体上，创新产出不仅依赖于内生增长模型的两个基本因素，还与区域内其他创新要素有关，说明创新是一个系统性过程。

3. 开放条件下区域创新体系的计量结果

进一步考察来自国外企业（FDI 和进出口贸易）和省区间的技术溢出效应，探讨开放条件对长三角由制造中心向创新中心转变的影响。表 6 - 6 第 5 列结果显示，国际技术溢出效应对长三角创新产出有积极影响。其中，FDI 的系数大于进出口贸易的，尽管前者置信度低于后者。用 FDI 占固定资产投资比重表示的国际技术溢出相对较高，可能是长三角吸引的外资质量或技术水平较高，如上海和昆山已进入选"外资"的阶段，而进出口贸易占 GDP 指标由于

表 6 – 6 长三角创新产出的多影响因素回归结果

因变量 (Y)：每万人专利授权量

	自变量	内生增长模型	封闭式创新体系	开放式创新体系
创新基础设施	人力投入 H：$Ln(FTE)$	0.286 (0.016)**	0.224 (0.042)**	0.213 (0.042)**
	知识存量：R&D 经费存量	0.626 (0.004)***	0.639 (0.016)***	0.423 (0.012)***
区域内创新要素	制造业比重 X^{Clus}：$Manu/GDP$		0.075 (0.137)	0.068 (0.102)
	高技术产业比重 X^{Clus}：$Hi-tec/Manu$		1.256 (0.039)***	0.985 (0.031)***
	大学和科研机构 X^{Uni}：$Uni+inst$		0.045 (0.512)	0.025 (0.635)
	技术市场交易 X^{Link}：$Market$		0.138 (0.008)***	0.154 (0.001)***
	产学研合作度 X^{Link}：$Uni-firms$		0.372 (0.086)**	0.326 (0.046)**
国际技术溢出	外资技术溢出 X^{inte-n}：FDI			0.128 (0.074)*
	国际贸易技术溢出 X^{inte-n}：$Trade$			0.056 (0.020)**
区域间技术溢出	区域间技术溢出 X^{inte-r}			– 0.059 (0.420)
	C	– 4.298 (0.000)***	– 5.821 (0.038)***	– 4.912 (0.028)***
	R^2	0.97	0.96	0.94

包含原材料等进口量，如长三角的铁矿石、原油等进口，导致该指标的系数相对较小，这与何嫄等（2011）的实证结果接近。相对于国际技术溢出效应，长三角区域间的技术溢出效应系数为 – 0.059，但统计学意义上不够显著，反映长三角省区之间的科技交流、技术溢出效应不够明显，这与魏守华等

（2009）关于长三角高技术产业之间的溢出效应不够显著吻合。对比开放条件与封闭条件下相关因素的作用可发现，一是知识存量的影响力明显降低，因为一个省区在开放条件下既可依靠国际资源又可利用区外创新资源，从而对自身技术积累的依赖程度降低；二是技术市场的作用更加显著，说明长三角市场化程度较高；三是制造业水平和本地大学的作用相对降低，如上海制造业比重在下降，但创新产出在增加，反映上海与江苏、浙江从过去加工制造环节的分工向创新活动分工的转变，本地大学作用下降与区域一体化可更好利用外地科技资源的观点吻合。

第 5 节　本章小结

本章试图解答长三角由制造中心向创新中心过程中的三个问题：首先是转变的可能性，其次是转变的作用机制，再者是转变的具体过程或不同因素在其中发挥的作用。本章认为长三角由地理制造中心向创新中心转变的机制在于：制造业集聚会产生需求链、供给链及供求互动链，形成区域创新体系，并是一个由封闭系统向开放系统演化的，在开放式创新体系下，多因素影响着长三角的创新产出和创新能力。在扩展费尔德曼和佛罗里达地理创新函数及其递归方法（recursive regression），本章从三个方面进行实证检验，首先检验长三角制造业集聚对企业 R&D 等科技活动的影响，其次检验这些区域内科技活动之间的相互影响关系，再检验各因素对长三角创新产出的影响。实证结果支持本章的基本判断，即长三角制造业发展确实有助于创新能力的提升，具备从制造中心向创新中心转变的可能性与可行性。具体为：制造业集聚显著地影响企业 R&D、技术交易市场等科技活动；区域内科技活动相互影响和相互加强，具有正反馈效应；这些科技活动连同国际技术溢出，共同影响着长三角创新能力，只是区域间技术溢出效应还不显著，需加强区域一体化建设。

第 7 章

城市空间扩张中的蔓延与多中心集聚：以南京市为例*

近二十年来，中国城市化加速推进，尤其是大中型城市快速发展，几乎可以用日新月异来形容。从城市空间形态看，有两个典型特征：一是平面上的扩张，即城市建成区面积迅速扩大，并超过人口的增速，形成一定程度上的蔓延现象①。如王家庭和张俊韬（2010）以中国 35 个大中型城市的土地—人口增长弹性（建城区面积增长除以常住人口增长）为指标，发现 1999 ~ 2008 年间的平均蔓延指数为 3.90，东、中、西部均值分别为 4.74、4.19、2.10。二是立体上的扩张，高楼耸立但错落有致，形成不同功能集聚区，从单中心城市向多中心城市演进。如北京在城市扩张中，不仅强化了中心城的服务业集聚，还在外围形成顺义、亦庄、大兴等制造业集聚区，石景山的创意产业集聚区及昌平的大学园等功能区，实现了从单中心城市向多中心城市的转变。事实上，目前中国不只是全国性城市（如上海、北京等）和区域性城市（如南京、杭州等）已成为多中心城市，许多地级城市，如苏州、无锡、常州等也逐渐形成多中心城市。从城市蔓延向多中心集聚演进，是大中型城市发展的普遍趋势。

目前中国城市的空间扩张中，大城市主要处于多中心城市发展阶段，而中小城市主要处于单中心城市的蔓延阶段。现有文献集中研讨第一种形态特征——城市蔓延的机制及其对城市发展的影响。在格莱泽和卡恩（Glaeser and

---

* 本章部分来自：魏守华、陈扬科、陆思桦：《城市蔓延、多中心集聚与生产率》，载《中国工业经济》2016 年第 8 期，第 58 ~ 75 页。

① 城市蔓延主要表现为城市空间快速地过度扩张，中心区城市活动向外围扩散，城市形态呈分散、低密度等特点（Glaeser and Khan, 2003；王家庭和张俊韬，2010）。

Khan，2003）、伯奇菲尔德（Burchfield et al.，2006）、法拉赫（Fallah et al.，2011）、秦蒙和刘修岩（2015）等代表性文献中，经济学原理主要基于单中心城市空间结构：就业集中于市中心、蔓延只是住宅区对外延伸、人口密度由中心向外围递减。这样，通勤成本与城市蔓延正相关，递减的人口密度降低集聚效应，就业过度集中可能导致集聚不经济，由此不利于城市生产率的提高。不过，现代城市扩张已经不只是过去那种单一的住宅部门围绕市中心向外延伸、以单中心城市对外密度递减的蔓延模式，而是可能形成城市功能分区或多中心集聚模式，典型的如生产性服务业集聚于市中心、制造业集聚于外围次中心、外围大学城等专业化功能区。相应地，居民就近就业而不必增加通勤成本，多中心集聚能发挥产业的专业化和多样化效应，特别是交通通信技术进步和产业结构的演进，更有助于提高城市生产率。因此，本章在沿袭城市蔓延的相关理论基础上，进一步分析为什么城市会蔓延、为什么城市蔓延会引发多中心集聚、城市蔓延和多中心集聚如何影响城市生产率，还运用南京市城市扩张的案例来分析该城市由单中心城市蔓延向多中心城市集聚的演变过程。

首先，探究城市蔓延的内在机理及其对城市发展（城市生产率）的影响机制，再分析多中心城市形成的内在机理及其对城市生产率影响的机制，再以江苏南京市为例进行案例分析，最后是本章的结论。

第 1 节　蔓延及其对城市生产率的影响

一、城市蔓延

在阿隆索（Alonso，1964）、米尔斯（Mills，1967）、奥沙利文（O'Sullivan，2013）等关于单中心城市空间结构和土地利用模式中，城市经济分为三个部门：制造业部门、商业商务部门和住宅部门（家庭），三部门对城市土地租金实行竞标，土地被竞标最高者所利用（占有）；由于商业商务部门的运输成本最高、制造业部门的运输成本其次、住宅部门的通勤成本最低，导致从城市中心向外围的土地租金逐步降低，土地分别被商业商务部门、制造业部门和住宅部门所利用，形成单中心城市的土地利用结构模式，如图 7-1。当城市扩张时，住宅部门率先向外蔓延，并引起商业商务部门、制造业部门相应扩张，城市土地租金相应提高，形成图 7-2 的城市向外扩张结构。

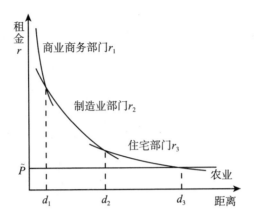

图 7 - 1　单中心城市空间结构

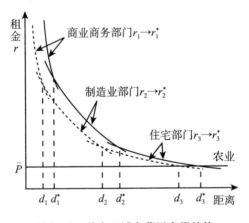

图 7 - 2　单中心城市蔓延空间结构

格莱泽和卡恩（Glaeser and Khan，2003）基于图 7 - 1 和图 7 - 2 的空间结构，分析了住宅部门蔓延的机制。考虑开放型单中心城市的一个居民（家庭），具有外生给定的工资（W）和交通成本（每单位距离运费为 t），到市中心的距离用 d 表示（图 7 - 1 中住宅部门与市中心的距离）。那么，居民到市中心工作（或购物）的通勤成本为 td，则真实收入为 $W - td$；其效用函数由住宅面积（以 A 表示）和一个综合性商品（以 C 表示）所决定，即个人最大化效用函数 $U = C + \alpha\log(A)$，α 为参数。如果政府对土地消费补贴等于 x 乘以土地消费量（如通过优惠住房贷款利率），则家庭增加住房或土地消费。

在以上假设条件下，若以 $P(d)$ 表示单位土地租金价格，则从市中心到外

围的租金梯度为 $-P'(d)A(1-x)=t$，最优土地消费的一阶条件为 $P(d)A(1-x)=\alpha$，由此得到：

$$P(d)=P_0 e^{-td/\alpha} \tag{7.1}$$

其中，P_0 为市中心的土地价格。

假设城市边缘有一预留地（村落）：居民与城市相比的名义工资为 $(1-\theta)W$，θ 为村落与城市的工资差异；扣除通勤成本后的真实收入为 $(1-\theta)W-d't$，d' 为相对于城市单位通勤成本折算的通勤距离，$d't$ 是居民平均通勤成本；村落的平均住宅地价为 $\hat{P}$，则居民的最大化效用为 $U'=(1-\theta)W-d't-\alpha+\alpha\log[\alpha/((1-x)\hat{P})]$。若 $U>U'$，城市居民效用高于村落居民效用，村落居民愿意进入城市务工，土地利用变更为城市用地，使 $U=U'$，则 $\hat{P}$ 与市中心地价的关系为：$P_0=\hat{P}e^{(\theta W+d't)/\alpha}$。相应地，土地租金函数具有以下关系：

$$P(d)=\hat{P}e^{(\theta W+d't-td)/\alpha} \tag{7.2}$$

若城市边缘的农业用地价格为 $\tilde{P}$，则当 $P(d)=\tilde{P}$ 时，城市的边缘化（城市蔓延）出现，城市边界为 $\bar{d}=d'+\dfrac{\theta W+\alpha\log(\hat{P}/\tilde{P})}{t}$。

由上可知，影响城市蔓延的因素：当工资水平上升（W 增大），本地家庭因收入增加而增加住宅需求，促进城市蔓延；当运输成本下降（t 降低），通勤成本降低，促进城市蔓延。蔓延还与预留地状况有关：当城乡工资差异较大（θ 较大）、村落路况较差（d' 较大）时，居民被城镇化的意愿较强，促进城市蔓延。此外，当农业地价 $\tilde{P}$ 较低时，开发的机会成本低，促进城市蔓延。相应地，城市的总人口为：

$$\int_{d=0}^{d'+(\theta W+\alpha\log(\hat{P}/\tilde{P}))/t}\frac{1-x}{\alpha}\hat{P}e^{(\theta W+d't-td)/\alpha}dd，或\frac{1-x}{t}(\hat{P}e^{(\theta W+d't)/\alpha}-\tilde{P}) \tag{7.3}$$

同时，城市的平均密度为：

$$(1-x)\frac{\hat{P}e^{(\theta W+d't)/\alpha}-\tilde{P}}{\theta W+d't+\alpha\log(\hat{P}/\tilde{P})} \tag{7.4}$$

平均密度随着 W、θ、d'、$\hat{P}$ 的增加而提高（$\alpha<1$ 时）。

二、城市蔓延对城市生产率的影响机制

蔓延后城市仍保持原来的单中心特征，从市中心向外依次为服务业、制造业和住宅部门，空间结构几乎不变，主要引起总量的城市规模、均量的平均密度及土地—劳动要素替代关系的变化，那么这些因素如何影响城市生产率呢？

（1）城市规模变化对生产率的影响。城市规模反映经济活动空间集中的程度，是集聚经济或集聚不经济的先决条件，进而影响城市生产率。现有文献有两种观点：①城市规模决定生产率，两者正相关或呈倒"U"型关系。早期的研究认为两者具有正相关关系，如斯维克斯卡斯（Sveikauskas，1975）用美国城市数据证实了城市规模增加会提高生产率。之后，阿隆索（1971）借用微观经济学的成本收益曲线，分析了城市规模与平均成本、边际成本、平均收益、边际收益之间的关系，得到最小城市规模、最优城市规模、最大城市规模，即倒"U"型；秦蒙和刘修岩（2015）、王小鲁（2010）等基于中国城市的实证结果支持这一判断。②生产率高低并不取决于城市规模，两者无直接因果关系。卡佩罗和卡马尼（Capello and Camagni，2000）认为城市生产率取决于城市功能定位和辐射范围，而不取决于绝对规模，如瑞士苏黎世的城市规模不大，但因服务于全球的金融业而具有较高生产率；柯善咨和赵曜（2014）认为城市规模对生产率的影响与产业结构有关，不同产业结构城市的最优规模差异较大。本章认为蔓延引致的城市规模变化（通常是增大规模）对城市生产率的影响取决于：一是，当前城市规模是处于倒"U"型的哪个阶段，如果是左侧则增强集聚效应并利于提高生产率，反之亦然。二是，城市的产业结构特征。制造业为主的城市，规模过大则容易产生拥挤效应，不利于提高生产率；服务业为主的城市，因本地市场潜力随城市规模而增加，有利于提高生产率。因此，蔓延引致的城市规模变化对生产率的影响是不确定的，取决于当前城市规模和城市产业结构等有关特征。

（2）平均密度变化对生产率的影响。平均密度分人口密度和就业密度，前者主要反映通勤距离，后者主要反映价值创造者思想交流的难易程度，如默会知识（tacit knowledge）的传播。现有文献有三种观点：①正相关。西科尼和霍尔（Ciccone and Hall，1996）以美国各州为样本，研究发现就业密度提高一倍，劳动生产率会提高6%；类似地，范剑勇（2006）以中国省区为样本，发现密度效应为8%左右。②存在最优密度的倒"U"型关系。苏红键和魏后凯（2013）运用2006～2010年中国地级以上城市面板数据，发现密度效应表

现为显著的倒"U"型特征，最优人口密度约为1.300万人/平方公里。③与产业特质有关。库姆斯（Combes，2000）以1984～1993年法国341个地理单元为对象，发现平均密度对52个工业部门增长的影响多为负效应，而对42个服务业部门的影响多为正效应，说明密度效应与产业特质有关。对上述理论观点，本章从人口密度和就业密度两方面解析如下：①从物理距离看，蔓延扩大城市半径，居民到市中心的通勤距离增加，通勤成本相应增加，但另一方面，随着交通通信技术进步，如快速的公交体系、便捷的地铁体系和家庭汽车的普及，物理距离不一定增加居民的通勤成本。②从信息流距离看，就业密度影响着"面对面"交流的机会，特别是对知识密集型产业，但格莱泽和卡恩指出，电子邮件、视频电话等信息技术的进步降低了厂商在空间上的邻近和"面对面"交流的重要性。同时，弹性工作制在服务部门的逐渐使用，也降低了物理距离在通勤成本中的重要性及其对信息流的摩擦力。因此，平均密度变化对城市生产率的影响，可能存在不确定关系，特别是与产业特质有关，如密度效应有利于服务业而不利于制造业提高生产率。

（3）要素替代对生产率的影响。技术进步分中性、劳动节约性和资本节约性技术进步三种，反过来，这些要素组合关系又影响着生产率。奥沙利文认为城市蔓延中劳动与资本（土地）的替代关系，通过土地市场和劳动力市场相互作用来实现：①劳动力市场的影响。蔓延引致建成区面积扩大，人口规模和劳动力供给数增加，使工资水平降低，有利于工商企业降低成本、扩大规模并提高竞争力，特别是在拥有高素质劳动力的城市。中国东部许多城市，如宁波将原鄞县撤县设区、常州将武进撤县设区等，增加高技能、低工资的劳动力供给，显著促进这些城市发展和生产率的提高。②土地市场的影响。随着工商企业对土地需求的增加，地租上升，特别是在土地供给弹性小的城市，工商企业会用劳动替代土地。对于加工制造业，由于单层厂房结构、流水生产线，企业很难进行要素替代，偏高的生产成本降低竞争力和生产率；而服务企业，可采用高层建筑等手段，实现对土地要素的替代，强化集聚效应而提高生产率。因此，土地市场对制造业和服务业生产率的影响不同，如在温州等土地资源稀缺城市，高昂的地租显著制约着制造业发展，使温州面临转型升级的压力，甚至是制造业空心化的危机。总之，蔓延引致的劳动—土地要素替代关系，有可能通过促进工商企业扩大规模、加强技术进步等方式提高生产率，也可能因租金上升而阻碍技术进步和生产率。这取决于城市土地增长与就业增长的弹性关系，还取决于不同行业的要素替代关系。这种替代关系，有可能促进生产率提高，也可能不利于提高生产率。

第2节　多中心集聚及其对城市生产率的影响

一、城市蔓延中的多城市中心形成机制

在王家庭和张俊韬（2010）等的研究中，蔓延是以单中心城市向外"摊大饼"形式实现的。但现实中，城市扩张并不只有蔓延模式，而是通过"蛙跳"形成一些次中心，可分为两类：①制造业次中心。制造业随着交通技术进步和运输成本变化，会由市中心向外迁移，"退二进三"于交通枢纽附近，形成一系列次中心集聚区。城市由过去的单中心转变为多中心，特别在规划有序的城市，如图7-3所示。图7-3中，$0 \sim d_1$ 是服务业集聚区，$d_3 \sim d_5$（围绕 d_4）是制造业次中心，$d_1 \sim d_2$ 是服务业住宅区，$d_2 \sim d_3$ 和 $d_5 \sim d_6$ 是制造业住宅区。②服务业次中心。在当今信息经济时代，一些服务企业，如软件开发、科技服务企业的信息交流成本大幅度降低，也会迁离市中心而形成外围次中心，如图7-4所示。图7-4中，$0 \sim d'_1$ 是演进后的市中心服务业集聚区，$d'_2 \sim d'_4$（围绕 d'_3）是服务业次中心，$d'_1 \sim d'_2$ 和 $d'_4 \sim d'_5$ 是服务业住宅区。对比这两类次中心，有以下特点：①前者自20世纪70年代涌现（中国自90年代起始），如加工制造业形成的城市次中心，后者显现于信息技术变革，如软件园、大学科技城、各类创新服务平台等，两者都源于运输成本（或信息成本）变化。②两类次中心可以并存，只是位于环形城市不同的方向，前者多位于交通枢纽附近，后者多位于环境优美地段。需要说明的是，后者从市中心迁出会适度降低市中心地租，让位于总部经济等高端服务业，为简化分析，

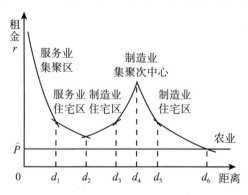

图7-3　制造业次中心的城市空间结构

设市中心服务业集聚区半径不变（见图 7-4）。下面分别阐释它们的形成机制。

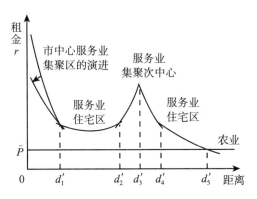

图 7-4　服务业次中心的城市空间结构

1. 制造业次中心

城市扩张中次中心的形成条件和影响因素是什么？本章从成本与收益角度分析：若政府对 $d_3 \sim d_5$ 地段开发，基础设施等投入为 K，是建设成本；收益有两部分：次中心建成后 R_{3-5} 的土地租金收益、外围住宅区的土地租金收益 R_{6-5}。此外，存在一个机会成本，即单中心城市条件下住宅区 $d_3 \sim d_5$ 段土地租金 $\hat{R}_{3-5}$，则建设城市次中心需满足下列条件①：

$$K \leqslant R_{3-5} - \hat{R}_{3-5} + R_{6-5} \tag{7.5}$$

式（7.5）中，关键是 R_{3-5}，因为 R_{6-5} 和 $\hat{R}_{3-5}$ 可依据式（7.1）求得。R_{3-5} 难以直接估算，但可通过两部分间接估算：制造企业迁移到次中心运输成本节省带来的土地租金收益、制造企业从市中心迁出后引致的级差地租收益（工业用地转为商业用地）。分析如下：

（1）制造企业迁移到次中心的租金收益。一个代表性厂商，技术水平和劳动力工资给定，生产成本为 c，产量为 q。产品有 β 比重外地销售，需要支付从市内到唯一交通枢纽（d_s，图 7-3 中 d_4）出城的运输成本；$1-\beta$ 比重在本地销售，需要支付生产地到市中心的运输成本，单位运输成本为 τ（有别于

---

① 忽略 d_2 到 d_3 段 R_{2-3} 的地租变动：单中心城市时，该段地租从 d_2 到 d_3 递减，但当制造业次中心形成后，$d_2 - d_3$ 段地租函数是递增的，两者（部分）相互抵消，为简化分析而省略。此外，d_5 到 d_6 段在次中心形成前为农业用地，为简化分析而仅考虑次中心形成后的地租 R_{6-5}，而不是相对于农业的级差地租。

居民通勤成本 t)[1]，位于 d 处的厂商利润为：

$$\pi(d) = [p - \beta\tau|d_s - d| - (1-\beta)\tau d - c](1-\omega)q \qquad (7.6)$$

p 是产品价格，$\beta\tau|d_s-d|$ 是出城的运输成本、$(1-\beta)\tau d$ 是运输到市中心的成本，ω 是税收。

厂商处于一个完全竞争市场，经济利润为零，意味着利润用于支付厂房处的土地租金：$P(d) = \pi(d)$。现实中存在要素替代，租金曲线并不是线性的，因此厂商的租金曲线可设为[2]：

$$P(d) = \pi(d) = P_s(1-\omega)e^{-[\beta\tau|d-d_s|+(1-\beta)\tau d]/\alpha} \qquad (7.7)$$

其中，最高点 P_s 等于厂商在最大化时的利润 π_0，$\pi_0 = (p-c)q$，α 为参数[3]。

设政府在交通枢纽 d_s 处，投资基础设施以建设次中心。在次中心区域，厂商享受更优惠税收（ω_0，$\omega_0 < \omega$）。企业生产成本不变、市场竞争格局不变，则厂商在该区域的租金函数可写成：

$$P_s(d) = \begin{cases} P_s(1-\omega_0)e^{-[\beta\tau d_s + (1-2\beta)\tau d]/\alpha} & (d < d_s) \\ P_s(1-\omega_0)e^{-\tau(d-\beta d_s)/\alpha} & (d > d_s) \end{cases} \qquad (7.8)$$

次中心区域的厂商租金曲线，是以 d_s 为中心向两侧递减的曲线，次中心区域的总租金为：

$$R_s = \int_{d_3}^{d_5} P_s(1-\omega_0)e^{-[\beta\tau|d-d_s|+(1-\beta)\tau d]/\alpha}dd \qquad (7.9)$$

次中心地理范围相对整个城市比重较小，即 $|d-d_s|$ 在小区间内变动，可设 $d-d_s = 0$，则：

$$R_s = \int_{d_3}^{d_5} P_s(1-\omega_0)e^{-(1-\beta)\tau d/\alpha}dd \qquad (7.10)$$

---

① 根据奥沙利文（O'Sullivan，1996）的研究，制造业是城市的主要出口部门，只有瓶装啤酒、蛋糕等运输成本高的少数产品在本地销售，通常 $\beta > 0.5$。同时，现代城市的市中心仅仅是本地销售的集散地或平均区位；不考虑从交通枢纽到外地销售的运输成本，因为它不受制造企业在市内区位的影响，为简化分析只考虑市内运输。

② 根据制造业厂商是否存在要素替代，计算而来的租金函数为线性函数或幂函数形式（有兴趣读者可与作者交流），但为了与前文城市蔓延中的租金函数形式对应，本章采取常用的指数函数形式。

③ 对家庭住户，土地租金函数中的 α 表示住房面积的需求占消费者总需求的比例；对制造企业，α 表示所需的厂房投入占（总投入）的比例；类似地，对服务企业，α 表示所需办公投入占比。严格意义上，三者的系数是有差异的，为简化分析，本文都用 α 表示。

（2）制造企业迁移后引致的级差地租收益。假设制造企业原占据市中心面积比例为 γ（$1-\gamma$ 为服务部门），"退二进三"后土地被服务部门利用，租金收益为新租金减去原有租金。基于式（7.1）的城市土地租金函数，则有：

$$\Delta R_0 = \int_0^{d_1} \gamma P_0' (1-\omega) e^{-td/\alpha} dd - \int_0^{d_1} \gamma P_0 (1-\omega) e^{-td/\alpha} dd$$

$$= \int_0^{d_1} \gamma (P_0' - P_0)(1-\omega) e^{-td/\alpha} dd \qquad (7.11)$$

$\int_0^{d_1} \gamma P_0' (1-\omega) e^{-td/\alpha} dd$ 为制造部门被服务部门替代时的新租金，$\int_0^{d_1} \gamma P_0 (1-\omega) e^{-td/\alpha} dd$ 为制造部门原有的租金，其中，$P_0' > P_0$（因为服务业部门租金函数高于制造业部门）。

（3）除上述估算 R_{3-5} 租金之外，机会成本（$\hat{R}_{3-5}$）可根据式（7.1）求得，同时城市外侧住宅区（R_{6-5}）租金函数，也可类似于式（7.1）求得，分别如下：

$$\hat{R}_{3-5} = \int_{d_3}^{d_5} P_0 e^{-td/\alpha} dd \qquad (7.12)$$

$$R_{6-5} = \int_{d_5}^{d_6} P_s e^{-[t(d-d_s)]/\alpha} dd \qquad (7.13)$$

因此，将式（7.10）~（7.13）代入式（7.5），得到式（7.14），即反映城市次中心形成条件和影响因素：

$$K \leqslant R_{3-5} - \hat{R}_{3-5} + R_{6-5} = R_s + \Delta R_0 - \hat{R}_{3-5} + R_{6-5}$$

$$= \int_{d_3}^{d_5} P_s (1-\omega_0) e^{-[(1-\beta)\tau d]/\alpha} dd$$

$$+ \int_0^{d_1} \gamma (P_0' - P_0)(1-\omega) e^{-td/\alpha} dd - \int_{d_3}^{d_5} P_0 e^{-td/\alpha} dd$$

$$+ \int_{d_5}^{d_6} P_s e^{-[t(d-d_s)]/\alpha} dd \qquad (7.14)$$

从式（7.14）中可知，城市次中心建设的影响因素：随 β、γ、P_0'、P_s 增大而可能性增大，随 ω_0 降低而可能性增大。解释如下：制造企业外销的比例（β）越大，则次中心建设有助于节省运输成本，反之本地销售比例高，则迁移动力不大，如上海市区内仍保留服装定制等"都市型"工业；制造企业原来在市中心占地面积（γ）越大，在市中心可腾出更多的空间发展服务业，级差收益越大，越有利于次中心建设；市中心的租金（P_0'）越高，则"退二进三"后的级差地租越大，越有利于次中心建设，如中小城市的 P_0' 不高，市中心仍有制造企业分布；城市次中心的集聚规模越大，则次中心地租（P_s）越高，外侧住宅区的租金收益越高，越有利于次中心建设；政府鼓励制造企业迁移的力度越大（ω_0 越小），则企业迁移的动力越大，越利于次中心建设。

2. 服务业次中心

类似于制造业次中心形成条件的分析，收益包括从市中心迁出的租金收益和外侧住宅区的租金收益；成本为建设成本和机会成本。因此，当建设成本小于扣除机会成本后的净收益，则形成服务业次中心（图 7 - 4）。具体过程如下：

（1）若信息类服务企业占市中心服务业的比例为 η，全部迁移到次中心，得到的租金收益为：

$$R_{0-1} = \int_0^{d_1'} \eta P_0' (1 - \omega_0) e^{-td/\alpha} dd \qquad (7.15)$$

（2）外侧住宅区带来的租金收益为①：

$$R_{5-4}' = \int_{d_4'}^{d_5'} P_0' e^{-td/\alpha} dd \qquad (7.16)$$

（3）次中心土地开发的机会成本为：

$$\hat{R}_{2-4}' = \int_{d_2'}^{d_4'} P_0 e^{-td/\alpha} dd \qquad (7.17)$$

因此，服务业次中心的形成条件为：

$$K \leqslant R_{0-1} - \hat{R}_{2-4}' + R_{5-4}'$$
$$= \int_0^{d_1'} \eta P_0' (1 - \omega_0) e^{-td/\alpha} dd - \int_{d_2'}^{d_4'} P_0 e^{-td/\alpha} dd + \int_{d_4'}^{d_5'} P_0' e^{-td/\alpha} dd \qquad (7.18)$$

由上式可知，服务业次中心建设随 η、P_0' 增大而可能性增加，随 ω_0 减小而可能性增大。解释如下：η 越大，即城市信息技术类、科技服务类、金融平台类服务企业的比重越大，越容易集聚发展，如南京作为中国软件名城，涌现了徐庄软件园、江东软件园、雨花软件园、江宁软件园等多个服务业次中心；P_0' 越高，意味着市中心地租越高，则那些受"面对面"交流成本影响较弱的服务企业，更愿意通过外迁获得级差地租，特别是在地租昂贵的（特）大城

---

① 为简化分析，这部分选择以市中心而非次中心为高点的递减租金函数，因为两者都是距离衰减函数而差异不大，同时也不能排除这部分居民去市中心工作或购物。

市；ω_0 越小，意味着政府支持力度大，如北京通过优惠政策支持首钢外迁后的石景山区发展文化创意产业园。

二、多中心集聚对城市生产率的影响机制

与单中心城市蔓延相比，多中心集聚形成一系列服务业和制造业集聚区，改善了单中心城市工商企业混居引发的集聚不经济格局，通过空间结构优化，充分发挥产业集聚效应，进而影响城市生产率，可归纳为以下途径。

1. 制造业在城市次中心的集聚效应

大量文献探讨了制造业集聚对生产率的作用机制，如奥沙利文（1996）归纳为劳动力市场的"蓄水池"和技能匹配效应、共享中间投入品和知识溢出效应等途径。与乡镇所辖的制造业集聚区或单中心城市集聚区相比，城市制造业次中心有以下优势：（1）良好的配套设施。制造业次中心往往依托各类经济技术开发区等建设，不仅具有良好的交通通讯、给排水等硬件基础设施，而且各类行政审批服务、创新创业服务和投融资服务等"软"环境也较好，有利于企业节省交易成本而专注生产。（2）较强的产业关联。大城市往往有多个制造业次中心，单个次中心以专业化为主，分属产业链的某个环节，整体而言却具有产业关联性，如机械制造与汽车制造产业园的上下游关联，有助于共享中间投入品和加强技术溢出。（3）良好的劳动力市场"蓄水池"和技能匹配效应。大城市能提供多种类人才，如企业管理、研发、技工、财会等，几乎应有尽有，制造业次中心依托大城市，拥有乡镇所辖制造业集聚区无法比拟的劳动力市场"蓄水池"效应，节省了企业交易成本和培训成本。此外，现代企业往往要求专业技能人才的高度匹配，单个企业很难拥有或储备不同技能人才，而基于多个专业化次中心则容易满足要求。赫尔斯利和斯特兰奇（Helsley and Strange，1990）分析了劳动力技能与企业需求的匹配关系，发现集聚度越高，匹配关系越强，企业生产率越高。因此，城市制造业次中心集聚效应越强，次中心规模越大，越有利于生产率提高。

2. 服务业，特别是生产性服务业的集聚效应

服务业集聚分两类：以大批摩天大楼为标志的市中心集聚区和各类专业化服务平台集聚区。类似于对制造业集聚的研究，众多文献探讨了服务业集聚对生产率的作用机制，如奥沙利文（2013）认为服务业集聚有助于降低信息交流成本等。与单中心城市相比，生产性服务业集聚区往往有以下优势：（1）更具有专业化特色。单中心城市工商企业混业集聚，不只有服务企业还有制造企

业，而多中心城市的市中心主要为生产性服务业和总部经济集聚区，因为随着电子商务、大型超市等经营模式的兴起，消费性服务业的比重逐步降低，制造业更因租金压力迁移到次中心，因而专业化更加明显。同时，专业化集聚是各类服务平台设立的依据和发展目标，具有"与生俱来"的专业化特征。(2) 处于价值链的更高端。市中心通过高租金迫使制造业和低端服务业外迁，形成以高端消费性服务业、生产性服务业和总部经济为主的集聚区，如投资银行的企业融资、并购、财务顾问等高端服务，属于现代经济的"大脑"，处于价值链高端环节。上海陆家嘴、北京金融街等已成为国内外知名的高端服务业集聚区。(3) 立足区域与面向全球的优势。科尔克（Kolko，2010）认为不同于运输成本与距离几乎正相关的制造业，生产性服务业运输成本有独特性，表现为分段函数：有的强烈依靠"面对面"的交流，有的则能超越地理距离，如电子化交易或服务等。在市中心集聚的生产性服务业，高度依赖社会关系网络和"面对面"的交流，立足区域市场，而城市次中心的专业化服务平台，利用信息技术的远程服务和低成本信息流，面向全球竞争。如杭州高新区的金融服务外包业务在服务于本地企业的同时，辐射全国，甚至全球，形成"立足区域，面向全球"的发展态势。因此，如果生产性服务业能形成上述集聚优势，则有助于提高生产率。

3. 多中心集聚的服务业与制造业互动效应

许多文献阐释了生产性服务业与制造业的关联效应，如江静等（2007）认为两者具有相互依赖的互动关系：一方面，市场经济条件下，需求增长会通过经济规模的提高来促进生产性服务业的专业化发展，另一方面，生产性服务业是把社会上日益专业化的人力资本、知识资本导入商品和服务生产过程的"飞轮"（通道），提高制造业的运行效率。在遵循产业视角的"互动论"机理下，本章认为多中心城市的服务业与制造业互动效应有以下优势：(1) 地缘和信息优势。集聚成型的生产性服务业不仅能为制造企业提供多样化的服务，还具有地理邻近和本地企业间相互熟悉的信息优势，长期"面对面"的交流和频繁的服务，会节省交易成本和加强默会知识的传播，有助于两者互动发展。(2) 地方政府引导下的协同发展优势。城市发展需要服务业与制造业的"双轮驱动"，既有助于城市经济平稳增长，又有助于保障税收和就业。为促进城市次中心建设，地方政府需要投资基础设施，并引导制造企业的迁址（如优惠的税收政策），这不仅有利于加快次中心建设，而且在市中心腾出的空间有利于服务业发展。(3) 地域生产网络或创新系统的优势。尽管当前经济日益全球化，市场竞争是主导力量，但区域的优势并未完全消失，重要原因之一是本地生产、创新或社会关系网络的存在。多个专业化的服务业和制造业集聚区，是本地网络中的重要节点：专业化的服务平台以研发创新、科技成果孵化为主，如同"润滑剂"；专业化的制造业集聚区以生产制造为主，如同核心部件的"模块化"；而生产性服务业和总部经济集聚区，以战略管理或金融服务为主，如同"组装设计师"，通过节点之间的有机合成，形成一个高效的地域生产网络。因此，生产性服务业与制造业的相互促进度越高，越有利于生产率提高。

第3节　南京市城市扩张的案例：由单中心向多中心的演变

本节以江苏省南京市为例，分析该城市在空间扩张过程中，由单中心城市的蔓延向多中心集聚（多中心城市）转变的过程。南京在中国是为数不多的具有百年规划历史的城市。南京地处太平洋西海岸，位于我国东部发达地区与中西部欠发达地区的交界地带，是我国长江流域和沿海开放地带的重要交汇处，是长江流域的重要中心城市，具有承东启西的战略地位，集深厚历史文化底蕴、丰富科教人才资源、优越区位交通条件、优美自然山水风光四大优势于一体。

从古代传统的"营国"制度，到1929年的《首都计划》，南京打开了现代城市规划理念的大门。自此，南京的城市规划在历史基础上不断延续和创新，朝着构建一个科学、合理的城市空间布局方向不断努力。本节将南京城市结构的进程划分为五个阶段。

第一阶段：1949年以前，典型的单中心城市

早在近2000年前的三国时期，孙权迁都建业（南京的旧址），广增农田，建设城池，南京成为当时规模较大、经济社会繁荣的城市，而且城内已有职能分区的雏形。东晋时期，由于南迁人口众多，都城在东吴旧城的基础上，也即在内城外加筑外郭城。城市面积不断扩大，逐渐形成了以皇城、京师城垣、外郭城三重城垣相配合的"圈层式都城空间模式"。

明朝为南京的鼎盛时期，南京城的面积大幅度扩大。公元1366年，朱元璋开始大规模建造新都城，城市范围比元末扩大6倍之多。明南京城地域结构为四重环套配置，从内至外分别为宫城、皇城、京城、外郭。南京城有了明确的职能分区，如京城东部的政治活动区，西、南部的经济活动区，北部的城防区。

1927年4月18日，民国政府定都南京后，于1929年12月发布了《首都计划》，旨在对首都南京进行现代化改造。这部城市规划不仅对民国时期南京的城市建设发挥了重要作用，也是中国最早的现代城市规划。《首都计划》提出，城市布局"同心圆式四面平均开展，渐成圆形之势"，避免呈"狭长之形"，避免"一部过于繁荣，一部过于零乱"。道路系统是以美国矩形路网为道路规划的理想方案。引进林荫大道、环城大道、环型放射等新的规划概念。

规划将南京划分为六个功能区。中山门外紫金山南麓为中央政治区，傅厚岗一带为市级行政区，长江两岸及下关港口为工业区，主干道两侧和明故宫、新街口一带为商业区，鼓楼、五台山一带为文教区，山西路一带为新住宅区。自此，为南京现代的城市格局、功能分区、道路体系等奠定了基础。

在这个过程中，南京市从内到外，形成单中心的圈城结构。市中心为政治中心、商业中心，向外为工业厂房，在外围或工商企业之间分布着居民住宅。交通围绕几条干道，以步行、马车、自行车或公共汽车作为通勤工具，通勤成本较高，城市经济活动主要集中在新街口地段。

第二阶段：1949～1978年，单中心城市的功能分区形成

新中国成立后，南京于1954年6月编制完成了《城市分区计划初步规划（草案）》。在该规划中，市中心确定在鼓楼；文教区安排在清凉山以北沿城墙一带及太平门外、中山门外、光华门外等地；工业区考虑设置在城北的和上路以西地区。同时，对长江大桥桥位的选址进行了比较，初定桥位有两处，第一桥址在下关草鞋峡附近即南京幕府山与北岸大顶山之间；第二桥址在燕子矶下游乌龙山附近。

1957年底修订完成《南京市城市初步规划草案图（初稿）》。规划的面积为160平方公里，大致范围北至上元门、迈皋桥，东至孝陵卫以东，西南至小行里，西至江边，其中迈皋桥一带可向燕子矶方向机动发展。规划中，明确了新街口、鼓楼为商业文化活动中心；珠江路以北为文化活动中心；夫子庙为传统的商业娱乐中心；南京市人民委员会所在地鸡鸣寺仍为市行政中心；规划将鼓楼区西南片规划为生活居住备用地。

此外，燕子矶地区为化工类对城市污染较重的工业区；东井亭以西至和上路两侧为一般性工业区；上元门以西至宝善桥沿江一带为造船和食品加工工业区；中华门外五贵里一带为机械制造工业区。大专院校用地，除了承认原有学校和已安排在建学校外，考虑到城区居住用地不足，规划提到到中山门外、太平门外和石门坎一带发展新校区。

在这个阶段，南京市城市空间结构，总体上仍是单中心城市，但城市内部已出现较明确的功能分区。商业中心、政治中心、科教园区、居民区、工业区都有了明确的空间规划，特别是对于工业区，根据工业厂商的性质，分一般加工制造业区和重化工业区等。在这个过程中，城市的经济活动、生产活动、生活活动仍然围绕着中心城市展开，交通工具主要为公共汽车、自行车和少量的步行，城市半径和活动范围仍然较小（和现在的南京相比）。

第三阶段：1979~2000 年，由单中心的城市蔓延到多中心城市的雏形

1978 年 11 月，十一届三中全会召开，同年，国务院召开第三次全国城市工作会议，提出"认真编制和修订城市总体规划、近期规划和详细规划"的要求。在此背景下，南京市规划局于同年成立，并开始编制南京城市总体规划。1980 年，《南京市城市总体规划（1981~2000）》编制完成，明确城市的性质、规模和布局，根据南京的实际，按照当时国家"严格控制大城市规划"的城市建设方针，提出"市—郊—城—乡—镇"的圈层式城镇空间格局和富有创意的"圈层式城镇群体布局"，于 1983 年 11 月得到国务院正式批准。这是中华人民共和国成立后第一部经过国家正式批准执行的南京总体规划。

规划的范围包括南京市区及六合、江浦、江宁三县共 4 717 平方公里。规划期限近期为 1985 年，远期至 2000 年。城市性质经国务院批准确定为：著名古都，江苏省的政治、经济、文化中心。城市布局：在"严格控制大城市规模"的方针指导下，为了达到"城市要控制，事业要发展"的目的，规划提出以利用现有城镇基础为前提，有所控制，有所发展，互相配合，互相依存，分工协作，使大、中、小城镇和郊外广阔的"绿色海洋"有机地结合，以圈层式城镇群体的布局构架进行规划建设的思想。

总体布局——圈层式城镇群体的结构：以市区为主体，围绕市区由内向外，把市域分为各具功能又相互有机联系的五个圈层。即：①中心圈层——市区，是全省的政治、经济、文化中心；文化古都的遗址；科研文化和国际活动的中心。②第二圈层为蔬菜、副食品基地和风景游览区。此圈层是市区和主要卫星城的绿色隔断地带。③第三圈层有沿江三个卫星城、三个县城和两浦地区。这些城镇和地区为南京外围相对独立的生产基地，以接纳市区疏散外迁的单位和人口以及外地迁入的工矿企业和科研教育单位。④第四圈层是市域内大片农田、山林。⑤第五圈层是远郊小城镇。农田、山林，是南京地区生态平衡的重要基础。远郊小城镇包括：湖熟、横溪、冶山、竹镇、桥林等，是农工商综合发展的基地。这种布局被概括为"市—郊—城—乡—镇"的组合形式。

市区的功能布局：工业、仓库用地布局：将污染严重和威胁交通、安全的工厂和仓库，逐步扩散到卫星城或相对集中于门类相近的工业、仓库地带，便于处治管理。运输量大的中转、外贸、储备及危险品仓库，则结合现状在建成区外独立布置。城墙外围工业区根据现状作适当分工配套。规划市区内以鼓楼——新街口为轴心，约2公里半径的椭圆地带为核心区，范围东到龙蟠路，西到虎踞路，南到内桥，北到新模范马路，主要由党、政、军领导机关、重点大专科研单位、大型商业设施和质量较高的居住区组成。核心区外围3~4公里半径的环带地区，主要是机械加工、仪表、轻纺工业及相应的住宅区。它的外侧，南北是铁路、仓库和江、河、港口，作为客货运输集散地，是市区对外交通枢纽。市区东部为风景游览区，西侧是沿江沿河主要蔬菜副食品基地之一。从当前的视角看，该规划不可避免受制于计划经济发展模式的影响，较多考虑对城市的控制，较少考虑城市未来的发展。但该规划提出的"圈层式城镇群体"布局，奠定了今日南京多中心开敞组团式格局的基础雏形。

随着党的十四大召开，我国市场经济体制改革和对外开放开始向纵深推进，城市土地使用权有偿转让等政策的实施以及外商投资的推动，中国的城市化进程开始加速推进。在此背景下，南京于1992年开始修编总体规划，以适应和满足新形势下南京经济社会事业的发展需要。此次总体规划修编借鉴国外大城市发展的成功经验，以区域协调发展的视野，跳出老城和主城，在2 753平方公里的都市圈范围，思考解决南京的保护（控制）与发展的问题。该总体规划分为规划区、都市圈与主城三个空间层次。其中，以主城为核心的都市圈是规划重点，规划构筑"以长江为依托，以主城为核心，以主城及外围城镇为主体，以绿色生态空间相间隔，通过便捷交通相联系的高度城市化地区"。在该总体规划的指导下，位于主城内的一批污染工业企业逐步搬出。沪宁高速南京段连接线、宁连公路南京段、禄口国际机场及机场高速等相继建成使用，南京长江二桥等开工，拉开了南京城市建设的框架。城市环境整治也取得初步成效，建成了鼓楼市民休闲广场、汉中门广场、阳光和月光等绿化广场。

总体上，在1979~2000年，由于这一阶段我国工业化和城市化水平总体上还比较低，经济活动和城市建设的投资重点仍相对集中在主城区，外围城镇规划发展重点不明确，缺乏相应的政策支撑，并未真正实现规划提出的跳出老城和主城的构想。这个阶段属于以单中心城市的蔓延和多中心城市的雏形发展阶段。

第四阶段：2001~2015年，多中心城市加速发展

2001年，政府对《南京市城市总体规划（1981~2000）》进行了调整，以区域协调发展为目标，跳出老城和主城，构建"城市规划区—都市圈—主城"三个层次空间结构体系，确定城市的性质为：著名古都、江苏省省会、长江下游的重要中心城市。突出区域协调和可持续发展的理念，重视历史文化资源的保护，按照"一疏散三集中"的城市发展战略，明确"老城做减法、新区做加法"的城市发展策略，强调"轴向发展、组团布局、多中心、开敞式"的城市空间发展格局。在此后的发展中，"一城三区"的建设发展已获巨大成效。此次总体规划调整提出的大部分思路和内容，都具有较强的超前性、前瞻性和适应性，能够满足南京相当一段时间的社会经济发展需求。

2009 年，南京完成《南京市城市总体规划（2007～2030）》方案，上报国务院获最终批准实施。此次总体规划范围包括，南京 6 582 平方公里的行政区域总面积，规划至 2030 年，全市总人口将达到 1 260 万左右，城镇化水平为 90% 左右。规划在南京构建"两带一轴"的城镇空间布局结构。其中，"两带"指沿江发展的江北城镇发展带、江南城镇发展带；"一轴"指沿宁连—宁高高速公路走廊形成的南北向城镇发展轴。在"两带一轴"基础上，形成"主城—副城—新城—新市镇—村庄"的五级市域城乡空间体系。其中，主城重点发展商贸商务、金融、信息、文化创意等现代服务业和部分都市型工业；副城 3 个，分别为东山、仙林、江北，重点发展现代服务业、高新技术产业和先进制造业；新城 8 个，分别为龙潭、桥林、板桥、滨江、汤山、禄口、永阳、淳溪，重点发展先进制造业、物流业和商贸服务业等产业。此次总体规划修编，勾画了南京未来多中心、开敞式、轴向组团布局的千万人口大都市区蓝图。南京这座历史古城，在科学规划的引领下，迎来了城市由单中心向多中心的转变。

这个过程中，城市形态有五个典型特征：第一，中心城区明确为商务商贸活动，特别是秦淮区（包括原白下区和老秦淮区，目前两区合并为秦淮区）、玄武区和鼓楼区等中心城区，经济活动以第三产业和高技术研发活动为主，而加工制造业几乎全部外迁，如跃进汽车、晨光集团、国电南瑞等技术密集型制造业也实施了外迁。第二，三个副城，东山、仙林、江北，不只发展先进制造业，还集聚了大学城、高技术园区等科技服务业，如仙林已成为南京的大学集中地之一；此外，板桥一带的发展超出预期，吸引了国内外大批先进制造业、软件企业的驻扎。这些副城，已具备了制造业次中心、大学园区等专业化集聚的功能。第三，新城正迅速崛起，过去它们距离城区较远，交通不够便捷，通勤成本较高，但随着地铁、轻轨等发展，这些新城正根据自身的特色，迅速崛起，如汤山重点发展旅游和休闲产业，禄口发展空港物流等产业。第四，城市居民（住宅业），围绕城市中心、次中心，不同职业、不同财富的住宅分区正在形成。在市中心和主城区，居民主要为从事第三产业的"白领"阶层，通勤成本低，但房价和租金价格较高。不过，也有一些家庭不够富裕或"小家庭"居住在面积较小的住宅区，以方便出行。在城市的外围，主要是从事第二产业的居民，在城市次中心工作，就近就业。当然，在风景比较好的地区，市内一些富裕家庭购买别墅或宽敞的住宅，形成"富人区"。从家庭财富角度看，南京属于混合居住区，不同于国外的富人和穷人分区格局；从职业差异角度，市中心住宅区主要为白领阶层，而外围或郊区主要为技术服务人员，也包括部分"蓝领"（随着南京的产业升级和城市转型，"蓝领"的比例在降低）。

第五，交通工具的巨大变化。这个阶段，首先是南京地铁大发展的阶段，随着南京地铁1号线、2号线的建成，南京地铁正形成完善的网络体系，南北向、东西向、环形地铁等逐一开通，给居民的雏形带来了巨大的方便，市中心、南京高铁站、禄口机场等主要节点有地铁连通；其次，是家庭小汽车的普及，中产家庭几乎都拥有家庭汽车，这样居民的出行范围大大增加，城市扩张中并没有过多的增加居民的出行时间；最后是快速交通道路的完善，不仅环形的绕城公路方便出行，而且城区内主要干道的地下隧道、高架道路等使城区的交通相对通畅，而且跨长江的二、三桥和过江隧道等建成，改变了过去过长江不便的交通状况。总体上，这个时期南京多中心城市建设处于加速发展中。

第五阶段：未来，完善和成熟的多中心城市

为深入贯彻党的十八大和十八届三中全会精神，全面落实习近平总书记对江苏提出的"深化产业结构调整、积极稳妥推进城镇化、扎实推进生态文明建设"三项重点工作要求，南京以深入贯彻落实国家新型城镇化规划、长江经济带、长三角城镇群一体化、苏南现代化建设示范区等国家战略为指引，以全面深化改革为动力，以都市圈城镇群为主体形态，以推进区域城市化为抓手制定城市总规划，"立足优势、整合资源、聚焦重点、提升功能"，与周边城市深度合作和联动发展，合力谱写城乡规划建设的新篇章，全面迈向现代化国际性人文绿都。

《南京市城市总体规划（2011～2020）》中再次强调南京的城市性质为江苏省省会，国家历史文化名城，东部地区重要的中心城市之一，全国重要的工业基地、科教基地和综合交通枢纽。规划中明确指出南京是国家历史文化名城、国家综合交通枢纽、国家重要创新基地、区域现代服务中心、长三角先进制造业基地、滨江生态宜居城市的核心功能。要求在市域内构建"两带五轴"的城镇空间布局结构（两带：沿江发展的江南城镇发展带和江北城镇发展带。

五轴：沿宁连、宁高、宁杭、宁合、宁蚌综合交通走廊形成的城镇发展轴），形成"中心城—新城—新市镇"三级城镇体系。

都市区的空间布局是以长江为依托，以新街口为中心、轨道交通45分钟出行覆盖的高度城市化地区，土地面积约4388平方千米。以现代服务业、高新技术产业为主导，是南京区域中心城市功能的主要承载区。规划构建以主城为核心，以放射形交通走廊为发展轴，以生态空间为绿楔，"多心开放、轴向组团、拥江发展"的现代都市区空间格局。提出经济发展更具活力、文化特色更加鲜明、人居环境更为优美、社会更加和谐安定的现代化国际性人文绿都的发展目标。未来，中心城区的功能定位更加明确，外围多个次中心（如制造业次中心、大学城等）的集聚效应将进一步加强，城市的交通干线、住宅区建设、绿化隔离带等将进一步完善，南京将向成熟和完善的多中心城市发展。

第4节 本章小结

水平的蔓延和立体的多中心集聚是城市空间扩张的两种基本形态，协调好两者之间的关系，对于未来我国城市化道路，特别是大中型城市发展具有重要的意义。现有经济学文献还停留在探讨城市蔓延的内在机理及其对城市生产率的影响，本章则对现有理论进行拓展，进一步分析城市多中心集聚的形成机理及其对城市生产率的影响机制。为此，首先分析城市蔓延的形成条件及其对城市生产率的影响机制，还分析城市蔓延与多中心集聚之间的内在联系、城市次中心的形成条件及其对城市生产率的影响机制，并以江苏南京市为例分析其由单中心城市的蔓延到多中心集聚的演变过程，得到以下结论：

第一，传统的城市蔓延主要起因于家庭对住宅需求的增加，引发单一的住宅部门围绕城市中心向外递减延伸的模式，通过总量的城市规模、均量的平均密度和土地—劳动要素替代弹性影响城市生产率。

第二，多中心集聚主要起因于制造业区位迁移并形成城市次中心，这个过程与制造企业的产品外销比例、产品的运费率、产业的总体规模、在市中心占地面积、市中心商业地租、政府的支持力度等因素有关。次中心制造业集聚与市中心服务业集聚的多中心集聚模式，有助于优化城市空间结构，加强集聚效应，通过制造业集聚效应、服务业集聚效应、服务业与制造业互动效应等途径影响城市生产率。不同于水平的蔓延，多中心集聚会强化集聚效应，提高城市生产率。

第三，江苏南京市从古至今基本完成了从单中心城市向多中心城市的演变过程。文中把南京的城市演变划分为五个阶段分析，但可进一步精简为三个阶段：第一阶段，典型的单中心城市发展阶段，从2000年前的三国时代到1978年的改革开放期间，南京城市规模尽管有所扩大，甚至还出现城市功能分区，但总体上，都属于围绕市中心发展阶段。第二阶段，1979～2000年期间主要为单中心城市的蔓延阶段，这个阶段城市化、工业化有所加快，城市建成区面积出现较大幅度的扩张，但中心城区以服务业（商业服务）、制造业为主导，外围和城市边缘以住宅业或重化工业为主的总体格局不变，总体上，属于单中心城市的蔓延发展阶段。第三阶段，2001年至今，多中心城市发展阶段，又可以进一步划分为2001～2015年为多中心城市的加速发展阶段，未来可能会出现多中心城市的成熟和完善发展阶段。在多中心城市加速发展阶段，南京市城市空间结构变化显著，中心城以服务业为主导，在交通条件好的地区，涌现了一批制造业或专业化的城市次中心，住宅区则根据职业性质、家庭财富状况分为服务业住宅区和制造业住宅区。同时，在这个阶段，地铁、家庭汽车、公共交通及高等级公路快速发展，信息、通信技术也迅速发展，这些交通通信技术的发展使城市规模扩大和发展为多中心集聚城市变为可能。未来，南京市将进一步向多中心城市发展，城市空间结构会进一步完善。未来，尽管南京市建成区面积大幅度增加，但多中心集聚会强化集聚效应，优化城市空间结构，会提高城市生产率，促进南京向有国际竞争力城市迈进。

第8章

特大城市卫星城发展差异：以上海为例[*]

1898 年，英国的 E. 霍华德（Ebenezer Howard）率先使用"卫星城"一词，当时的英国正处于城市化进程加速阶段，人口涌入城市、环境恶化以及交通堵塞等一系列城市病逐步显现。霍华德于 1919 年与英国的"田园城市和城市规划协会"商讨后对田园城市做出如下定义：田园城市是以一座城市的健康发展需求为基础的，城市不宜过大或过小的理论，城市的大小以供给居民提供丰富生活的适度规模为衡量标准。同时期，美国学者泰勒则从区位条件和职能定位的角度对卫星城进行了定义：卫星城是指分散在中心城区附近的类似"卫星"的区域，这些区域可以承接中心城区过剩的人口，亦可承接中心城区过剩的产业，从而调节中心城区的人口和产业结构。

国内学者王圣学等（2008）将卫星城定义为，与中心城市有一定距离，具有一定数量人口规模，具备一定的城市职能（配套设施、经济实力、产业布局等），可以分担一部分中心城市职能的，在生产、生活方面与中心城市既有一定联系又相对独立的新兴城镇。由此，可以理解为，卫星城是指围绕着特大城市作为其城市体系的一部分，与中心区域在政治、经济、文化等有一定联系的，同时又具有自身独立性的区域。

开展关于卫星城的研究具有以下意义：第一，卫星城模式是"大城市圈"的重要发展趋势。从全球各国城市化发展的经验看，城市化高级阶段的一个重要特征是"大城市圈"模式，在"大城市圈"体系发展到一定阶段时，中心城区的部分职能会随着区域内资源饱和而逐渐溢出到外围区域，形成中心城

---

* 本章主要来自汤丹宁：《特大城市卫星城发展差异：以上海为例》，南京大学硕士论文，2015 年，此处为节选并做了一定的修改。

区、外围城区与卫星城为一体的城镇发展模式。其中，卫星城作为中心城区与外围区域的一座桥梁，是整个"大城市圈"城镇体系中不可或缺的部分。因此卫星城的规划建设对中心城区优化产业与人口结构有重大意义。第二，可根据卫星城的特点，进行准确的功能定位。每个卫星城在建设之初都有其特定的职能定位和发展方向。就我国卫星城发展情况来看，有的卫星城逐渐发展出自己的特色，例如"工业卫星城"和"独立工矿城"等一系列模式。但有的卫星城却没有发展出自身优势，在设计之初定位就模糊，既没有发展重点产业，又缺乏对中心城市人口的吸引力，没有实现承接中心城区部分职能的目标。因而，需要根据卫星城的发展特点，进行合理的功能定位。第三，通过对上海卫星城发展的研究，有助于为其他城市提供借鉴。宋春华（2005）认为，我国发展卫星城的内涵从未正式出现在城市体系规划和法规文件中。同时，现有文献对卫星城的职能定位、开发路径、发展动力和卫星城评价方法等研究不够深入。因此，通过对上海卫星城发展的研究，有助于为其他城市提供借鉴。

第1节 卫星城的演变与功能定位

一、卫星城的演变

自卫星城在英国兴起以来，各国卫星城的建设大体可分为以人口郊区化为主要特征的第一代卫星城、以产业郊区化为特征的第二代卫星城、完全独立的第三代卫星城和从单中心城市向多中心城市演变的第四代卫星城。

第一代卫星城——人口郊区化。第一代卫星城可以用"卧城"来形容：这些城市分布在主城区周围，距离不远，主要是城市人群为了选择较好的生态居住环境而往外迁移所促成。当城镇化比率达到一定程度以后，中心城区的扩散效应开始逐渐大于极化效应，从而导致"人口外流"。这时的中心城区的城市病往往已经阻碍城市化推进，使那些距离不太远但生态环境较好的区域承接过剩人口，缓解人口压力，这些外围区域的功能定位比较简单，居住所用。这类"卧城"的各类基础设施建设都不够完善，对主城市的依赖性较强，居住条件和卫生状况也不完善。

第二代卫星城——产业郊区化。第一代卫星城建立后在一定程度上缓解了中心城区的人口压力，却大幅增加了中心城区与卫星城之间的交通压力。为了解决交通问题，第二代卫星城应运而生。第二代卫星城可以视为"半独立式卫星城"，这类卫星城的特点除了具备基础的居住设施外，还具有一些工业和服务业活动，就此为部分居民提供了就地工作机会。与第一代卫星城"卧城"相比，第二代卫星城规模逐渐变大，有一部分工业职能，虽然没有功能完整的混合工业商业区，但已经逐渐产生独立性，距离中心城区的距离也相对更远。因此，第二代卫星城能减轻母城的居住、就业和交通压力。

第三代卫星城——郊区城市化。第三代卫星城被称为"新城"，此类卫星城功能设施和城市服务功能比较完善，对母城的依赖性较小，可以独立运作，大大地弥补了第二代卫星城在产业单一和规模较小上的缺陷，因此"新城"成为城市经济发展的强有力组成部分。第三代卫星城的成熟发展期在 20 世纪 60 年代以后，人口规模大概在 25 万 ~ 40 万之间。这类卫星城可以只依赖自身的力量发展，不再依赖中心城区解决任何的工作与居住问题，不仅大大降低了通勤压力，而且提高了卫星城对中心城区的人口与产业的吸引力，卫星城内功能设置完整，环境良好，与中心城区甚至产生一般类型产品和服务互换的关系。

第四代卫星城——多中心城一体化。在第三代卫星城发展到一定阶段后，各国开始规划"大城市圈"的城镇规划体系，力求达到区域空间结构一体化发展的状态。在这种背景下，卫星城的建设逐渐演变成为第四代卫星城，也被称为"带城"。具备 40 万 ~ 100 万之间的人口规模，配套完备的功能（住房、就业与城市服务等）建设，与母城之间具有便捷高效的交通联系。卫星城的功能已经实现多元化，人口更加密集，距离中心城区也更远。此时，卫星城不再只与中心城区有经济、社会上的联系，而是与其他的卫星城通过高速公路等交通轴形成带状的、具有独特功能和适度规模的城镇。

二、卫星城的功能定位

卫星城处在特大城市（中心城区）周边地带，是特大城市经济发展到一定阶段的产物，与中心城区之间有着密切的联系，承担中心城区溢出的相关过剩人口与产业。每个卫星城的性质不一，有的是以外向型经济为主，有的是以旅游产业为主，有的是以高新产业发展为主，有的是以港口运输和物流产业为主，有的是作为卧城，有的是作为大学城或产学研一体化基地，等等，不能一概而论。因此，把握卫星城的城市性质应该从其为中心城区服务的这一主要职能着手。具体分为：

卧城。这些城市分布在主城市周围，距离不远，主要是城市人群为了选择较好的生态居住环境而往外迁移所导致。当中心城区经济发展到一定阶段，经济发展的集聚效应会渐渐减弱，取而代之的是扩散效应，正因为如此，可以将一部分溢出的人口和产业转移到卫星城中。卧城的主要职能在于帮助中心城区缓解过剩人口，居住在卧城的居民，白天在中心城区工作和活动，晚上回到卫星城居住。随着卫星城与中心城市之间交通条件的不断加强，卧城的规模也不断扩大，从而形成更多其他的职能。

产业转移城。某些卫星城主要是为了缓解中心城区产业发展带来的环境污染、土地价格过高导致成本居高和税收过高等问题。这些卫星城承接了这部分低产值、高耗能、高污染产业的发展任务，帮助投资这些产业的企业控制成本，实现收益，进而推动产业的升级，优化整个城市的产业结构。另一方面，卫星城在发展过程中，在居住功能基本完善之后会对经济发展有自身的需求，从而产生很多以工业开发为导向的经济开发区、工业园区等。这类卫星城往往选在离中心城区有一定距离但交通便利的枢纽位置，对于承接过剩产业具有良好的区位优势。

投资创业城。投资创业城往往有很大的区位优势，具有高强度政府的鼓励政策和便捷的交通配置模式。这些卫星城里的企业往往是高新技术企业，通过企业间技术、信息与产业的集聚效应带动卫星城产业发展，另一方面帮助中心城区的产业转型，通过投资提高产业升级的动能。

大学城。大学城作为各大教育资源的集聚地，具有提供良好学术氛围和提供国家人才的职能。无论是卫星城还是中心城区，经济增长离不开人力资源，大学城大多环境良好、居住设施齐全，但就业或生活设施上仍大量依赖于中心城区或周边城市。

高科技园区。高科技园区作为高科技企业集聚的区域，具有提供竞争氛围与孕育科技能力的职能。高科技园区不仅可以扶持高新企业，还可以通过产研结合，促进资金和科研成果的转化，创造很高的社会价值，提高地方经济竞争力，从而形成具有特色产业的卫星城。

综合型卫星城。中心城市的规模不断扩大，居住人口的日益增多，使发展压力越来越大，因此对城市职能的多样性要求也逐渐提升。综合型卫星城是相对独立的卫星城，功能齐全、以更高的城市规划建设目标作为卫星城发展目标，能够满足居住人口的基本公共服务，就业需求，自身能够提升规模经济，对中心城区基本无依赖能力，并对中心城区具有反磁力。高质量的居住环境、医疗系统和教育体系相结合，较低的生活成本不仅有效地帮助中心城区缓解过剩人口的压力，还促进了卫星城和中心城区之间协同发展。

第 2 节 卫星城发展 "推拉力" 理论

"推拉力" 理论是研究某个区域人口流动、产业转移等需要参考的理论。本书提出影响卫星城经济发展的 "推拉力" 理论。其中，"拉力" 是指卫星城自身的区位条件、经济发展能力、吸收产业能力等对中心城区形成的吸引力，"推力" 是指中心城区由于政府政策引导、配套基础设施、技术溢出、产业梯度溢出、劳动力溢出等对卫星城发展的推力。作为特大城市的城镇体系一部分，卫星城的规划建设受到自身经济与社会条件拉力及大城市边界扩张推力的共同作用。

一、卫星城发展的 "拉力"

卫星城 "拉力" 因素包括自身的区位条件、土地资源、交通状况、规模经济、产业集聚、人口素质等。进一步地，如较低的房价、地价、租金，更为宽敞的道路，更为广阔且未开发的土地，全新的小区以及生活环境，低成本的劳动力，等等。中心城区居民随着收入的增加，对居住环境会有较高要求，卫星城由于有较低的房价，良好的环境作为基础，加上便捷的轨道交通与社会基础配套措施，会对中心城区居民产生巨大的吸引力。本节具体从区位条件与自然环境、土地资源、交通联系、规模经济、人口素质与人口密度和良好的环境等方面作进一步分析。

1. 区位条件与自然环境

卫星城的产业发展必须充分考虑自身的资源条件和地理条件，结合有效的规划设计，通过产业升级、产业专业化、产业链培育，形成规模化的产业集聚区，与主城区协同发展。自然条件直接影响卫星城的客观环境、规模与结构。如位于山区、半山区的城市，由于土地开发成本较大及对生态环境的可能破坏，城市规模必然受到限制；又如在干旱、半干旱地区，水资源对于城市的生产、生活及城市规模亦具有决定性作用，即使水资源丰富，也不能排除由于水污染降低水资源利用量而限制城市边界增加的可能性。

2. 土地资源

土地资源无论对中心城区还是卫星城的发展都是基本的元素，很大程度上影响了城市经济的增长。单个城市对土地的需求一方面体现在土地总量上，另一方面体现在土地量一定时，土地的区位条件影响着城市内部的空间配置结构。卫星城通常占地面积较大，土地租金和价格偏低，对承接过剩产业与人口有土地优势。因为此时的中心城区已经接近或处于土地配置的极限，用地紧张、用地成本越来越高，因此中心城区中一些低效益的企业或投资规模较大的产业都会被卫星城所拥有的土地资源优势吸引，从而带动卫星城的发展。

3. 交通联系

交通联系是指中心城区与卫星城之间的轨道交通状况、人流状况以及通勤能力。这里的联系主要强调交通联系方式，通常又分为卫星城与中心城区之间的空间与时间距离两大类。城市发展的主要推动因素是人、物、信息和技术的高效流动，而流动效率在很大程度上受交通运输条件的制约。便捷的通行能力有助于中心城区与卫星城之间缩短时间距离，带动卫星城承接除了居住以外的职能。

4. 规模经济与产业集聚

规模经济是衡量一个城市经济是否可持续增长的重要因素。单位商品价格下降，消费量会增加，通过循环累积效应形成规模效应，并在此基础上形成集聚效应。阿尔弗雷德·韦伯（Alfred Weber，1909）将集聚效应分为规模上的集聚和地域上的集聚两种类型，认为集聚效应来自于企业本身的需求，为了节省成本而选择与产业链相关企业相互靠近。布鲁哈特和斯贝加莫（Brulhart and Sbergami，2006）从105个国家的40年间数据进行实证分析，运用GMM方法对动态面板回归模型进行考察，证实产业集聚与经济增长之间显著正相关。因此，卫星城要增加对中心城区的"反磁力"，需要具有产业集聚优势。

5. 人口素质与人口密度

一个城市的人口素质反映了当地居民的教育水平和文化程度。人力资源是创新能力的先决条件，卫星城可以加大对高校与科研机构的投资力度，引进高校和教育机构，充分引进高级人才，增加对中心城区的吸引力。另一方面，人口密度也是影响经济效率的重要因素。人口密度过小则不利于"默会知识"的传播，而人口密度过大则会产生拥挤效应，适度的人口密度有利于经济效率的提高。

6. 居住环境

良好的居住环境是城市经济社会发展的必备要素。城市是否有发展的可持续性，在很大程度上决定于是否能留得住劳动力，特别是高素质劳动力。而居住环境是吸引中心城区劳动力的重要因素。通常，居民总是更倾向于生活在道路宽敞、绿化率高、设施齐全与高效的社区。

二、卫星城发展的"推力"

卫星城的"推力"来自外部各方面力量的作用，主要由中心城区城市扩张引起。经济方面的因素有需要转移的过剩产业、难以容纳的过剩人口等。社会方面的因素主要指政府对城镇规划的总体设计、某些区位条件的改变或者其他外围地区的支撑。其中，政府因素与基础设施建设、主卫城市间的产业梯度差异、技术要素溢出、环境与人口饱和度是主要因素。

1. 政策因素与投资力度

政策因素与全社会资产投资是影响卫星城发展的首要推力，因为政府的支持将会给卫星城的发展以强有力的推动，基础设施、交通配套等是卫星城发展的必要条件，税收减免、土地优惠、人才引进等政策也是企业选择迁址卫星城发展的重要因素。通过政策上的重视和支持，可以合理引导卫星城缓解中心城区过度扩张的人口压力，承接中心城区过剩的产业，解决中心城区土地、房价等居住与工作成本过高的大城市病，也有助于卫星城进行合理的产业布局、居住区规划。

2. 主卫城市间的产业梯度

城市经济发展需要产业发展作为支撑，卫星城建设需要能够优化主卫城市之间的资源配置。如果主卫城市之间产业趋同则会形成恶性竞争，与卫星城建设的使命相违背。通常，中心城区和卫星城之间需要保持产业梯度，因为产业梯度有利于调整城市的产业结构，如通过产业转移使中心城区与卫星城各有特色。

3. 技术要素溢出

技术进步是带动一个区域可持续发展的重要因素。中心城区技术往往有外溢的倾向，以寻求更大的应用空间。如新技术商业化、更有效的生产方法等促进卫星城在产业发展时"站在巨人的肩膀上"。

4. 环境饱和度与人口饱和度

一个城市中污物排放量大于城市自净能力，会造成城市生态系统的恶化。通过人口密度的变化，可以观测到人口变化对城市环境带来的影响。人口密度增加，污物排放量也随之增加，城市生态负荷也会随之加重。中心城区在发展到一定阶段后，各类资源趋于饱和，环境承载力趋于极限，可能出现大城市病，此时，中心城区若能转移过剩的人口和产业，既有助于卫星城找到适合的发展路径，又有助于中心城区缓解环境与人口的压力。

第3节 上海市卫星城发展的差异特征

一、上海城市规划与卫星城发展的历史演变

19世纪50年代以前，我国经济发展很大程度上依赖苏联的模式，城镇化建设亦是如此，长期以来缺乏卫星城发展规划。上海作为我国最大城市，新中国成立之初只有一些工业区和住宅区在城市的边缘被开发，直到1958年，嘉定县、宝山县、川沙县、南汇县、奉贤县、松江县、金山县、青浦县与崇明县汇入上海，使上海行政面积得以扩充，为上海中心城区及周边卫星城的发展提供了丰富的土地资源。同年，上海市政府决定将闵行县和吴泾县作为首批卫星城进行开发。1959年，安亭县、松江县和嘉定县建设卫星城的计划也陆续启动。自此，上海开始了围绕中心城区和周边5个卫星城的卫星城体系建设。1982年，上海市政府提出有计划地改造市中心、建设卫星城，明确将上海建设为组合型的现代化城市。1983年，上海在东北部启动以大型钢铁企业为主的吴淞—宝山卫星城和南部金山石化基金，实施南北"两翼"卫星城建设，到1990年，有7个卫星城先后落成。

表8-1显示，到1990年上海市虽然已经开始了卫星城建设，但卫星城吸纳人口的效果却并不明显，卫星城缓解中心城区人口压力的居住功能没有得到充分发挥。之后，上海将浦东新区列为发展重点，中央政府也给予高度重视，因此上海进行了规划调整，提出"主城—辅城—县城—集镇"四层次构成的城镇体系，卫星城被列为辅城的分区或郊区的县城。如吴淞—宝山被调整为宝山辅城的分区，松江城变为郊区6县之一，这在某种意义上降低了发展卫星城的迫切性，放缓了卫星城发展进程。随后10年间，上海市中心的人口开始向新建城区转移，卫星城人口随之增加，闵行区、宝山区10年来新增人口超过50万人，嘉定区的人口增加也超过20万人，起到了一定的疏散主城区人口功能。

表 8－1   1990 年上海市卫星城人口状况

卫星城	与市中心距离（公里）	规划人口数（万人）	实际人口数（万人）
闵行县	32	15～20	10.65
吴泾县	25	10～15	2.52
安亭县	33	10	7
松江县	40	30	8.2
嘉定县	33	10～15	7
金山县	72	40～50	10
吴淞—宝山卫星城	18	35	24

资料来源：转引自黄文忠，《上海卫星城与中国城市化道路》，上海人民出版社 2003
年版。

到 21 世纪，上海市行政辖区可规划总面积达到 6340 平方公里。2000 年
初出台的上海市城市总体规划（1999～2020）要求控制人口和用地，引导城
市人口与产业向外疏散，计划到 2020 年上海市居住人口控制在 1 600 万人。
构成"中心城—新城—中心镇—集镇"形式的多层次体系，包括 1 个中心城、
11 个新城、22 个中心镇和 88 个集镇。2001 年，为有重点地加快郊区城镇建
设，《上海市促进城镇发展的试点意见》在规划的新城和中心镇中挑选，明确
了"一城九镇"发展重点和规划方向（见表 8－2）。

表 8－2   "一城九镇"的城镇规划

城镇名称	经济格局	规划人口（万人）
松江新城	松江工业区、大学城、旅游业	30
嘉定安亭镇	汽车制造	8
青浦朱家角镇	旅游业	5.5
浦东高桥镇	港口城镇	11
闵行浦江镇	休闲旅游业	10
奉贤奉城镇	轻工外贸出口	7.2
金山枫泾镇	商贸流通、休闲旅游	7.5
宝山罗店镇	制造业	3
周浦	现代物流、港口加工、商贸服务等	10
崇明堡镇	绿色食品加工、旅游业	8

资料来源：《上海市促进城镇发展的试点意见》，2001 年。

2005 年，上海提出"1966"四级城市体系，包括 1 个中心城、9 个新城、60 个新镇、600 个左右中心村，9 个新城是宝山、嘉定、青浦、松江、闵行、奉贤南桥、金山、临港、崇明城桥。9 个新城虽然可以看做是原先"九镇"的延续，但选择的范围有所不同。随着规划调整和不断发展，到了 2010 年，上海开始围绕"创新驱动、转型升级"的政策方针，提出打造区县经济的"升级版"，以期实现经济"稳中有进、稳中提质"，达到"中心城区经济发展稳，卫星城经济发展快"的发展目标，计划中心城区经济增幅与国家 GDP 增长目标一致，卫星城经济增幅保持两位数以上的可持续发展。

二、上海卫星城的样本选择及其标准界定

根据《上海市城市总体规划（1999 ~ 2020）》描述，将市中心外环以内的区域定义为中心城区，外环线以外的区域定义为卫星城。到 2014 年上海市行政区域内有 17 个区，这些行政区中有 8 个区完全处在外环以内，剩下的 9 个行政区域中有的部分面积在外环以内，有的全部面积处于外环以外，所以需要通过合理的筛选标准，选择本章需要探索的卫星城。本章主要依据黄文忠（2003）和李锦兰、王波（2008）的研究，从交通紧密程度以及经济紧密程度两方面作为卫星城选择标准。

1. 交通联系紧密度

本章用空间距离与时间距离作为衡量中心城区与卫星城之间交通联系的指标。从空间距离考虑，中心城区扩张的理想范围是自市中心半径 50 公里的面积区域内，而 50 ~ 100 公里的面积区域是中心城区经济辐射能够影响较明显的范围，这个范围可有效推动卫星城的发展（Roger, 1998）。但从上海市实际各区县至市中心的空间距离来看都比较近，所以本章结合上海市的城镇规划对此空间距离衡量标准适当缩小，界定为自市中心半径 15 公里的区域面积为中心城区，15 公里以外的面积区域是中心城区经济辐射能够影响较明显的范围。从时间距离考虑，时间距离用于考量中心城区到达其他区域之间的交通便利性，现有文献表明在中心城区 1 小时经济圈内卫星城与中心城区的相互作用较强。本章通过百度地图测算卫星城与中心城区间的空间与时间距离，用这两个指标来衡量卫星城与中心城区的交通紧密程度（见表 8 - 3）。

表 8 - 3　　　　　　　　　　上海市市中心与各区县时空距离

各区	空间距离（公里）	排名	时间距离（小时）	排名
崇明县	96	1	1.8	1
金山区	68	2	0.94	4
奉贤区	43	3	1	2
青浦区	39	4	1	2
松江区	38	5	0.83	5
嘉定区	32	6	0.57	6
宝山区	22	7	0.5	8
闵行区	18	8	0.57	6
普陀区	10	9	0.43	9
浦东新区	8	10	0.27	12
徐汇区	7	11	0.33	10
长宁区	7	11	0.18	14
杨浦区	6	13	0.28	11
虹口区	5	14	0.25	13
静安区	4	15	0.18	14
闸北区	2.2	16	0.13	16

注：市中心定位人民广场，空间距离与时间距离均使用百度地图衡量与计算。其中时间距离使用最短驾车距离，只用于同等条件下排名所用。

对市中心城区与周边区县的时间和空间距离进行计算，发现各区中心距市中心最远不超过 100 公里，除了崇明县需花费 1.8 小时外，其余均在 1 小时经济圈内。通过比较研究，按照空间距离与时间距离排列，得出卫星城有：金山区、奉贤区、青浦区、松江区、嘉定区、宝山区与闵行区。

2. 经济联系紧密度

本章选取引力模型作为衡量经济紧密程度的指标，在国内外学者研究的基础上对模型进行了一定的修正。城市规模用经济规模（E）和城市人口状况（G）来反映，使用 GDP 与人口数进行量化，并将两者乘积的平方根计算城市辐射力，如下式：

$$Y = K \frac{\sqrt{GE}}{D^2} \qquad (8.1)$$

其中 Y 表示各区至上海市中心的引力值；K 为修正指数；E 为各区的国内生产总值（亿元）；G 为各区城市人口数量（万人）；D 为各区政府和市中心的时间距离（小时）。计算值如表 8 – 4 所示：

表 8 – 4   上海市各区（县）引力值及排名

各区	引力值（Y）	排名
浦东新区	25 619.2	1
闸北区	13 957.4	2
杨浦区	5 456.2	3
徐汇区	3 223.1	4
闵行区	2 032.5	5
宝山区	1 698.5	6
嘉定区	1 467.5	7
松江区	579.4	8
青浦区	304	9
奉贤区	272.8	10
金山区	235.2	11

注：部分区县数据缺失严重，故未列。

对于距离上海市中心半小时至 1 小时路程内的区县，本章将其与中心城区的引力值与空间距离做成图 8 – 1。图 8 – 1 显示，上海市各区县离市中心的距离与其引力值成反比关系，引力值较大的区县往往距离较近，卫星城可定位为宝山区、奉贤区、嘉定区、金山区、闵行区、青浦区和松江区。

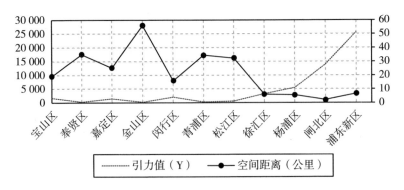

图 8 – 1   上海市部分县区交通与经济紧密联系指标

　　结合以上交通紧密度和经济紧密度分析可以得到，目前为止，上海市中心城区（中心城市包括浦东新区、黄浦区、徐汇区、长宁区、静安区、普陀区、闸北区、虹口区和杨浦区共660平方公里）以外的地区共有7个卫星城，分别是：闵行区、宝山区、嘉定区、金山区、松江区、青浦区和奉贤区。这和上海市政府城镇规划所定的卫星城基本一致，差别只有在上海市行政规划上将浦东新区与崇明县列入卫星城，但本章将浦东新区列为中心城区①。另由于崇明县与其他区县差距甚大，在考量时无法按照统一标准测量，故直接加入卫星城行列。最终本章所考察的上海市卫星城范围界定为：闵行区、宝山区、嘉定区、金山区、松江区、青浦区、奉贤区和崇明县。

三、上海市卫星城发展的差异特征

　　首先，将上海的8个卫星城进行归类，再深入分析各自的特点和差异。按照地理位置的关系可将卫星城分为三类，第一类是近郊卫星城：闵行区、嘉定区、宝山区，它们地域上部分与中心城区域直接接壤；第二类是中郊卫星城：青浦区、松江区、奉贤区，它们与上海中心城区相隔一个卫星城；第三类是远郊卫星城：金山区、崇明县，它们距离中心城区的距离都相对较远，从金山区到中心城区必须穿过两个卫星城，而从崇明到达中心城区需要经过水陆两种交通方式。下面从交通区位差异、经济发展差异、产业结构差异及功能定位差异四个方面分析近郊、中郊以及远郊卫星城发展差异特征。

　　1. 交通区位差异

　　近郊卫星城中，闵行区位于上海地域腹部，黄浦江将其分为浦东、浦西两个部分，其地图上呈"钥匙"型。它和中心城区接壤的地缘线在8个卫星城中最长，同时也是与上海市区域接壤最多的卫星城，从区位因素来说闵行区具备承接来自周边各接壤区域的过剩人口、产业职能的地理优势。另外，虹桥国际机场位于闵行区境边沿，这也奠定了闵行区作为上海市重要交通枢纽的基础，有助于发展现代物流行业。从闵行区到市中心的主要路段为外环高架路、内环高架路和沪闵高架路，与嘉定区和中心城相接的沪嘉高速公路通车能力相

―――――――――

　　①　文中描述的浦东新区是由原浦东新区与原南汇区合并而成。从空间距离看，如果以上海市政府为中心点，以市政府至最近的中心城边界距离为半径画圆，浦东新区的陆家嘴地块已经处于中心城区内部的中央区域，而从经济发展特征看，某种意义上说，浦东新区特别是陆家嘴地区金融CBD，其经济产值与经济地位已可作为上海市中心的标志性代表，所以将浦东新区归为中心城区，而不以卫星城的标准进行评判。

近。土地资源方面，闵行区的面积为 372 平方公里，在所有卫星城中最小。

嘉定区地理位置上处于上海中心城的西北方向，毗邻江苏省的昆山市，是上海的西门户，沪宁高速自嘉定安亭直通南京，架起了两个城市互通的桥梁，嘉定区也是上海市与江苏省经济与贸易往来的重要纽带，良好的区位优势使嘉定区更能吸收来自外部的人口、技术、信息等要素。嘉定区的土地面积在近郊卫星城中最大，达到 459 平方公里，大于宝山区的 415 平方公里和闵行区的 372 平方公里，因而拥有相对丰富的土地资源。从通行能力上来看，嘉定区内拥有沪嘉高速，沪嘉高速公路全长 20.5 公里，经过嘉定的桃浦、南翔、马陆、嘉定镇四个镇直通上海中心城区，是 6 车道全封闭型高速公路，极大地促进了嘉定与中心城区的交通运输。另外，轨道交通 11 号线建成较早，也承担了嘉定与市中心通勤的任务，其通行能力较闵行区相比稍强，很多工业都能盘踞在交通沿线附近得以迅速发展。

宝山区地处上海中心城区的北面，与中心城区中的普陀区、闸北区、虹口区、南汇区、杨浦区、浦东新区等都有接壤。另外，它处在黄浦江和长江交汇处，具备水路运输优势，集装箱的吞吐量占上海港的 70% 以上。宝山区和中心城区主要通过南北高架路，但其长期处于拥堵状态，通行能力差。但轨道交通 1 号线、3 号线、7 号线建成较早，且都已经深入宝山区城中心内，在地铁可到达处交通情况良好。

中郊卫星城中，青浦区和松江区从地理上看有许多的共同之处，都处于上海中心城区的西面，与上海市中心区的距离也相当，且两者相邻相依，都属于大虹桥交通枢纽辐射的卫星城。两个卫星城的部分区域受益于轨道交通，轨道交通 9 号线从徐家汇直达松江新城，轨道交通 2 号线的延长线也深入青浦区。轨道交通直达区域受到中心城的经济辐射相对较明显（松江区的浦北、青浦区的青东），经济基础也相对更好，而另一部分区域受市中心的影响就相对较弱（松江区的浦南、青浦区的青西）。另外，青浦区的陆路交通便捷，可快速直通向江苏省和安徽省，而松江则依靠沪杭高铁与浙江紧密往来。总体上，两个区在区位条件与通行能力上较为相似。从地理上看，奉贤区处于上海市中心的南面，与中心城区间相隔了闵行区的主体部分，与中心城区的距离较远，但环境资源较好，森林覆盖率高，土地资源在中郊类卫星城中最大。区内有沪金高速连接上海市区、奉贤区和金山区，与曾称为 A5 公路的嘉金高速公路共同构成 G15 公路在上海境内的道路，全长约 57.8 公里；轨道交通 5 号线南延伸奉贤段完成规划环评公示，平庄公路停车场水系调整工程和金海湖站前期地下工程基本完成，虹梅南路—金海路越江隧道西线贯通。

　　远郊卫星城中，金山区位于上海市的西南部，处在杭州湾北部，西面是浙江平湖市，它也成为浙江进入上海的桥头堡。金山区与上海市中心间的交通不够便利，轨道交通 22 号线计划于 2015 年下半年通车，但是金山境内有多条高速公路，并有沪杭铁路直达金山城区。金山南部沿海开辟了舟山、宁波等地的海运航线，黄浦江支流贯穿全区，保障了内河运输。崇明县相较于其他卫星城而言比较特殊，从地理上看，处在上海的东北方向，在长江口与中心城市隔江相对，在上海长江隧桥建成之前，到达崇明县需要使用水路和陆路两类交通工具，2009 年长江隧桥建成使崇明有了与外界联系的陆路通道。

　　2. 经济发展水平差异

　　卫星城经济运行整体呈现平稳的发展态势，8 个卫星城经济发展平均增速约为 7%，虽然低于 2008 年金融危机前水平，也仍略低于上海市区经济增速，但经济增速的差距正在缩小，经济总量如表 8 - 5 所示：

表 8 - 5　　　　　　2005 ~ 2013 年上海 8 个卫星城的生产总值　　　　　单位：亿元

各区	2005 年	2006 年	2007 年	2008 年	2009 年	2010 年	2011 年	2012 年	2013 年
宝山区	322.10	373.28	431.53	507.03	549.08	636.76	745.73	824.20	897.50
崇明县	95.72	108.30	122.80	144.13	170.65	194.43	224.11	236.35	236.30
奉贤区	223.39	270.59	321.84	380.02	429.09	493.52	572.57	624.55	644.83
嘉定区	410.70	478.30	559.90	654.98	706.20	806.80	914.82	969.75	1 050.60
金山区	201.40	254.80	305.60	311.80	312.20	363.32	425.74	467.53	553.50
闵行区	734.95	847.02	974.13	1 120.40	1 236.35	1 364.37	1 483.07	1 594.22	1 722.11
青浦区	306.23	358.41	415.61	478.64	521.49	589.71	665.18	718.09	771.90
松江区	456.38	535.36	642.11	734.48	756.96	900.48	934.17	886.55	917.49

资料来源：《上海经济统计年鉴（2005 ~ 2013 年）》。

　　近郊卫星城的经济总量较高。闵行与嘉定是上海政府卫星城发展规划重点发展区域，自身的区位条件、经济发展能力、吸收产业能力较好，政府政策引导、配套基础设施、产业梯度溢出、劳动力溢出等延续性较强。单从历年区县生产总值来看，闵行区经济总量最大。就 2012 ~ 2013 年而言，闵行区生产总值比第二大区嘉定区还要高出 69.90%。就生产总值增量来看，闵行区、嘉定区、宝山区是经济增量排在前三的卫星城。嘉定的优势主要体现在政府投资、外资投资、居民投资上，政策的延续性较强。2013 年全区人均社会固定资产投资 30 819.15 元/人，在所有卫星城中最高。同为近郊类的闵行区与宝山区却较低，分别只有 19 717.64 元/人与 16 191.33 元/人（见表 8 - 6）。2013 年，其 325.3 亿元的社会固定资产投资远不及闵行的 499.3 亿元和嘉定的 479.7 亿元，但第三产业投资金额占比高达 92.35%。政府政策对宝山区第三产业给予了大力支持，但是基础设施建设投资则显不足，2013 年宝山基础设施建设投资仅 5.54 亿元，较嘉定的 38.3 亿元和闵行的 22.69 亿元有一定差距。

表 8 - 6　　　　　　　2013 年上海八大卫星城人均固定资产投资

卫星城	人均固定资产投资（元/人）	排名
嘉定区	30 819.15	1
青浦区	30 003.34	2
奉贤区	25 281.58	3
金山区	23 901.06	4
闵行区	19 717.64	5
崇明县	19 377.51	6
松江区	16 635.38	7
宝山区	16 191.33	8

中心城区的科技型企业在寻求更大的发展空间时，往往聚集到具有地理优势的闵行区。闵行建立了三个国家级别开发区——漕河泾进出口加工区、漕河泾高新技术开发区和闵行经济技术开发区。其中，漕河泾高新技术开发区以引进国外先进技术、发展新兴产业为主要目标，兼有研发、技术服务和高科技产业制造功能，以科技园区属性参与国际竞争，从表 8 - 7 可以看出近郊类卫星城工业园区实力都较为强劲。

表 8 - 7　　　　　　　2013 年上海近郊类卫星城工业园区

指标	国家级开发区			市级开发区			
	漕河泾新兴技术开发区	漕河泾出口加工区	闵行经济技术开发区	宝山工业园区	月杨工业园区（宝山）	嘉定工业园区	嘉定汽车产业园区
单位数（个）	122	11	64	183	93	446	199
从业人员（万人）	3.57	2.25	3.67	3.82	1.81	11.22	6.64
工业总产值（亿元）	340.55	640.47	512.58	295.94	191.36	1 201.28	765.54

续表

指标	国家级开发区			市级开发区			
	漕河泾新兴技术开发区	漕河泾出口加工区	闵行经济技术开发区	宝山工业园区	月杨工业园区（宝山）	嘉定工业园区	嘉定汽车产业园区
出口交货值（亿元）	107.84	626.95	73.69	53.82	10.60	293.57	65.32
主营业务收入（亿元）	383.51	643.97	528.29	324.01	231.92	1 229.53	794.17
利润总额（亿元）	45.00	6.63	51.00	26.30	10.46	104.16	70.11

中郊卫星城经济较近郊卫星城有差距，但优于远郊卫星城。从生产总值绝对量来看，中郊卫星城处于中游水平。2013 年末，青浦区生产总值为 718.09 亿元，松江区为 886.55 亿元，奉贤区为 624.55 亿元。从增速来看，2013 年青浦区、松江区及奉贤区的生产总值增速分别为 7.49%、3.49% 和 3.25%，而近郊卫星城有 8% 的增速，远郊的金山区有 18.39% 的增速。产业集聚方面，中郊卫星城也处于中等水平。松江出口加工区和松江经济技术开发区于 2013 年升级为国家级开发区。其中，松江出口加工区依托人才高地的优势，发展电子机械、新型材料、精细化工、生物医药等高新技术产业。青浦区拥有青浦出口加工区这个国家级开发区，并配套建设了西郊工业园区这一市级开发区，距离上海虹桥机场仅六公里，而奉贤区在工业园区方面相对较弱（见表 8-8）。

表 8-8 **2013 年上海市中郊类卫星城工业园区**

指标	国家级开发区			市级开发区			
	松江出口加工区	松江经济技术开发区	青浦出口加工区	青浦工业园区	西郊工业园区（青浦）	松江经济开发区	奉贤经济开发区	奉城工业园区（奉贤）
单位数（个）	47	578	10	371	132	150	128	50
从业人员（万人）	10.42	15.77	0.28	9.05	3.01	2.35	3.66	0.80
工业总产值（亿元）	1 582.96	1 228.07	47.85	809.62	200.27	143.68	340.84	38.30
出口交货值（亿元）	1 534.22	375.62	45.54	162.49	64.57	28.72	73.90	7.12
主营业务收入（亿元）	1 548.28	1 275.43	47.64	797.82	213.91	145.34	377.66	38.15
利润总额（亿元）	9.52	76.75	2.01	57.29	6.21	9.72	29.78	1.30

远郊卫星城经济发展较近郊和中郊卫星城的差距较大。从绝对量来看，2013 年远郊卫星城中金山区生产总值为 467.53 亿元，较中郊卫星城差两百多亿元，较近郊更是相距甚远，崇明县则只有 236.35 亿元。从增速上看，金山区是卫星城中发展最快的，2013 年生产总值增速达 18.39%，但崇明县比较低，甚至为负。从工业水平上看，远郊类金山区与崇明县总体不如近郊类与中郊类，只有市级类开发区，且无论从工业总产值还是承接从业人员数量上都较少（见表 8 – 9）。

表 8 – 9 　　　　　　　　　2013 年上海远郊类卫星城工业园区

指标	金山工业园区	枫泾工业园区（金山）	朱泾工业园区（金山）	富盛经济开发区（崇明）	崇明工业园区
单位数（个）	248	110	73	2	16
从业人员（万人）	4.26	1.77	1.06	0.02	0.24
工业总产值（亿元）	378.89	120.58	69.74	1.14	13.60
出口交货值（亿元）	66.82	10.76	9.69	0.45	0.35
主营业务收入（亿元）	404.64	121.52	67.82	1.10	13.32
利润总额（亿元）	20.26	8.13	1.00	0.03	0.71

3. 产业结构差异

产业是城市经济的落脚点，理想中卫星城要能够优化主卫城市之间的资源配置，优化产业结构。2013 年上海卫星城总体产业结构，呈现第二产业比重继续减少，第三产业比重继续上升的特征，且结构变化幅度较大。目前，8 个卫星城总体上仍处于工业化中期阶段，但近年来产业结构转型期特征显著，第二产业比重逐年下降，第三产业比重不断上升，2007 ~ 2011 年间，8 个卫星城第二产业比重下降近 8%。横向比较，2013 年宝山区第三产业比重达到 50% 以上，形成"三、二、一"型产业结构，其他卫星城仍以工业为主导的特征。服务业增长势头良好，8 个卫星城的第二产业平均增长 4.9%，第三产业平均增长 12%，服务业的增速高于工业（见表 8 – 10）。

表 8 – 10 　　　　　2007 年、2012 年及 2013 年上海市卫星城产业结构比

	2007 年	2012 年	2013 年
闵行区	0.7:70:29.9	0.1:61.1:38.8	0.1:58.4:41.5
宝山区	0.5:49:50.5	0.4:43.1:56.5	0.3:42.5:57.3
嘉定区	0.5:68:31.5	0.5:62:37.5	0.4:61:38.6
金山区	3:64.4:32.6	3:59.6:37.4	2.7:59.4:37.9
松江区	1.1:70.3:28.6	0.9:61:38.1	1:59.3:39.8
青浦区	1.9:62.3:35.9	1.4:57.5:41.1	1.2:55.5:43.3
奉贤区	3.9:65.8:30.3	2.8:64.5:32.6	2.8:61.3:35.9
崇明县	13.7:49:37.3	9:53.4:37.6	9.1:49.3:41.6

　　近郊卫星城产业结构调整升级速度较快且成效显著。闵行区是上海西南部的重要工业基地、科技及航天新区，第二产业比重较高。从增速上来看，近年来闵行区的第三产业发展迅猛。2013 年第三产业增加值 714.37 亿元，增速达到 15.5%，较嘉定区的 9.6% 和宝山区的 7.6% 更高。嘉定区坚持走新型工业化之路，拥有上海国际汽车城，汽车制造业是依赖的产业基础，形成了汽车产业集聚经济。另外，嘉定城推进二、三产业融合发展，大力发展金融业等现代服务业促进第二产业升级，嘉定还着力打造金融硅谷，对信息科技类企业的发展提供支持，因此，第三产业增长速度较快。宝山重点发展现代商贸、金融服务、旅游及游轮等现代服务业，通过钢铁资讯、钢铁交易、钢铁金融、物流配送等六大功能融合衔接，生产性服务业促进了二、三产业协调发展，近几年服务业发展良好，对经济增长的贡献度已经达到 50% 以上。

　　中郊卫星城的产业结构方面，青浦区产业结构转型比奉贤区和松江区力度大。青浦区 2013 年实现生产总值 771.9 亿元，比上年增长 7.5%。其中，第一产业增加值 9.5 亿元，下降 4.6%；第二产业增加值 428.5 亿元，增长率仅 3.8%；第三产业增加值 333.9 亿元，增长 13.3%。第三产业占比 43.3%，在 8 个卫星城中仅次于宝山，但未超过第二产业。松江区全年实现地区生产总值 917.49 亿元，按可比价格计算，比上年增长 3.5%。虽然总量较大，但主要还是依靠第二产业的发展，第三产业发展增速较慢。奉贤区全年实现经济增加值 644.8 亿元，同比增长 3.5%，产业结构逐步优化。分产业看，第一产业增加值 18.3 亿元，同比下降 1.0%；第二产业增加值 395.3 亿元，同比下降 0.5%；第三产业增加值 231.2 亿元，同比增长 11.8%。第一产业增加值占总

增加值的比重为 2.8%，比上年下降 0.1 个百分点；第二产业增加值比重为61.3%，下降 3.5 个百分点；第三产业增加值比重为 35.9%，上升 3.6 个百分点。总体上，远郊卫星城产业结构转型较前两类差距较大，从增速看崇明第三产业上升 4 个百分点，第二产业比重下降，转型成效初现。

4. 功能定位差异

理论上，不同卫星城有不同的功能定位。随着上海市第二、三产业的空间分工格局日益明晰，第二产业重心逐渐由中心城区向卫星城转移。在"优先发展先进制造业"政策的引导下，部分卫星城逐步成为上海先进制造业主要的集聚区。而金融服务业、高科技信息产业、文化旅游业是上海中心城区的重点发展方向，所以卫星城未来的发展需要借助中心城区的平台，承接中心城区的技术和资源，在互动中实现协同发展。为区别上海卫星城之间的定位差异，表 8-11 分类显示了 8 个卫星城不同的功能定位和主导产业方向。

表 8-11 　　　　　　　　上海八个卫星城的定位和主要产业方向

分类	卫星城	功能定位	产业发展方向
近郊类	闵行区	汽车制造产业基地	新一代信息技术、高端装备制造、生物医药、现代商贸、商业服务业、楼宇经济、房地产业
近郊类	嘉定区	先进制造业技术基地	汽车制造业、文化信息产业、生产性服务、金融服务业
近郊类	宝山区	精品钢材产业基地	新一代信息技术、高端装备制造、新材料、现代商贸、旅游、游轮产业
中郊类	奉贤区	城乡一体化电网城	新能源、航空配件、生物医疗、新材料、智能电网、汽车制造业
中郊类	松江区	人才培养基地	高新技术信息园区、机械、商贸流通生产服务业、旅游业、现代农业、文化产业
中郊类	青浦区	生态宜居城	现代农业、现代纺织新材料、精密机械、高端装备和生物医疗、生态休闲旅游
远郊类	金山区	国际石油化工综合卫星城	海洋工程装备产业、文化旅游、房地产、现代商贸
远郊类	崇明县	综合生态发展区	生态休闲旅游、生产性服务业、中高端养老

资料来源：《上海郊区发展报告（2013～2014）》，作者整理。

第 4 节 基于经济优势度模型的上海卫星城发展差异检验及解释

一、现有关于卫星城的优势度评价模型

卫星城发展与自身规模、经济效益、产业结构、人口素质与中心城市的空间距离以及交通便利度有关，故可用潜力模型来分析卫星城是否具有发展潜力。另一方面，轨道交通一般用于衡量两节点之间是否具有较低的运输成本，使物质流在两者之间畅通，形成经济势能。将潜力模型与经济势能理论相融合，可以构建一个卫星城发展优势度模型。马书红等（2008）建立的优势度模型，用以反映特大城市周围卫星城的经济发展现状和发展潜力[①]，并认为卫星城与中心城区的交通联系是重要因素，便利的交通有利于人力、技术、信息与产品等要素流动。此外，卫星城发展潜力还与 FDI、卫星城规模等因素有关。因此在分析潜力时，将评价经济增长的指标融入经济势能理论，从而将潜力模型与经济势能理论融合，构建出衡量卫星城优势度的发展优势度模型，其表达式为：

$$A_S = K_S \sum_{j=1}^{n} \frac{u_s I_{si}/(k_s a_{si})^2}{f^2(d_{si})} \qquad (8.2)$$

其中，A_S 代表第 s 个卫星城的优势度；K_S 代表所测度的中心城市和第 s 个卫星城之间的介质函数（在某一时期内，该函数对特定卫星城是一个常数）；u_s 是灵敏度系数，表示卫星城是否容易受到与中心城交通联系紧密性的影响，反映卫星城对连接的交通线路灵敏性。马书红等（2008）用人均 GDP 来代替这个指标；I_{si} 代表中心城与卫星城之间交通联系的强弱水平；k_s 代表距离修正系数；a_{si} 代表中心城与卫星城之间的交通距离；$f^2(d_{si})$ 是主卫城市之间交通阻抗相关的函数，用通勤时间来测度。

二、修正后的经济优势度评价模型

我们认为马书红等（2008）的卫星城经济优势度评价模型对交通等社会

---

① 马书红、周伟、王元庆：《基于潜力模型和经济势理论的卫星城发展研究》，载《城市问题》，2008 年。

因素考虑的较为充分，而经济因素则稍有不足。其中，灵敏度系数 u_s 代表的含义可以更加丰富，而不只是单一地用 GDP 衡量，GDP 并不能充分反映区域的资源禀赋、市场发育状况以及资本实力等。本章通过将"灵敏度因子"带入卫星城优势度模型，将影响经济增长的各类因素赋予不同的权重方式嵌入卫星城经济评价优势度模型中，强化优势度评价模型关于经济与社会的联系以完善模型。基于以上观点，本章对经济优势度模型进行修正。修正公式为：

$$A_S = K_S \sum_{i=1}^{n} \frac{(\sum_{j=1}^{6} D_{sj} W_{sj}) I_{si} / (k_s \alpha_{si})^2}{f^2(d_{si}) \times 10\,000} \tag{8.3}$$

变量参数的具体说明如下：

（1） A_s 表示第 s 个卫星城的经济发展优势度。优势度是用来衡量优势大小和发展潜力的指标，为了度量卫星城的经济发展状态并对不同卫星城进行对比，本章借鉴马书红的定义及应用。

（2） K_s 表示介质常数。此指标反映中心城和卫星城之间的介质函数，而产业梯度是衡量中心城与卫星城经济互动关系的重要变量。产业梯度描述了中心城与卫星城之间产业等级的高低、结构的差异和互补性，产业梯度越高，则卫星城与中心城的产业差异越大，能承接中心城过剩产业的空间越大。本章将延续马书红等（2008）的研究成果，用产业梯度来测度此介质常数。计算公式如下：

$$K = \left[\sum_{j=1}^{3} (X_{cj} - X_{sj})^2 \right]^{\frac{1}{2}} \tag{8.4}$$

其中，X_{c1}、X_{s1} 分别表示中心城第一产业平均生产总值占中心城国内生产总值、卫星城第一产业平均生产总值占卫星城国内生产总值的比例；X_{c2}、X_{s2} 分别表示中心城第二产业平均生产总值占中心城国内生产总值、卫星城第二产业平均生产总值占卫星城生产总值的比例；X_{c3}、X_{s3} 分别表示中心城第三产业平均生产总值占中心城生产总值、卫星城第三产业平均产值占卫星城生产总值的比例①。

（3） U_s 表示由多个经济变量加权后的灵敏度因子。在马书红等（2008）的优势度模型中，它反映所研究地区对经济的敏感程度，是地区本身的特性。这一特性是许多因素的综合反映，如资源丰富程度、市场发育状况、投资能力

---

① 由于部分中心城区数据缺失很多，故上海市中心城平均量 = （上海市总量 – 卫星城总量）/上海市中心城区数量。

大小、人的观念以及现有产业状况等，马书红等认为人均 GDP 能够在一定程度上反映所研究地区对经济的敏感程度。本章对此进行拓展，将众多经济变量通过加权方式集合成灵敏度因子，丰富经济优势度评价模型的经济含量，记为 U_S，$U_S = \sum_{j=1}^{7} D_{sj}W_{sj}$。$D_{sj}$ 是 2013 年上海第 s 个卫星城第 j 个经济变量的原始数值，W_{sj} 是 2013 年上海第 s 个卫星城第 j 个经济变量的权重系数，其中 W_{sj} 的计算方法为回归系数法。建立多元回归模型如下：

$$\ln Y_{it} = cons + \sum_{k=1}^{n} \alpha_k \ln X_{k,it} \tag{8.5}$$

其中，$\ln X_{k,it}$ 为非农生产总值占比、人口密度、知识外溢水平、外商投资、产业结构、政府政策等指标，$\ln Y_{it}$ 为人均 GDP，此回归模型衡量了多个经济变量对经济增长的贡献。运用 STATA 软件对各变量进行标准回归，根据以上多元回归模型的回归结果得到每个变量的系数，再根据"单位一"的计算方法得出权重数。最后在此基础上与经济变量原始数据进行加权得到本模型的"灵敏度因子"，记为 U_S。

（4）I_{si} 表示中心城和卫星城之间的交通联系紧密度。通常通行能力越强表示联系越紧密，则中心城对于周边城区的影响越大。本章用上海市各卫星城人民政府到上海市中心最短驾车距离的公路最大通行能力表示，单位为"车辆数/小时"。

（5）α_{si} 表示卫星城人民政府距市中心的交通线路距离。中心城与卫星城之间的引力，与交通距离的长短成反比，此指标用上海市交通出行网中驾车最短距离，单位为"公里"。

（6）k_s 表示地形系数，对目标研究区域的实际交通线路距离修正，不同的地形特征会影响取值，在本研究中统一取 1。

（7）$f^2(d_{si})$ 表示交通阻抗，表示市中心与第 s 个卫星城之间第 i 条交通线路的交通阻碍，此指标沿用上海市交通出行网中卫星城与市中心基本交通路线驾车最短距离的时间，单位为"小时"。

三、基于经济优势度的上海卫星城发展差异检验

1. W_{sj} 的计算

本章基于回归系数法，建立多元回归模型，运用 STATA 软件对各变量进行标准回归，得到其标准回归系数，再根据其不同系数得出权重，最后将这些

权重代入原始变量中得到灵敏度因子。本章建立回归方程时以经济增长理论为基础，对式（8.4）加入变量后得到此方程：

$$\ln gdp_{it} = cons + a_1 \ln cap_{it} + a_2 \ln den_{it} + a_3 \ln NA_{it} + a_4 \ln open_{it} + a_5 \ln gov_{it} + \varepsilon_{it}$$

$$(8.6)$$

其中 $cons$ 为常数项，下标 t 表示时间，$t = 1, 2, 3, \cdots$，下标 i 表示城市，$i = 1, 2, 3, \cdots$；gdp_{it} 为人均国内生产总值，cap_{it} 为人均资本，den_{it} 为人口密度，NA_{it} 为第二、三产业与生产总值占比，$open_{it}$ 为人均利用外资金额，gov_{it} 为人均财政支出。

其各变量解释说明如下：

（1）人均国内生产总值 gdp_{it}：用该地区生产总值除以总人口数得到，单位为"元/人"。

（2）人均资本 cap_{it}：即人均固定资产投资，用固定资产投资总额除以总人口数得到，单位为"万元/人"。

（3）人口密度 den_{it}：用该区总人口除以建成区的面积来代表，单位是"人/平方公里"。

（4）第二、三产业与生产总值占比 NA_{it}：用第二、三产业占城市生产总值的比重加以衡量，单位为"百分数"。

（5）人均财政支出 gov_{it}：用财政预算支出除以总人口作为其代理变量，单位为"元/人"。

（6）人均利用外资金额 $open_{it}$：用外商投资金额除以总人口数量来估计经济开放对地区经济增长的贡献，单位为"元/人"。

本章构建了 2005～2013 年间上海市各区县经济增长的面板数据模型，利用 STATA13.1 软件进行面板数据的 Hausman 检验与 F 检验。结果显示，F 检验的 P 值为 0.0000，即原假设不成立，选用固定效应。结果如表 8－12 所示：

表 8－12　　　　　　　　上海市 13 个区县的城市集聚效应回归结果

变量	lncap	lnden	lnNA	lnopen	lngov	常数	观测值	R^2	区县数量	模型类型
lngdp	0.195 ** (2.41)	0.844 ** (3.10)	2.407 ** (2.17)	0.134 *** (4.52)	0.554 *** (6.86)	−8.740 * (−1.81)	117	0.802	13	固定

注：（1）括号内的数字为标准差；（2）*、**、*** 分别表示显著性水平为 10%、5%、1%；（3）由于普陀区、静安区、长宁区与虹口区数据缺失较多，未将其加入。

由以上数据可知回归方程为：

$$\ln gdp_{it} = -8.740 + 0.195\ln cap_{it} + 0.844\ln den_{it} + 2.407\ln NA_{it}$$
$$+ 0.134\ln open_{it} + 0.554\ln gov_{it}$$

表 8-12 表明，人均固定资产投资 $\ln cap_{it}$、人口密度 $\ln den_{it}$、第二、三产业与生产总值占比 $\ln NA_{it}$、人均利用外资金额 $\ln open_{it}$ 和人均财政支出 $\ln gov_{it}$，都是人均国内生产总值 $\ln gdp_{it}$ 的正向影响因素，所有变量都在 5% 或 1% 的置信水平上显著，与预期相符合。在变量及总体都显著的情况下，其变量系数则为可信数据，可进一步利用各个自变量的系数进行权重计算（见表 8-13）。

表 8-13　　　　　基于回归模型变量系数的灵敏度因子权重计算表

序号	代号	对应变量	变量含义	权重计算公式
1	D_1	gdp	人均国内生产总值	$W_1 = \alpha_1 \Big/ \sum_{j=1}^{6} \alpha_j$
2	D_2	cap	人均资本	$W_2 = \alpha_2 \Big/ \sum_{j=1}^{6} \alpha_j$
3	D_3	den	人口密度	$W_3 = \alpha_3 \Big/ \sum_{j=1}^{6} \alpha_j$
4	D_4	NA	第二、三产业与生产总值占比	$W_4 = \alpha_4 \Big/ \sum_{j=1}^{6} \alpha_j$
5	D_5	open	人均利用外资金额	$W_5 = \alpha_5 \Big/ \sum_{j=1}^{6} \alpha_j$
6	D_6	gov	人均财政支出	$W_6 = \alpha_6 \Big/ \sum_{j=1}^{6} \alpha_j$

注：D_j 表示各经济变量的原始数据，其中 $j = 1, \cdots, 6$。而 gdp（人均国内生产总值）、cap（人均资本）、den（人口密度）、NA（第二、三产业占生产总值占比）、open（人均利用外资金额）、gov（人均财政支出）均为回归模型的处理数；α_j 表示个经济变量的系数，其中 $j = 1, \cdots, 6$。W_j 表示由 α_j 计算出的权重数，其中 $j = 1, \cdots, 6$。

根据以上回归结果，得到每个指标的系数，由此进一步得到计算 U_s 指标时每个因子的权重。本章在各变量权重计算的过程中参考金贵（2009）的方法，应用"单位一"的理论，将人均 GDP 作为单位一，其他变量的系数都作为以人均 GDP 为单位一参考下的比重，因此应用各个相关变量的系数相加作为单位量总和，每个变量的系数作为各自的单位量，得到每个变量所占的权重，结果如表 8 – 14 所示：

表 8 – 14   回归模型变量系数与权重换算结果

指标内容	系数	权重
人均 GDP ln*gdp*	1	0.19
人均资本 ln*cap*	0.195	0.04
人口密度 ln*den*	0.844	0.16
第二、三产业与生产总值占比 ln*NA*	2.407	0.47
人均利用外资金额 ln*open*	0.134	0.03
人均财政支出 ln*gov*	0.554	0.11

根据经济优势度模型中 U_s 指标的含义，结合表 8 – 14 中第 s 个卫星城第 j 个变量的权重系数 W_{sj} 以及第 s 个卫星城第 j 个变的原始数值 D_{sj}，最终计算出 2013 年上海 8 个卫星城的灵敏度因子 U_s，如表 8 – 15 所示：

表 8 – 15   上海 8 个卫星城的灵敏度计算结果

卫星城	2013 年数据（人均）						U_s
	人均 GDP（元/人）	人口密度（人/平方公里）	人均财政支出（元/人）	第二、三产业与生产总值占比（百分数）	人均利用外资金额（元/人）	人均固定资产投资（元/人）	灵敏度因子
金山区	70 934.26	1 331.57	14 540.79	359.71	1 901.71	23 901.064	85 742.461
松江区	52 832.65	2 865.68	8 761.23	397.57	3 598.00	16 635.379	63 038.287
青浦区	64 453.91	1 787.46	11 519.28	434.95	3 508.81	30 003.340	78 848.767
宝山区	44 671.74	7 413.65	7 836.22	582.27	736.02	16 191.329	54 708.641
奉贤区	55 867.97	1 680.06	11 290.23	358.52	1 725.86	25 281.580	68 870.407
崇明县	33 892.71	588.35	17 065.98	433.06	164.58	19 377.510	49 074.535
嘉定区	93 838.74	3 354.53	11 388.20	277.76	6 131.48	30 819.146	108 964.775
闵行区	68 008.45	6 825.34	8 892.78	414.82	4 240.31	19 717.637	79 785.791

资料来源：Wind 数据库整理获得。

此灵敏度因子是在现有研究基础上，将原优势度模型中单一的人均 GDP 变量替换为由一系列经济要素加权后组成的综合变量因子，丰富了原模型的内涵，完善了模型的科学性。

2. 基于经济优势度的评价结果

接下来，将其加入修正后的经济优势度评价模型中，进一步进行实证分析，得到上海2013年8个卫星城数据，最终计算的结果如表8–16所示：

表8–16 2013年上海市8个卫星城的优势度计算结果

卫星城	K_S 产业梯度	U_S 灵敏度因子	f^2(d_{si}) 交通阻抗	I_{si} 通行能力	k_s 地形系数	优势度 A_S
嘉定区	0.47	108 964.775	0.57	6 440	1	57 623.07
闵行区	0.43	79 785.791	0.57	4 880	1	29 349.80
金山区	0.46	85 742.461	0.94	5 140	1	21 559.17
青浦区	0.39	78 848.767	1.00	6 440	1	20 024.51
奉贤区	0.49	68 870.407	1.00	5 920	1	19 908.04
松江区	0.45	63 038.287	0.83	4 880	1	16 447.71
崇明县	0.44	49 074.535	1.75	5 800	1	7 150.17
宝山区	0.20	54 708.641	0.50	2 740	1	6 081.56

从计算结果可以发现，每个卫星城的优势度差异较大，根据优势度数值大小的排列顺序为嘉定区 > 闵行区 > 金山区 > 青浦区 > 奉贤区 > 松江区 > 崇明县 > 宝山区。从经济优势度评价排名顺序来看和之前对卫星城所做差异定性分析较为一致。

四、上海卫星城发展差异的成因分析

通过差异分析检验可知，卫星城发展受到地理环境、政府投资、人才资本等因素的影响，卫星城结合自身的特点进行规划和建设，并且围绕中心城发展，追求卫星城的可持续发展，才能够形成发展特色。基于优势度分析结果，对卫星城发展差异的成因解释如下。

1. 近郊类卫星城

近郊类卫星城由于与市中心之间的地理优势，交通阻抗比中远郊卫星城都低，闵行区与嘉定区的经济优势度排在前两名，灵敏度因子较其他卫星城要高，从通行能力看近郊中的嘉定和闵行达到平均水平，2013年近郊类卫星城的经济总量和增量都排名前列。不过，对于宝山区来说，通行能力排在8个卫星城末尾，且灵敏度因子较低，主要是人口规模指数过大，而灵敏度因子是一系列人均经济指数进行加权的综合变量，因而该指标较低，总体优势度不高。总体上，近郊类卫星城中，嘉定、闵行排名榜首，而宝山区优势度偏低的结果反映了人口负荷过重、交通拥挤而影响经济发展。

2. 中郊类卫星城

中郊类卫星城中奉贤区、松江区和青浦区的优势度非常接近，处于中游水平。灵敏度因子处于中游是因为，一方面形成了有明显产业特色的功能性卫星城，如松江的大学城、奉贤打造电网城，但另一方面，由中心城进行产业转移的效果不明显，特色产业发展优势不高，另外，单一的产业不利于产业链的整合和配套发展，卫星城和中心城区的经济互动仍不够。总体来看，中郊类卫星城各类条件相近的情况下，相互之间的差异并不明显，还需要加强差异化发展策略，如松江区随着卫星城的快速发展，开发商借机抬高房价，导致卫星城的房价甚至比中心城区更高，偏离了其合理价格，丧失了原应有的吸引力，居住成本过高挤出了部分本身在附近就业的人才，其教育资源高地的优势却没有换来高素质人才定居的优势。

3. 远郊类卫星城

远郊类卫星城的交通阻抗比中郊类和近郊类都要大。金山区依托明确的产业功能定位，又依靠环境和自然资源优势成为了一座宜居城，在产业发展和居住上达到平衡，其经济增速较高，虽然经济总量上排名并不突出，但是具备发展潜力，体现在优势度上也排名靠前，再次说明了优势度模型是多维度地反映各个卫星城的发展。相较金山而言，崇明县的灵敏度因子低很多，使优势度排名靠后。总体上来，远郊卫星城距离中心城较远，但并不代表其不能通过与中心城间产生互动，带动区域的发展。一方面，协调发展的产业有利于与上海中心城区的互补和自身的可持续发展，另一方面，其发展体系需要兼顾与上海中心城区的协同发展，接纳中心城的产业转移和先进技术转移等。

基于以上经济优势度的评价及其解释，本章再结合卫星城发展中的"拉力"与"推力"作用机制做进一步解释（见表8-17）。总体来看，上海的卫星城已经发展到"新城"乃至"带城"阶段，也即卫星城发展的第四阶段：居住人口基本达到50万以上，有相对独立的经济支撑，对中心城区和周围区域的经济产生一定影响；从功能上看，能够承接中心城区人口，也有各自相对明确的功能定位，只是部分卫星城产业方向还不够清晰或推拉力条件不强。

表 8 – 17   上海卫星城基于"推拉"理论的差异成因

因素	近郊卫星城	中郊卫星城	远郊卫星城
拉力因素			
区位条件	高	中	低
自然环境	低	中	高
土地资源	低	中	高
交通联系	高	中	低
规模经济与产业集聚	高	中	低
人口素质	高	中（松江大学城高）	低
推力因素			
政府政策与投资	高	中	低
产业梯度	低	中	高
技术要素溢出	高	中	低
环境与人口饱和度	高	中	低

近郊卫星城区位条件好、交通联系高、产业集聚、政府投资力度也较大，但它们的土地资源有限、自然环境差、居住环境不断恶化，受中心城影响此类卫星城的第三产业发展迅猛，有赶超第二产业的趋势。其中，嘉定在此类卫星城中人口密度低、土地资源好，表现出较大的发展潜力；闵行区位优势最为突出，先进制造业和现代服务业共同推动经济；宝山产业结构已经与中心城一致，人口饱和、交通拥堵，发展空间有限。

中郊类卫星城推拉力的各方面都较平均，产业定位不够明晰，由于拉力不足，差异化政策也未奏效，人口转移不明显。除青浦区外，第三产业发展一般，主要以制造业"一条腿"拉动经济。不过，土地资源比近郊广阔，发展空间和发展潜力都有进一步提升的可能。

远郊类卫星城在交通、政策、区位等方面，与近郊和中郊卫星城相比都处于劣势，但可以利用广阔的土地资源和良好的自然环境，和中心城间有良好的产业梯度，偏向于发展生态环境和休闲产业类，具有后发优势。

第 5 节   本章小结

本章阐述了卫星城的演变与功能定位，提出影响卫星城经济增长的"拉力"、"推力"作用机制，还构建了基于灵敏度因子的卫星城经济优势度评价模型。以上海市各区县为研究对象，以"推拉"理论为基础，剖析上海市各卫星城发展差异，并以经济优势度评价模型加以验证。主要结论有：

第一，在现有文献对卫星城发展的影响因素研究基础上，提出影响卫星城经济增长的"推拉"理论。"拉力"指的是卫星城由于自身的区位条件、土地资源、交通状况、规模经济、产业集聚、人口素质等而产生的对中心城区的吸引力。"推力"指的是中心城区由于政府政策引导、配套基础设施、技术溢出、产业梯度溢出、劳动力溢出等产生的对卫星城的推力。

第二，在"推拉"理论的作用下，以现有文献对卫星城优势度模型研究作为参考，创新性地构建基于灵敏度因子的卫星城经济优势度评价模型，对上海市卫星城进行差异实证验证分析。此模型将各经济要素加权后得出的经济要素综合因子作为"灵敏度因子"加入模型中，增强了经济优势度评价模型的科学性和合理性。

第三，对上海卫星城进行交通区位、经济发展、产业结构及功能定位差异分析，再基于交通联系度与经济联系度指标，界定出 8 个上海市卫星城作为研究样本，利用优势度评价模型进行定量检验，得到按优势度大小排列的顺序为：嘉定区 > 闵行区 > 金山区 > 青浦区 > 奉贤区 > 松江区 > 崇明县 > 宝山区。通过实证检验，本章认为优势度评价结果是一系列经济因素与社会因素对卫星城共同作用的结果，符合"推拉"理论机制，反映出卫星城多维度综合评价的必要性。

相应地，本章提出如下政策建议：

第一，合理评估不同卫星城的综合条件，明确卫星城的功能定位。每个卫星城具有自身独特的条件，包括与中心城的距离、地形地势、自然资源等。不同的卫星城适合承担不同的职能，有的是为了分担中心城的居住问题，有的是为了产业转移，有的是为了旅游开发等。卫星城的定位需要综合考虑多个因素，在明确定位后，采取相应的规划策略。

第二，卫星城空间布局规划应充分考虑与中心城之间的关系。卫星城与中心城之间既要保持密切的交通联系，又要维持卫星城一定的独立性。例如上海市"十二五"规划对中心城的空间规划为："中心城区将形成'十字轴'发展态势"。

第三，注重卫星城产业规划，且产业规划应与中心城产业发展互动。卫星城建设的重要目的之一是调节中心城的产业结构，形成产业分工。卫星城一方面需发展特色产业，另一方面，尽可能与中心城产业协调发展，合理进行产业转移和要素空间重构。

　　第四，充分重视人口密度、人口素质、环境因素对卫星城发展的影响。城市发展最终是"人的发展"，居民幸福感是最终的目标与归宿。卫星城疏导了中心城的溢出人口，发挥了分散作用，但卫星城的人口密度如果过高，则不利于城市发展。因此，需要严控人口密度，同时提高人口素质，努力发展知识型行业，不仅提高产业附加值，而且保持人口、资源与环境的相互协调以及经济社会发展与资源环境的可持续性。

第9章

长三角城市群规模分布的帕累托检验[*]

根据国家统计局发布的《2015 年国民经济和社会发展统计公报》，至 2015 年底，我国城市化率已达 56.1%，城镇人口已超越农村人口，并且比世界平均水平高约 1.2 个百分点。杜兰顿（Duranton, 1997）曾提到：美国纽约市人口达 2 100 万人，而得克萨斯州的帕里斯市仅 2.1 万人。对此，我们不禁产生疑问，特定地区或国家的城市规模如何分布？城市分布的演化规律如何？

不同城市体系均有其独特性，如自然地理条件、历史文化等，其城市规模分布的特征也不同。长三角位于我国沿海中部的长江出海口，具有得天独厚的自然地理区位条件，也是我国三大都市经济圈之一，发展迅速并对中西部有溢出效应。因此，通过实证分析长三角的城市规模分布及变化规律，不仅有利于长三角城市体系的发展，还能为其他城市群的发展提供借鉴和指导作用。

近年来，国内外学者对中国城市规模分布展开了大量的研究，如宋和张（Song and Zhang, 2002）选取 90 年代末期两年的城市数据，证明中国城市规模分布服从"位序—规模"法则；安德森和葛（Anderson and Ge, 2005）将样本年份扩展至七年，并采用对数函数形式回归分析，也得出类似结论。此外，越来越多的学者运用计量模型分析中国城市规模分布或城市化的影响因素，如高鸿鹰和武康平（2007）构建了影响人口规模和经济规模因素的计量模型，得出工业化进程对城市人口规模分布和城市经济规模分布具有不同影响的结论。继而，开始有大量学者研究城市规模分布的动态演化以及对长期趋势的预测，如徐和朱（Xu and Zhu, 2009）证明城市规模的收敛性增长。由此，

---

* 本章来自夏明嘉、汤丹宁、魏守华：《长三角城市群规模分布的 Pareto 检验》，载《南京邮电大学学报》2013 年第 3 期，第 14～24 页。略有改动。

本章以这些研究为基础，以 2000 ~ 2015 年长三角城市群为对象，分析城市规模分布的规律及动态演化过程。

接下来，阐述城市规模分布的测度模型及改进；第三部分介绍城市规模的指标选取和数据来源，并对长三角城市分布的现状进行描述；第四部分运用 Pareto 定律对城市规模分布的变化规律进行实证分析；最后是结论和思考。

第 1 节　帕累托定律及其改进

现有关于城市规模分布的文献主要围绕帕累托（Pareto）定律、Zipf 定律和位序—规模法则等展开，本节对城市规模分布测度模型进行综合分析并改进。

一、Pareto 定律

1913 年，德国地理学家奥尔巴赫（Auerbach，1913）就提出，特定城市体系中的所有城市都将服从 Pareto 分布，即满足一个城市的规模与其位序的乘积近似等于一个常数，其表达式为：

$$y = AS^{-a} \tag{9.1}$$

其中，S 代表特定城市的人口规模；y 为人口规模大于或等于 S 的城市累积数量；A 和 α 均为正常数；α 是幂指数，或称之为 Pareto 指数。

自此，"城市规模分布服从 Pareto 定律"这一观点被广泛接受，并吸引众多学者的兴趣，被认为是经济学最突出的规律之一（Krugman，1996；Fujita et al.，1999）。

二、Zipf 定律与位序—规模法则

随后这一理论历经进一步的研究和发展，齐普夫（Zipf，1949）提出城市规模分布另一法则——Zipf 定律（Zipf's Law）："城市规模分布不仅服从 Pareto 分布，且 Pareto 指数趋近于 1"。因此，Zipf 定律通常被认为是 Pareto 定律的特殊形式，此时，A 等同于该城市体系中最大城市的人口规模。换言之，齐普夫（Zipf）认为，在一个特定的区域内，任何一个城市的人口规模与其位序的乘

积等于该区域最大城市的人口规模，为定值（沈体雁、劳昕，2012）。

根据 Zipf 定律，可将特定区域内的城市按人口规模的大小进行排序——最大城市的位序为 1，最小城市的位序为 n，n 等于该区域内的城市总数。由此可得下式：

$$N_i = N_1 R_i^{-q} \qquad (i = 1,2,3\cdots n) \tag{9.2}$$

其中，R_i 为城市 i 的规模位序；N_i 为城市 i 的人口规模；N_1 为位序为第一位城市人口规模；参数 q 是 Zipf 指数。Zipf 定律描述了城市规模与位序间的关系，因此也称为位序—规模法则（rank-size law）。

鉴于式（9.1）和式（9.2）结构上相似，对两式进行比较：式（9.1）中的 S 和式（9.2）中的 N_i 均表示城市人口规模；式（9.1）中的 y 和式（9.2）中的 R_i 均为城市规模位序；而 A 和 N_1 表示区域内最大城市的人口数。因此，式（9.1）和式（9.2）具有等价性——Zipf 定律公式可由 Pareto 分布模型变换而来，两者本质相同，且理论上，Zipf 指数 $q = 1/\alpha$。

三、Pareto 定律与 Zipf 定律的应用与缺陷

大量研究将 Pareto 定律和 Zipf 定律应用于城市规模分布的研究。多数研究都证实城市规模分布服从 Pareto 定律。如罗森和雷斯尼克（Rosen and Resnick，1980）发现 44 个样本国家中，36 个国家的 Pareto 回归相关系数大于 0.95；介林·佩斯（Guérin-Pace，1995）在研究 1831～1982 年法国城市规模分布时，发现当采用以 2000 人为临界值的城市进行回归分析时，R^2 值总是高于 0.99。

与始终保持较高数值的 R^2 值相比，Pareto 指数的估计值却变化很大。罗森和雷斯尼克（Rosen and Resnick，1980）在进行 Pareto 估计时发现 α 值介于 [0.81，1.96] 之间，样本平均值为 1.15 左右。尼奇（Nitsch，2005）从 29 项研究中整合了 515 个估计值，发现 α 值的范围为 [0.49，1.96]，平均值为 1.09。基于 Monte Carlo 随机模拟，加贝克斯和约安尼季斯（Gabaix and Ioannides，2004）指出 Pareto 指数值在区间 [0.8，1.2] 中时，能证明 Zipf 定律的正确性。人们普遍认为，Pareto 指数 α 的估计值对于样本的选择是敏感的：在研究多个国家时，罗森和雷斯尼克（Rosen and Resnick，1980）发现，对于人口稠密的国家，α 值较大；而在研究单一国家时，介林·佩斯（Guérin-Pace，1995）发现，随着时间的推移，α 值的变化服从倒"U"型曲线；即使

在研究同一时期，同一国家的城市规模分布，α 值也可能随着城市人口定义的不同和样本阈值的变化而不同。总体来说，Pareto 定律能够较好地拟合实际城市规模分布的规律，且 α 估计值接近于1。

然而，实证研究中也发现 Pareto 定律的缺陷：罗森和雷斯尼克（Rosen and Resnick，1980）的研究显示一些服从 Pareto 分布的城市，Pareto 指数值很少等于1，即 Zipf 定律在现实中极少存在。辛（Hsing，1990）甚至发现，Pareto 分布与现实的城市规模分布存在偏差。拉埃勒尔（Laherrere，1998）提出使用延伸型指数函数分布模型，布拉克曼等（Brakman et al.，1999）提出 Zipf 定律中的位序是由规模转化而来，这两个变量之间存在一定的自相关关系，使得实证分析结果出现偏差。

四、模型的修正

从上述归纳来看，尽管 Zipf 定律和 Pareto 定律并非总是成立，国外学者对城市规模分布的理论研究和实证分析研究已经趋于完备。

基于上文中 Pareto 定律与 Zipf 定律的不足，本节将这两个模型相结合并进行了修正。具体来说，是对等式两边取对数，再进行线性回归分析，回归模型为：

$$\ln R_{it} = \ln A_t - a_t \ln N_{it} + u_{it} \tag{9.3}$$

其中，R_{it} 和 N_{it} 分别代表 t 时期 i 城市的位序和人口规模；u_{it} 为随机误差项。

如果城市规模分布服从 Pareto 定律，则 Pareto 指数 α 衡量了一个城市体系中城市人口的集中度。由于 α 代表回归模型的斜率，α 值越大位序—规模曲线越陡峭，这说明在截距不变的情况下，相同位序的城市规模越小，城市集中度较低，人口在城市体系中的分布更均匀；反之，α 值小，则城市的规模分布不太平稳。简言之，Pareto 指数值能用于评估城市规模分布的平稳程度。

比较而言，Zipf 指数 q 具有重要的意义：$N_1/N_n = nq$（N_n 为最小城市的人口规模数），则有：

当 $q = 1$ 时，$\alpha = 1/q = 1$，此时满足 Zipf 定律的描述，城市人口规模分布理想，每个城市的人口规模数都达到了最优状态；

当 $q > 1$ 时，$\alpha = 1/q < 1$，此时 $N_1 > n \times N_n$，即最大城市的人口规模数已超出了理想值，人口过度集中在最大的几个城市，导致中小城市发展滞缓甚至退化，人口分布不均衡；

当 $q < 1$ 时，$\alpha = 1/q > 1$，此时 $N_1 < n \times N_n$，$N_n > N_1/n$；即最大城市的人口数量并未达到其规模的理想值；相反，最小城市的人口数量已超出了理想状态，此时人口将向中小城市转移，人口分布趋于均衡。

本章将基于改进的式（9.3）模型对长三角城市规模分布的 Pareto 指数进行测算，并研究其动态变化规律和趋势。

第 2 节　长三角城市规模分布的特征

从城市体系上看，整个长三角地区主要包括一个直辖市（上海）、3 个副省级城市（杭州、宁波和南京）、12 个地级市和 37 个县级市。此外，长三角的县域经济发达，在长三角经济体中占有重要地位。因此，本节以 2000 ~ 2015 年为时间序列，选取长三角 74 个县级以上城市作为对象，深入分析长三角城市规模体系的演变。

一、城市规模基础指标的选取和数据来源

在对城市规模进行定量分析之前，首先需要选取能够合理反映城市规模的指标。国内研究者采用"非农业"人口来近似反映城市规模。据此，本节采用"非农业"人口数据来分析长三角城市规模分布的变化特征。

本节数据来自中国经济社会发展统计数据库、国研网区域经济数据库、各城市或县的国民经济和社会发展统计公报以及历年的《江苏省统计年鉴》、《浙江省统计年鉴》、《中国城市统计年鉴》等资料文献，时间跨度为 2000 ~ 2015 年。

二、长三角城市规模分布现状综述

依据 2000 年和 2015 年长三角城市人口数据，对这两年城市规模的统计性描述（张虹鸥等，2006）（见表 9 - 1）。2000 ~ 2015 年，城市人口数从 2 438.92 万人增至 16 030 万人，增加 657.26%。从总体上看，最小城市规模增加 960.38%，最大城市规模只增加 615.35%，但平均城市规模仍增长 644.17%，这说明大部分中等城市规模增长得非常快。从江浙两省的总人口规模来看，江

苏省内的这些城市总人口增长 638.88%，浙江省增长 953.74%，高于江苏；从平均规模的增长来看，两省基本持平约为 753% 左右；从标准差来看，江苏城市分布比浙江不平稳，并且这种不平稳趋势在加剧。由此初步推断，长三角的中等城市发展较快，却并未带动小城市发展，城市人口规模分布差异加大。

表 9 – 1　　　　　长三角城市规模的统计性描述（2000 年和 2015 年）　　　单位：万人

	数量	总规模	平均规模	标准差	中位数	最大	最小
2000 年							
江	35	1 079.47	30.84	39.34	18.52	226.02	4.45
浙	38	525.65	13.82	20.65	8.39	121.38	2.12
江浙汇总	73	1 605.12	21.99	31.99	11.96	226.02	2.12
沪	1	833.80	—	—	—	—	—
总	74	2 438.92	32.96	99.57	11.99	833.80	2.12
2015 年							
江	35	7 976	216.94	333.20	215.12	910.59	12.73
浙	38	5 539	158.71	371.40	163.40	707.52	7.40
江浙汇总	73	13 515	508.04	356.35	186.65	910.59	7.40
沪	1	2 415	—	—	—	—	—
总	74	16 030	264.01	356.90	177.05	2 415	7.40

注：数据均来自中国经济社会发展统计数据库、国研网区域经济数据库、各城市或县的国民经济和社会发展统计公报以及历年的《江苏省统计年鉴》、《浙江省统计年鉴》、《中国城市统计年鉴》等资料文献，下同。

城市规模分布的演变还可以通过无指数核密度函数来定性描绘。如图 9 – 1 显示 2000~2015 年间城市相对分布的核密度函数模型，基于 Epanechnikov 核密度估计，用每年的平均城市人口规模将城市人口规模标准化。从图 9 – 1（a）可以看出，2000 年和 2015 年这两年城市人口的相对分布十分相似：都是单一模型，并且人口主要聚集在同一相对规模处，但是 2015 年的集中度更高一些。此外，在曲线的最左端和最右端，2015 年的核密度函数均在 2000 年上方，可见 2015 年内相对大的城市和相对小的城市多，2000 年的人口分布更为集中。

为直观地反映 2000 年以来城市规模分布的演变过程，本节选择 2005 年和 2015 年的人口规模数据作为核密度函数。如图 9 – 1（b）为 2000 年和 2005 年

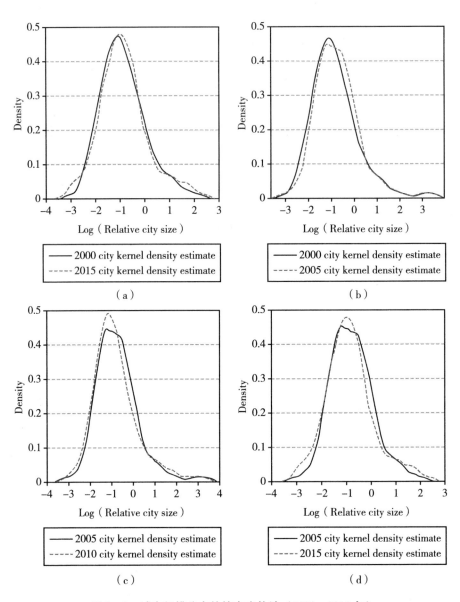

图 9 - 1　城市规模分布的核密度估计（2000～2015 年）

核密度函数的对比曲线，可见这五年中超大城市和特小城市的相对分布密度基本不变，2005 年中等偏大的城市较多，推测这五年中一些小型城市逐渐发展成为中等或大型城市。图 9 - 1（c）是 2005 年和 2010 年核密度函数的对比，这段时间最明显的变化是中等城市的集中度减小，大城市增多。最后，由于变化不太明显，本节没有将 2010 年和 2015 年的核密度函数进行对比，而是绘制

2005 年和 2015 年的核密度函数对比图, 见图 9-1 (d), 曲线左右两端的分布表示 2015 年大小城市的集中度较高, 两极分化严重, 城市人口规模分布分散。

更为直观地, 本节参照我国城市划分的标准, 分别取人口规模 200 万、100 万、50 万和 20 万作为临界值, 将这些城市划分为超大城市、特大城市、大城市、中等城市和小城市, 见表 9-2。可以看出, 2000~2005 年内, 中小城市的人口比重有不同程度的下降, 而特大城市和超大城市的人口比重都增加, 尤其是超大城市的人口增加近 9.7%, 可以推断人口纷纷向特大城市和超大城市集聚。2005~2010 年, 超大城市的个数和比重继续增加, 5 个城市便占据了总人口的 53.93%; 而大城市虽然数量增长 3 个, 但由于前五年过多的人口向特大城市转移, 大城市的人口比重仍然小于 2005 年时的比重; 小城市的数量和规模持续减少, 人口向大中型城市转移。2010~2015 年内, 超大城市的个数和比重进一步增加, 7 个超大城市人口比重提高到 56.23%; 此外特大、大中城市的人口比重均有提高, 仅小城市出现了个数和比重的双降, 但各等级城市的人口比重变化明显趋缓。可以推断人口进一步向超大城市和特大城市转移, 且各等级城市趋于稳定。

表 9-2　　　　　　长三角城市体系等级规模结构 (2000~2015 年)

规模等级	超大城市 (>200)		特大城市 (100~200)		大城市 (50~100)		中等城市 (20~50)		小城市 (<20)	
	城市 (个)	人口比重 (%)	城市 (个)	人口比重 (%)	城市 (个)	人口比重 (%)	城市 (个)	人口比重 (%)	城市 (个)	人口比重 (%)
2000 年	2	40.68	1	4.90	5	13.60	25	25.76	41	14.93
2005 年	4	50.35	3	9.43	5	8.62	25	19.76	37	11.84
2010 年	5	53.93	3	8.10	8	10.95	28	28.90	30	8.13
2015 年	7	56.23	3	8.45	11	11.63	34	28.34	25	7.35

注: 数据均来自中国经济社会发展统计数据库、国研网区域经济数据库、各城市或县的国民经济和社会发展统计公报以及历年的《江苏省统计年鉴》、《浙江省统计年鉴》、《中国城市统计年鉴》等资料文献。

综上, 可发现考察期内长三角城市规模分布的演变过程: 初期主要是小城市发展成为中等城市的过程; 随后这些中小城市的人口纷纷涌向大城市, 各个等级的城市人口规模不断增大, 城市规模等级也不断提高; 最终造成大量人口聚集在特大城市和超大城市, 小城市发育不足, 城市规模结构两极分化严重,分布不均衡（谢小平、王贤彬，2012）。

第3节　长三角城市规模分布的帕累托检验

通过前文收集数据、绘制图表，初步描绘出长三角城市规模分布的演变特征，这一部分将应用 Pareto 定律模型对长三角 74 个城市的人口规模分布特征进行定量测度。表 9-3 的上半部分（a）是基于模型（9.3）的全样本数据拟合结果，从判断系数来看，各年份的 R^2 值均大于 0.94，且相差不大，可见城市规模与位序的相关性普遍较高，Pareto 定律能够很好地拟合这一时期长三角的城市规模分布。

表 9-3　　　　　　　　长三角城市的 Pareto 估计（2000~2015 年）

年份	个数	"位序—规模"模型（9.3）		修正"位序—规模"模型（9.4）		二次"位序—规模"模型（9.5）		
		α	R^2	α	R^2	α	β	R^2
(a) 全样本								
2000	74	0.891	0.964	0.957	0.964	0.697	-0.029	0.967
2001	74	0.894	0.965	0.960	0.965	0.676	-0.033	0.969
2002	74	0.905	0.962	0.972	0.962	0.694	-0.031	0.965
2003	74	0.916	0.959	0.985	0.961	0.709	-0.030	0.962
2004	74	0.920	0.953	0.989	0.955	0.681	-0.034	0.958
2005	74	0.922	0.943	0.990	0.944	0.612	-0.044	0.950
2006	74	0.907	0.953	0.974	0.953	0.601	-0.043	0.959
2007	74	0.899	0.955	0.965	0.955	0.588	-0.043	0.962
2008	74	0.886	0.966	0.950	0.964	0.559	-0.044	0.973
2009	74	0.888	0.967	0.952	0.965	0.551	-0.045	0.974
2010	74	0.882	0.967	0.947	0.965	0.553	-0.043	0.974
2011	74	0.878	0.960	0.942	0.958	0.521	-0.047	0.968
2012	74	0.874	0.963	0.938	0.960	0.496	-0.049	0.972
2013	74	0.860	0.956	0.922	0.952	0.428	-0.056	0.968
2014	74	0.838	0.950	0.897	0.945	0.329	-0.066	0.969
2015	74	0.842	0.948	0.902	0.943	0.329	-0.066	0.967

续表

年份	个数	"位序—规模"模型（9.3）		修正"位序—规模"模型（9.4）		二次"位序—规模"模型（9.5）		
		α	R^2	α	R^2	α	β	R^2
（b）阈值为 80 000 的样本								
2000	53	0.988	0.983	1.084	0.993	1.524	−0.069	0.993
2001	55	0.989	0.983	1.082	0.993	1.415	−0.055	0.991
2002	55	0.997	0.983	1.092	0.992	1.476	−0.061	0.990
2003	58	1.008	0.982	1.101	0.992	1.504	−0.064	0.991
2004	63	1.013	0.980	1.102	0.989	1.402	−0.050	0.986
2005	64	1.017	0.971	1.104	0.979	1.270	−0.033	0.974
2006	66	0.985	0.979	1.066	0.985	1.170	−0.024	0.981
2007	67	0.969	0.980	1.048	0.984	1.108	−0.018	0.981
2008	67	0.952	0.991	1.028	0.993	1.067	−0.015	0.991
2009	67	0.957	0.991	1.033	0.992	1.052	−0.012	0.991
2010	67	0.953	0.992	1.029	0.994	1.095	−0.017	0.992
2011	69	0.944	0.985	1.018	0.986	0.991	−0.006	0.985
2012	69	0.941	0.989	1.015	0.989	0.974	−0.004	0.989
2013	68	0.931	0.982	1.004	0.982	0.869	−0.008	0.982
2014	67	0.928	0.985	1.001	0.984	0.873	−0.007	0.985
2015	68	0.931	0.985	1.004	0.985	0.900	−0.004	0.985

　　从 Pareto 系数来看，α 值显著小于 1，表明长三角人口分布并没有达到理想的最优状态，个别大城市垄断现象严重，城市规模分布分散。此外，α 值在 2000～2015 年间表现出两种变化趋势：2000～2005 年，系数 α 呈现缓慢上升趋势，从 0.891 增加 0.922，意味着长三角的城市人口分布趋于均匀，中小城市的发展加快；而从 2006～2015 年，α 值逐年下降至 0.842，表明这一时期人口逐年向大城市转移，首位城市上海的垄断地位再次加强，一些中等城市已容纳一定的人口，发展趋于稳定，而多数小城市发展相对缓慢。

　　基于以上规律，本节采用 2000 年、2005 年和 2015 年的样本数据，分别做出位序—规模对数散点图和回归的线性函数曲线图，如图 9-2 所示。

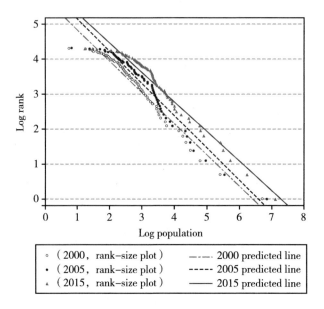

图 9 - 2　城市位序—规模散点和回归函数（2000 年、2005 年、2015 年）

　　可见，从 2000 年至 2015 年，位序—规模曲线整体上呈现向外推移的趋势。前五年间位序—规模线顺时针旋转，后十年呈逆时针旋转。简言之，城市集中度先减小后增加，首位城市的相对规模亦先减小后增大。

　　根据 1983 年我国采纳的城市标准，当某一地区的非农业人口达 80 000 人时才称作城市。显然，上节所选样本中的 74 个城市并未全部达到这一标准。故笔者舍弃了人口少于 80 000 人的城市，并再次用 OLS 方法进行拟合，结果显示在表 9 - 3（b）和图 9 - 3（a）。可见，相比全样本的回归结果，80 000 人以上的城市的 Pareto 指数 α 值更趋近于 1，并且浮动范围很小，在区间 [0.93，1.02] 内波动；其中，2003 ~ 2005 年 α 值大于 1，说明此时城市规模的集中趋势大于分散趋势，中小城市发展迅速，人口的数量差距渐小，分布愈发均衡。此外，更高的 R^2 值（≈ 0.98）也说明排除了人口小于 80 000 的"城市"后，严格定义的城市的规模分布更符合 Pareto 分布规律。

　　数据显示 Pareto 指数的估计对于样本的阈值较为敏感。为了进一步验证这一敏感性，本节分别对该地区城市等级体系中规模位序为前 40、前 50 和前 60 的城市进行回归分析，如表 9 - 4 和图 9 - 3（b）。结果显示，同一样本内 Pareto 指数随时间的推移先增加后减小的规律保持不变；而同一年份时，选择的样本在城市体系中的总体规模位序越靠前，城市规模越大，所拟合的 Pareto 指数值也越高。考虑到长三角的首位城市上海（直辖市）经济、社会和人口

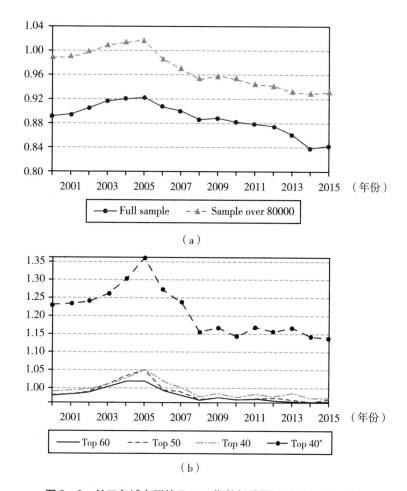

图 9 - 3 长三角城市群的 Pateto 指数折线图 (2000~2015 年)

发展的特殊性,本节暂时将上海忽略,后进行新的排序,回归结果见表 9 - 4
的最后一栏和图 9 - 3 (b)。新排序下的前 40 个城市的 Pareto 指数值均大于 1,
处于合理的分布状态。因此,可以得出结论,在长三角的城市体系中,大、中
型城市的人口规模分布比小城市更加平稳。

然而,近期加贝克斯和伊布拉吉莫夫(Gabaix and Ibragimov, 2011)两人
发现,用传统的 OLS 方法估计模型(9.3)所得的 Pareto 指数值时有偏的,应
该采用 $ln(R - 0.5)$ 的形式来修正,即:

$$ln(R_{it} - 0.5) = lnA_t - a_t lnN_{it} + u_{it} \qquad (9.4)$$

表 9 – 4　　　　　　位序为前 40 ~ 60 城市的 Pareto 估计（2000 ~ 2015 年）

年份	总 74 个城市（全样本）		前 60 个城市（样本 1 – 60）		前 50 个城市（样本 1 – 50）		前 40 个城市（样本 1 – 40）		前 40*（不计上海）（样本 2 – 41）	
	α	R^2	α	R^2	α	R^2	α	R^2	α	R^2
2000	0.891	0.964	0.980	0.984	0.981	0.981	0.989	0.977	1.229	0.994
2001	0.894	0.965	0.982	0.986	0.983	0.982	0.993	0.979	1.233	0.993
2002	0.905	0.962	0.988	0.983	0.990	0.980	0.997	0.975	1.239	0.989
2003	0.916	0.959	1.005	0.983	1.010	0.979	1.010	0.975	1.259	0.993
2004	0.920	0.953	1.017	0.979	1.045	0.975	1.026	0.969	1.301	0.992
2005	0.922	0.943	1.018	0.968	1.009	0.965	1.051	0.955	1.361	0.981
2006	0.907	0.953	0.994	0.978	0.994	0.975	1.016	0.967	1.271	0.984
2007	0.899	0.955	0.980	0.979	0.959	0.976	1.001	0.969	1.236	0.982
2008	0.886	0.966	0.966	0.991	0.969	0.990	0.976	0.989	1.154	0.993
2009	0.888	0.967	0.973	0.991	0.953	0.991	0.985	0.990	1.167	0.996
2010	0.882	0.967	0.967	0.992	0.967	0.991	0.974	0.991	1.142	0.995
2011	0.878	0.960	0.970	0.986	0.963	0.984	0.983	0.980	1.168	0.989
2012	0.874	0.963	0.965	0.990	0.972	0.989	0.976	0.986	1.155	0.993
2013	0.860	0.956	0.962	0.984	0.967	0.984	0.985	0.981	1.167	0.988
2014	0.838	0.950	0.958	0.988	0.961	0.987	0.971	0.984	1.141	0.987
2015	0.842	0.948	0.962	0.988	0.968	0.987	0.971	0.984	1.137	0.987

　　按照修正的 OLS 模型（9.4）再次进行回归，结果在表 9 – 3 的中间栏显示，可以发现，每一年的 Pareto 指数值 α 都比标准方法（9.3）的 α 值高很多；但是 Pareto 指数随时间先增加后减小的规律依然保持不变。

　　考虑到前文中对城市的严格定义，当排除样本中人口数小于 80 000 的"城市"后，Pareto 指数变得更高这一现象，笔者大胆猜测：城市人口规模和位序的关系并非是完全的对数线性关系。本节可以从图 9 – 2 中看出 2000 年、2005 年和 2015 年这三年的长三角城市位序—规模分布双对数散点图的形状类似倒"U"型而非直线形。

　　因此，本节在式（9.3）的基础上加入了人口规模对数 $\ln N_{it}$ 的平方项，即：

$$ln\ R_{it} = ln\ A_t - a_t ln\ N_{it} + b_t (\ ln\ N_{it})^2 + u_{it} \qquad (9.5)$$

模型（9.5）的回归结果显示在表9-3的最右栏，更高的 R^2 值证实了该地区城市位序—规模分布双对数曲线的非线性；并且正的一次项系数 α_t 和负的二次项系数 β_t 说明回归曲线呈凹形（图9-2）。回归曲线的凹型是与本节前文发现的"当样本中的城市位序较高时，估测出的 Pareto 指数值也比较高"这一结论保持一致。这一结论以及城市规模等级的对数散点图呈倒"U"型结构已被布莱克和亨德森（Black and Henderson，2003）证实。

由于我国人口众多、幅员辽阔，经济发展水平不均衡，不同省的城市规模分布 Pareto 指数也会存在差异（毛广雄等，2009）。所以本节将长三角的73个城市（上海略）按所属的省（江苏省和浙江省）分为两组进行对比分析。表9-5显示回归结果，苏浙两省的 Pareto 指数均趋近于1，且大于整个长三角城市体系的 Pareto 指数，说明长三角地区的城市在各自省内的人口规模分布更集中，相同省内的城市发展比较均衡。

表9-5　　　省际（苏、浙）城市 Pareto 估计的比较（2000~2015年）

年份	江苏 (Obs：35)		浙江 (Obs：38)		总 (Obs：73)		年份	江苏 (Obs：35)		浙江 (Obs：38)		总 (Obs：73)	
	α	R^2	α	R^2	α	R^2		α	R^2	α	R^2	α	R^2
2000	1.010	0.929	1.094	0.941	0.996	0.947	2008	1.026	0.961	1.041	0.932	0.975	0.951
2001	1.016	0.925	1.101	0.939	0.997	0.947	2009	1.036	0.961	1.044	0.944	0.976	0.952
2002	1.028	0.925	1.107	0.929	1.012	0.945	2010	1.021	0.964	1.037	0.939	0.970	0.952
2003	1.039	0.927	1.112	0.922	1.029	0.943	2011	1.026	0.949	1.031	0.935	0.964	0.944
2004	1.067	0.919	1.109	0.921	1.023	0.935	2012	1.010	0.951	1.025	0.932	0.958	0.947
2005	1.117	0.907	1.110	0.929	1.032	0.921	2013	1.015	0.950	0.999	0.941	0.938	0.938
2006	1.096	0.933	1.069	0.922	1.007	0.934	2014	0.997	0.951	0.967	0.927	0.907	0.930
2007	1.071	0.934	1.062	0.922	0.995	0.937	2015	0.999	0.955	0.968	0.918	0.912	0.929

对比苏浙两省的 Pareto 指数估计值，数据显示 Pareto 指数 α 值大体相当，说明包含在长三角区域中的城市在各自省内的人口规模分布集中程度相当，各级城市的发展较为均衡。从整个时间序列来看，苏浙两省的 Pareto 指数也保持先增加后减小的规律：2000~2005年江苏省的 α 值从1.010增至1.117，浙江省的 α 值从1.094增至1.110，增长程度分别是0.107和0.016，显然，江苏省的中小城市人口规模扩大的更快。

在接下来的十年中，苏、浙以及整个长三角地区的城市人口规模分布的Pareto 指数均呈现下降趋势，下降程度分别是 0.118、0.133 和 0.127，可见在长三角地区经济迅速发展的过程中，城市体系趋于均衡发展。

综合上述分析，首先可以发现长三角城市规模分布都显著服从 Pareto 分布。从 2000 年至 2015 年，Pareto 指数大体上呈现出先增加后减小的趋势。表明前五年内，长三角地区城市规模分布越来越均衡，城市体系中的中小城市发展较为迅速；后十年中，城市人口逐年向上海、南京等特大城市聚集，人口规模差异增大，城市分布分散。不论选择样本容量或者城市如何，上述规律保持不变。其次，模型的回归结果还证实 Pareto 指数对样本容量和样本阈值的敏感性，尤其是当样本中的城市在特定城市体系中所处的总体位序较高时，估测出的 α 值也较高。第三，尽管 Pareto 定律能够较好地拟合整个长三角地区的城市规模分布状况，但更确切来说，城市规模位序与人口规模呈现出非线性关系。最后，若进行省际（浙江和江苏）对比分析，可发现这些城市在各自省内的人口规模分布均衡程度相当，城市分布的区域性差异并不明显。

第 4 节　本章小结

本章综合应用 Pareto 定律和 Zipf 定律的分析方法，研究了 2000～2015 年间长三角城市规模分布的演变规律，得出以下结论：第一，Pareto 定律能很好地拟合 2000～2015 年间长三角的城市规模分布。第二，Pareto 指数先增大后减小，表明长三角城市规模分布先趋于平衡，而后越来越分散的趋势。第三，2000～2005 年间长三角小城市比大城市发展得更快，中小型城市数量和规模均增大，导致整个城市体系中的城市布局更加均衡、合理；而 2006～2015 年期间，大城市发展更快，垄断地位不断加强，中小型城市发展滞后，致使人口分布不均匀。

针对以上结论，本章进一步探讨这一演变规律的成因：首先，国家政策对我国城市规模的发展具有重要影响。在 1990 年，我国颁布了《中华人民共和国城市规划法》，提出"严格控制大城市规模，合理发展中小城市，积极发展小城镇"的城市发展方针。此后的十多年，大城市发展趋缓，中小城市数量迅速增加。然而，由于中央政府考虑到大城市所拥有生产效率面的优势，逐渐放松了对大城市的限制。2001 年，"走大中小城市和小城镇协调发展的道路"这一战略首次在"十五"会议上被提出。这一时期，大城市、特大城市以及超大城市的数量和人口规模开始显著增长。其次，基础设施、产业结构变迁对城市人口集中外部性的冲击。在 2000~2005 年，大城市的基础设施落后，工业为主导，导致负外部性：城市拥挤、污染严重和社会问题，等等，大城市中生活成本的增加以及交通拥挤可能减缓人口增长的速度，而一些中小城市也因此能保持较高的人口增长率。然而 2006~2015 年期间，城市基础设施，特别是地铁、快速公路及制造业向服务业转变，大城市一般比小城镇建有更多的基础设施，大城市具有生产效率优势以及能容纳大量劳动力的特点，在随后的十年内，大城市增长迅速，成为长三角城市发展的主力军。

第 10 章

长三角城市体系序位—规模法则的偏差*

　　空间集聚是当今世界经济的一个显著特征，集聚不只是表现为单个城市规模经济，更重要的是表现为以大都市及其为核心的城市群经济。城市之间的竞争也不仅仅是单个城市间的竞争，而是越来越体现为以国际性城市为核心的城市群间竞争。长三角之所以迅速进入全球六大城市群之列，不仅取决于核心大都市上海的国际竞争力，还取决于苏锡常宁杭甬等外围城市，乃至中小城市（如一批全国百强县）集聚而形成的综合竞争力（魏守华等，2013）。作为中国规模最大和全球六大城市群之一，长三角城市群努力形成大中小城市协调发展格局，是形成一个有机整体和提高竞争力的重要手段。尤其在当前国家推进城市化战略过程中，长三角城市群不仅需要搞好自身建设，还需要在全国做出表率。本章旨在分析长三角大中小城市协调发展的状况及其成因，为其他城市群发展提供借鉴的作用。

　　尽管中国城市化道路经历了不同的阶段①，但"优先发展中小城市，还是优先发展大城市"，一直是我国城市化方针和道路的争议性发展思路。从经济学角度看，就是集聚经济或集聚不经济问题。改革开放初期（1979~1990年），我国城市化道路的方针是"优先发展中小城市"，但由于集聚效应不足，实际效果并不好；90 年代中期以来的加速城市化过程中，一方面，以北京、

---

　　* 本章来自魏守华、张静、汤丹宁：《长三角城市体系序位—规模法则的偏差研究》，载《上海经济研究》2013 年第 10 期，第 94 ~ 105 页。

　　① 第一阶段（1949~1978 年）：以计划经济为主导，压制城市化；第二阶段（1979~1990 年）：大力发展小城镇，控制大城市规模阶段；第三阶段（1990~2000 年）：大中小城市合理发展和东部城市群经济初现阶段；第四阶段（2000~2010 年）：大城市超常规发展和城市群经济的初现阶段；第五阶段（2010~2030 年）：将以城市群为主导的发展阶段。

上海、广州和深圳为代表的特大城市快速发展，另一方面，过度集聚下的一系列大城市病开始显现，如交通堵塞、环境污染和住房拥挤等。因此，不能孤立地用单个城市的规模大小来评判，而只有从城市体系角度优化空间结构，特别在我国东部发达城市群地区，才能形成"大中小城市合理结构"。

以长三角城市群为例，从城市相对规模角度来评价城市群协调度，有以下原因：一是长三角经济联系密切，不仅城市体系发育完备，而且大中小城市所构成的等级体系明显，理论上应该遵循 Zipf 定律，为评价城市规模相对大小提供了良好的参照系。二是长三角的自然条件相似，以市场导向型城市为主导，或者说，不存在资源型城市，符合克里斯塔勒（Christaller，1933）中心地理论基于大平原地区的自然地理条件假设，运用序位—规模法则评价时大大简化了假设条件。三是长三角是我国发展水平最高的城市群之一，对长三角大中小城市协调发展状况的评价及其成因分析，可为其他城市群发展提供借鉴意义。本章的创新点在于：一是从城市系统的角度以序位—规模法则偏差为标准来评价大中小城市的协调发展程度，突破以往按绝对规模来评价城市经济效率的标准；二是运用城市经济学关于经济基础乘数的原理来解释对城市成长的原因，将城市增长理论与城市体系发展结合起来。

接下来，基于城市体系的序位—规模法则，评价长三角城市群不同城市相对规模的合理性；第二节运用出口基础理论的基本模型，以长三角城市群制造业和服务业的区位商为解释变量，构建计量模型和分析数据；第三节回归分析长三角城市规模偏差的影响因素；最后是结论和政策含义。

第 1 节　长三角城市群序位—规模法则的偏差测度

按照克里斯塔勒（Christaller，1933）的中心地理论，一个城市体系内大中小城市的数量及其对应的规模是有规律分布的。奥尔巴赫（Auerbach，1913）、辛格（Singer，1936）等发现城市规模分布可以用帕累托分布来描述，如下式所示：

$$y = Ax^{-\alpha} \text{或} \ln y = \ln A - \alpha \ln x \qquad (10.1)$$

其中，x 为特定人口规模；y 为人口规模超过 x 的城市数量；A 和 α 为常数。

辛格（Singer，1936）认为，正如帕累托的收入特征一样，系数 α 是分布模式的有效测度指标，通过 α 值可以估测城市体系内大中小城市的相对作用。齐普夫（Zipf，1949）进一步提出序位—规模法则，即城市体系内城市的规模与其对应的序位乘积等于常数。之后，涌现了大量的检验和解释序位—规模法则的实证研究，如介林·佩斯（Guérin-Pace，1995）、宋和张（Song and Zhang，2002）、秀（Soo，2007）、约安尼季斯和奥弗曼（Ioannides and Overman，2003）、布莱克和亨德森（Black and Henderson，2003）、冈萨雷斯·瓦尔（González-Val，2010），等等。其中，贝里（Berry，1961）对 38 个国家的比较研究有较强的代表性，他把序位—规模分布划分为三种类型：第一种类型，包括 13 个国家，完全符合序位—规模法则；第二种类型，包括 15 个国家，具有"首位"城市控制的城市等级结构特征；第三种类型，城市规模分布特征介于上述两种特征之间的其余 10 个国家。朱等（Zhu et al.，2009）对 2006 年中国县级以上城市人口规模进行序位—规模检验，发现不完全遵循帕累托最优分布，而存在着"门槛效应（threshold effect）"，大于"门槛规模"的城市遵循该法则，低于"门槛规模"或者说中小城市不遵循该法则。换而言之，中小城市的规模相对偏小。本章选取长三角 15 个地级以上中心城市和 63 个外围县级中小城市，共 78 个城区（不包括舟山）运用公式（10.1）进行检验，以判别长三角城市群内城市规模的相对大小。

一、地级（以上）城市相对规模

本节对 16 个地级以上中心城市的相对规模进行研究，表 10 - 1 为 2014 年末上述城市市辖区的总人口数（Y）、位序及其对数的基本状况。

表 10 - 1　地级（以上）城市人口规模—位序基本状况（2014 年末）

城市	Y（万人）	位序（Rank）	$\ln R$
上海	1 370.90	1	0
南京	648.70	2	0.6931
杭州	525.10	3	1.0986
苏州	337.50	4	1.3863
无锡	245.70	5	1.6094
常州	233.90	6	1.7918
扬州	231.80	7	1.9459

续表

城市	Y（万人）	位序（Rank）	$\ln R$
宁波	229.60	8	2.0794
绍兴	217.80	9	2.1972
南通	212.80	10	2.3026
泰州	163.80	11	2.3979
台州	158.50	12	2.4849
湖州	110.70	13	2.5649
镇江	103.40	14	2.6391
嘉兴	86.40	15	2.7081
舟山	70.90	16	2.7725

资料来源：《中国城市统计年鉴》，2015 年。

　　运用式（10.1），对城市规模进行排序，并计算 $\ln R$ 的结果如表 10-1，相应地作出两者关系的散点图（见图 10-1）。可看出，代表城市序位—规模的散点基本分布在趋势线的两侧，参数 $\alpha = 0.9468$，可见地级以上中心城市的人口分布符合序位—规模法则，支持齐普夫（Zipf，1949）等的观点。

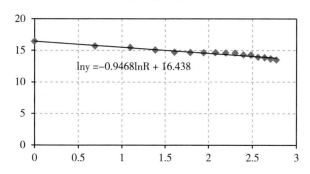

$$\ln y = -0.9468\ln R + 16.438$$

图 10-1　地级（以上）城市人口序位—规模散点图（2014 年）

二、城市体系所有城市的相对规模

　　为研究长三角城市体系的大中小城市是否符合序位—规模法则，本章增加 63 个外围县级中小城市的人口规模数据。同时，从时间维考察城市群的序位—规模法则，即分析 2002~2015 年大城市中心城区和中小城市县城人口规模的演变。对于特大城市人口的界定（如上海），本章将"上海"分为上海市区以及宝山、嘉定、青浦、奉贤、金山、松江、崇明等距离上海市中心较偏远的郊区，这些次中心与上海市区构成城市经济学中的等级体系（文中"上海"则专指上海市区，仅包含市中心的黄浦区等）。本章对所有年份进行分析，但由于篇幅限制，仅给出 2002 年、2009 年和 2015 年三个年份城市序位—规模的散点图，分别如图 10 - 2 ~ 图 10 - 4 所示。从图 10 - 2 ~ 图 10 - 4 可以看出，随着年份的变化，中小城市越来越往趋势线下方偏离，说明其规模相对偏小。具体来说：2002 年所有城市的散点分布较为均匀，基本不偏离趋势线；2009 年，中小城市已呈现较为明显的"脱节"；2015 年，中小城市人口规模偏离的趋势明显，形成了大城市和中小城市散点分别位于趋势线两侧（大城市上偏，中小城市下偏）"分岔"分布特征。总体上，长三角城市群偏离序位—规模法则，特别是中小城市相对规模偏小。

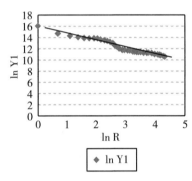

图 10 - 2　长三角城市群序位—规模
散点图（2002 年）

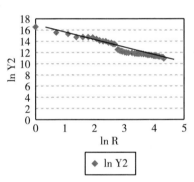

图 10 - 3　长三角城市群序位—规模
散点图（2009 年）

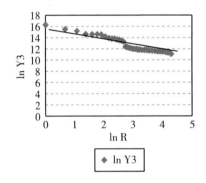

图 10 - 4　长三角城市群序位—规模
散点图（2015 年）

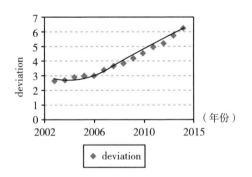

图 10 - 5　各年份序位—规模的
偏差（2002 ~ 2015 年）

为了进一步说明偏差的程度和趋势，本节计算出城市的理想规模（即趋势线的拟合规模）与真实规模的偏差平方和（方差），再按照年份对所有方差求和，具体见式（10.2）：

$$D\sigma_i^2 = \sum_{n=1}^{78} D\sigma_{ni}^2 = \sum_{n=1}^{N=78} \left[\ln S_n - (\ln A_i - \ln y_i) \right]^2 \qquad (10.2)$$

其中，$D\sigma_{ni}^2$ 分别代表第 n 个城市、i 年份的偏差；$D\sigma_i^2$ 代表第 i 年份所有城市（总数为 78 个城市）偏差之和。$\ln S_n$ 指第 n 个城市实际规模的对数；$(\ln A_i - \ln y_i)$ 是指在 Zipf 定律指数等于 1 的理想状态下第 n 城市对应的理想城市规模，其中，$\ln A_i$ 代表 i 年份最大的城市规模，$\ln y_i$ 代表第 n 城市相应排序的对数。

根据公式（10.2），将各年份序位—规模的偏差值绘制出散点图，可发现总方差呈上升形态，且在 2006 年以后较为明显，因此长三角城市群序位—规模法则的偏离随时间迁移越来越明显，如 2002 年、2009 年和 2015 年的总方差分别为 2.654、3.681 和 6.228（见图 10 - 5）。图 10 - 2 ~ 图 10 - 5 说明 2002 ~ 2015 年间，长三角城市群具有以下特征：一是大中小城市协调度降低，随着时间的推移，呈现大城市（地级以上 16 个城市）的相对规模不断增大，而中小城市（62 个县级城市）的相对规模偏小（在图 10 - 4 中更明显）；二是随着时间的推移，这种"分岔"——"大城市更加偏大而小城市更加偏小"的趋势更加明显，如在图 10 - 5 中随时间推移的年度总偏差不断增大。

第 2 节　理论解释与模型构建

关于城市规模偏离序位—规模法则的原因，主要有四种观点：一是城市本身特征所决定，比森（Beeson et al., 2001）、布莱克和亨德森（Black and Henderson, 2003）认为城市的地理位置（距离出海口的远近、内陆地区的中心性）对城市规模有显著影响，秀（Soo, 2005）则认为政治因素对城市规模有影响，特别是对发展中国家有明显影响。二是本地集聚效应，可能是来自城市生产率的差异，或者是技术冲击（technology shocks）（Duranton, 2007；Rossi-Hansberg and Wright, 2007）、还可能是来自中间投入品的集聚效应（Black and Henderson, 2003；Glaeser, et al., 1995；陈向阳、陈日新，2012）。三是产业结构的影响，卡佩罗和卡马尼（Capello and Camagni, 2000）、冈萨雷斯·瓦尔（González-Val, 2011）认为产业结构决定城市职能，影响着城市规模。四是城市公共财政，如格莱泽和夏皮罗（Glaeser and Shapiro，2003）提出城市的人均财政支出影响着城市规模。本节则将城市经济学关于城市成长的经济基础理论与城市产业结构特征结合起来，分析长三角序位—规模法则偏差的成因。

一、出口基础理论

城市经济学的出口基础理论认为，出口产业构成了城市的经济基础（economic base）（O'Sullivan，1996）。像一个家庭那样，一个城市靠为他人生产产品来"谋生"和发展。出口为地方经济带来了财富，通过乘数原理作用增加了地方收入和就业人口。出口基础理论研究的最终目的是估算通过出口行业就业人口的增长而引起的总就业人口的增长，如公式（10.3）：

$$\Delta T = multiplier \times \Delta B = \frac{T}{B} \times \Delta B \qquad (10.3)$$

换句话说，所预测的总就业人口的变化（ΔT）等于就业乘数（T/B）乘以出口行业就业人口的变化（ΔB）。为了估算出城市的就业乘数，引入区位商（location quotient）的概念，其定义公式为：

$$L_{ij} = \frac{e_{ij}/e_i}{N_j/N} \qquad (10.4)$$

式中，L_{ij} 为 i 城市 j 产业的区位商；e_{ij} 为 i 城市 j 产业的就业人口；e_i 为 i 城市的总就业人口；N_j 为全国 j 产业的总就业人口；N 为全国的总就业人口。若 $L_{ij} > 1$ 则表明 i 城市 j 产业所占份额比全国 j 产业所占份额大，若全国各地区消费水平与结构一致，则 i 城市 j 产业有部分产品输出，这说明 j 产业专业化程度较高，有可能成为城市的出口部门。

这样，得到城市规模决定的出口基础理论模型，其表达式为：

$$Size_{i,t} = multiplier \cdot \Delta B = \sum L_j \cdot \Delta B_j \qquad (10.5)$$

式中，L_j 代表一个城市出口部门的区位商；ΔB 代表出口部门的就业增加量；j 代表出口部门的行业。

二、计量模型

在出口基础理论模型的基础上，本节为考察城市序位—规模法则偏差的决定因素，创新性地选取前面讨论的序位—规模法则的偏差（Deviation）作为模型的被解释变量，以长三角城市群的制造业和服务业的区位商及其带来的乘数效应作为解释变量，回归方程如下：

$$Deviation_{it} = a + b_{ij}\sum \ln L_{ij} + l_{ij}\sum (\Delta B) + \varepsilon_{ij} \qquad (10.6)$$

其中，$Deviation$ 代表 i 城市 t 时点对序位—规模法则的偏差；L 代表区位商，为简化研究，j 只选用制造业和服务业两大类行业；ΔB 表示 i 城市 j 产业区位商引致的乘数效应，反映经济基础（出口部门）对城市人口规模的影响；ε_{it} 为随机误差。

1. 因变量：城市序位—规模法则的偏差

用一个城市实际人口规模的对数与 Zipf 定律下指数等于 1 时理想规模（通过公式（1）的回归计算而得）的差值来表示偏差，见公式（10.7）。如果差值为正，则表明城市的实际规模大于 Zipf 定律下的理想规模，说明该城市规模在城市体系中相对偏大；反之亦然。

$$Deviation_{it} = \ln S_{it} - (\ln A_{it} - \ln y_{it}) \qquad (10.7)$$

S_{it} 代表 i 城市 t 时点的实际人口规模；A_{it} 代表 t 时点最大城市的人口规模；y_{it} 代表 i 城市在 t 时点的排序（序位）。这样，$Deviation_{it}$ 表示在标准的 Zipf 定律（指数为 1）时，实际规模与理想规模的偏差。

以 2015 年为例，计算出长三角 78 个城市的偏差见表 10-2。在表 10-2 中可以看出，15 个地级以上大城市的偏差都为正，说明其实际规模大于序位—规模法则的对应规模，而 63 个县（区）级城市的偏差都为负，说明其实际规模小于序位—规模法则的对应规模。总体上，长三角的中小城市规模相对偏小，城市群协调发展程度有待提高。

表 10-2   长三角 78 个城市序位—规模法则的偏差、制造业区位商、服务业区位商（2015 年）

城市	偏差	区位商		城市	偏差	区位商	
		制造业	服务业			制造业	服务业
上海	0.529	0.7025	5.0574	青浦	-0.190	4.6316	0.7559
南京	0.573	2.3856	3.1995	临安	-0.187	4.5459	0.7502
杭州	0.623	1.4160	3.7468	富阳	-0.186	4.3743	0.7327
苏州	0.519	1.1467	3.5140	句容	-0.145	5.0605	0.7716

城市	偏差	区位商		城市	偏差	区位商	
		制造业	服务业			制造业	服务业
无锡	0.427	0.7395	3.4750	姜堰	− 0.183	4.9747	0.7286
常州	0.467	0.4491	2.4914	海门	− 0.168	4.9747	0.7297
宁波	0.482	1.3172	3.4813	扬中	− 0.173	5.6609	0.6906
台州	0.474	0.5708	3.5956	松江	− 0.192	5.0605	0.7204
扬州	0.510	1.8459	3.2934	高邮	− 0.184	4.7174	0.6448
湖州	0.463	0.7195	3.3716	嵊州	− 0.161	6.0897	0.6804
镇江	0.513	0.6452	3.2560	金坛	− 0.160	5.7467	0.7656
南通	0.450	0.3999	4.2663	上虞	− 0.153	5.5751	0.6001
嘉兴	0.444	1.3457	2.3658	奉化	− 0.142	5.9182	0.6827
泰州	0.453	0.2891	1.4696	桐庐	− 0.162	5.3178	0.6497
绍兴	0.423	1.4278	3.6619	嘉善	− 0.104	4.8889	0.6554
昆山	− 0.422	3.4308	3.0743	江都	− 0.127	4.8032	0.6306
江阴	− 0.399	5.3178	1.0558	淳安	− 0.127	5.0605	0.6119
张家港	− 0.389	4.3743	0.8125	宝山	− 0.117	4.8032	0.5039
常熟	− 0.371	4.1170	0.9640	德清	− 0.105	5.3178	0.5502
余姚	− 0.276	5.4893	0.9340	金山	− 0.103	5.4036	0.6699
如皋	− 0.352	5.0605	0.9377	太仓	− 0.149	4.7174	0.5625
诸暨	− 0.342	6.1755	0.9085	海安	− 0.093	5.5751	0.4931
吴江	− 0.352	4.8889	0.8817	长兴	− 0.092	5.5751	0.5405
慈溪	− 0.310	5.6609	0.9619	靖江	− 0.030	4.8032	0.5385
兴化	− 0.284	4.6316	0.8831	如东	− 0.079	5.4036	0.5129
丹阳	− 0.231	4.5459	0.9002	绍兴	− 0.051	6.5186	0.5689
海宁	− 0.210	4.1170	0.8484	安吉	− 0.063	5.7467	0.4804
桐乡	− 0.273	4.4601	0.9352	宁海	− 0.057	5.7467	0.5981
泰兴	− 0.257	4.8889	0.8600	三门	− 0.055	5.2320	0.4872
宜兴	− 0.235	5.7467	0.8107	崇明	− 0.088	5.7467	0.5024
仪征	− 0.280	4.4601	1.0502	溧水	− 0.044	4.3743	0.4803

续表

城市	偏差	区位商		城市	偏差	区位商	
		制造业	服务业			制造业	服务业
临海	-0.214	4.7174	0.8107	海盐	-0.020	4.8032	0.4067
嘉定区	-0.214	4.7174	0.9375	仙居	-0.039	5.5751	0.4402
溧阳	-0.337	5.5751	0.8004	宝应	-0.010	4.8889	0.4172
温岭	-0.204	4.9747	0.7919	天台	-0.069	5.7467	0.3909
启东	-0.203	5.2320	0.7813	新昌	-0.026	6.6044	0.3959
平湖	-0.198	3.8597	0.7727	高淳	-0.039	4.6316	0.4306
奉贤区	-0.194	5.3178	0.6882	象山	-0.033	6.0897	0.3034
建德	-0.182	4.2028	0.6776	玉环	-0.010	5.3178	0.2867

资料来源:《中国城市统计年鉴》(2016)、《上海市统计年鉴》(2016)、《江苏省统计年鉴》(2016)、《浙江省统计年鉴》(2016),三个指标分别根据公式(10.7)、公式(10.8)和公式(10.9)计算而来。

2. 制造业区位商

定义长三角城市群制造业区位商的计算公式为:

$$L_{m(i,t)} = \frac{e_{i,m}/e_i}{E_m/E} \tag{10.8}$$

其中,$e_{i,m}$ 代表 i 城市的制造业就业人口;e_i 为 i 城市的总就业人口;E_m 代表长三角制造业总就业人口;E 代表长三角总就业人口。这个公式与城市经济学教科书(O'Sullivan,1996)关于区位商计算方法的区别在于:本公式以长三角为整体(分母),而后者以全国为整体(分母)。该公式具有以下优点:一是长三角地区是一个整体,因为长三角在文化、消费习惯等方面具有一致性,所计算的区位商避免单个城市特殊性的消费倾向。二是长三角城市群是一个以市场型企业为导向构成的城市群,不存在资源导向型工业,而以市场导向型工业(制造业)为主。以2015年为例,各城市的制造业区位商如表10-2所示。从表10-2可以看出,除15个地级以上中心城市制造业区位商较小以外,中小城市的制造业区位商普遍较大,这与城市的发展阶段有关,即中小城市仍处于制造业出口和带动就业的阶段。同时在相同等级的城市对比中,区位商的数值与城市规模并不存在明显联系,这传递出一个信号,即城市群序位—规模法则偏差的成因可能与制造业就业人口(或其需求乘数)不相关。

3. 服务业区位商

定义长三角城市群制造业区位商的计算公式为：

$$L_{s(i,t)} = \frac{e_{is}/e_i}{HE_s/HE} \quad (10.9)$$

其中，e_{is}代表 i 城市的服务业就业人口；e_i 为 i 城市的总就业人口；HE_s 代表上一级地域的服务业就业人口；HE 代表上一级地域的总就业人口。该公式的基本含义类似于制造业计算方法，但在分母项中有差异，具体体现在：服务业分母所选取的对象范围是动态变化的，而制造业把长三角作为整体，是固定不变的。之所以这样，是因为服务业具有本地化特征，而制造业具有全球化特征（江静、刘志彪，2012）。同时，按照克里斯塔勒（Christaller，1933）的中心地理论，低等级城市的市场区域被高等级（上一个）城市所覆盖，所以分母选择上一级等级城市最为合适。举例如下：对于一个小城市（如常熟），它分母的对象范围选苏州；对于一个中等城市（如苏州），它的分母范围选江苏；对于最高等级城市（如上海），它分母范围选长三角。仍以 2009 年为例，各城市的服务业区位商如表 10 - 2 所示。从表 10 - 2 可以看出，长三角城市群服务业区位商数值总体随城市规模减小而减小，呈正向相关关系，因此可以判断，服务业的发展程度是城市序位—规模吻合度的重要影响因素。

第 3 节　计量结果及解释

鉴于长三角县级城市数据搜集较困难，本节仅以 2015 年的数据按照公式（10.6）进行计量回归。这样得到 78 个城市的截面数据，用线性回归模型进行回归，并分别研究出口乘数效应及其稳健性检验。

对于公式（10.6）的乘数效应（ΔB），很难细分到具体行业，同时行业就业的变动量也难以估计，为解决这个难题，本节分别用三种不同的方式来测度并作比较，分别为 $\Delta B = \ln L_{ij} \times \ln E_{ij}$、$\Delta B = L_{ij} \times \ln E_{ij}$、$\Delta B = \ln(L_{ij} \times E_{ij})$。关于第一种方式（$\Delta B = \ln L_{ij} \times \ln E_{ij}$），乘数效应用区位商和就业数对数的乘积来表示，表示两者交互作用时的乘数效应；关于第二种方式（$\Delta B = L_{ij} \times \ln E_{ij}$），用区位商和就业数的对数乘积来表示乘数效应；关于第三种方式（$\Delta B = \ln(L_{ij} \times E_{ij})$），用区位商和就业数乘积的对数来表示乘数效应。这样，回归的结果见表 10 - 3。

表 10 - 3   影响城市规模与理想规模偏离的因素（出口乘数效应）

	①所有样本 不考虑乘数效应	②所有样本 $\Delta B = \ln L_{ij} \times \ln E_{ij}$	③所有样本 $\Delta B = L_{ij} \times \ln E_{ij}$	④所有样本 $\Delta B = \ln (L_{ij} \times E_{ij})$
制造业区位商 （Lm）	- 0.331 (0.0412) ***	- 0.481 (0.0741) ***	- 0.218 (0.0552) ***	- 0.496 (0.0481) ***
服务业区位商 （Ls）	- 0.0002 (0.0425)	- 0.316 (0.044) ***	- 0.263 (0.0513) ***	- 0.080 (0.0913)
制造业乘数 $\Delta B = \ln L_m \times \ln E_m$		0.095 (0.0165) ***		
服务业乘数 $\Delta B = \ln L_s \times \ln E_s$		0.123 (0.0099) ***		
制造业乘数 $\Delta B = L_m \times \ln E_m$			0.0042 (0.0112)	
服务业乘数 $\Delta B = L_s \times \ln E_s$			0.0458 (0.0056) ***	
制造业乘数 $\Delta B = \ln (L_m \times E_m)$				0.1345 (0.0411) ***
服务业乘数 $\Delta B = \ln (L_s \times E_s)$				- 0.122 (0.0404) ***
常数项	0.329 (0.0510) ***	0.323 (0.0641) ***	0.513 (0.0612) ***	- 0.409 (0.1051) ***
R^2 $(A - R^2)$	0.698 (0.716)	0.906 (0.925)	0.829 (0.856)	0.846 (0.887)
样本数	78	78	78	78

注释：*** 、** 、* 分别表示在 1% 、5% 和 10% 的水平上显著，括号内的值为标准差值。

对表 10 - 3 分析如下：

（1）当不考虑乘数效应时（第 2 列），无论是制造业还是服务业区位商与城市规模的偏差负相关，尤其是制造业区位商的负相关程度显著，说明以制造业为主导部门的城市，并不会导致其在城市体系内具有明显的规模优势。这与当前全球超大规模城市都不以制造业为主导部门的现实吻合。无论是上海、南京、杭州，乃至全球的纽约、东京、香港等制造业在这些特大都市的就业比重都不高。服务业区位商与城市规模的偏差不显著，无论从系数的经济学意义还是统计学意义都如此，这可能是样本中的中小城市服务业不够发达，区位商不高有关。

（2）当乘数效应用 $\Delta B = \ln L_{ij} \times \ln E_{ij}$ 来表示（第3列），虽然制造业和服务业的区位商与城市规模的偏差负相关，但关键的两个变量：制造业乘数效应（$\Delta B = \ln L_m \times \ln E_m$）和服务业乘数效应（$\Delta B = \ln L_s \times \ln E_s$）都显著为正，而且在1%置信水平上都能通过检验，说明用区位商和就业数对数的乘积来表示的乘数效应，是城市规模增大的主要原因。同时，两者对城市规模的正向作用力度较相近（分别为9.5%和12.3%），意味着乘数效应每增加10%个标准差，就会导致城市规模正向偏离服务达到1%左右。此外，方程的总体拟合程度较高（R^2 和调整 R^2 都在0.9以上），因此，乘数效应用 $\Delta B = \ln L_{ij} \times \ln E_{ij}$ 来测度的回归方程能较好地反映城市规模的决定性因素——制造业和服务业区位商及其与就业数的交互作用。

（3）当乘数效应用 $\Delta B = L_{ij} \times \ln E_{ij}$ 来表示（第4列），制造业和服务业的区位商的系数变化不大，但制造业乘数（$\Delta B = L_m \times \ln E_m$）的系数不显著，无论是经济学意义还是统计学意义；同时服务业的乘数效应（$\Delta B = L_s \times \ln E_s$）的系数，虽具有统计学意义但缺乏经济学意义。说明，用区位商和就业数对数乘积来表示的乘数效应难以解释导致城市规模偏差（偏大或偏小）的原因。不过，制造业和服务业的乘数效应都为正，部分说明城市规模在一定程度上取决于出口基础理论（即出口部门及其乘数效应决定城市规模的增长）。

（4）当乘数效应用 $\Delta B = \ln(L_{ij} \times E_{ij})$ 来表示（第5列），虽然多数指标的系数与其他方程的结果类似，但有一点具有启发性：制造业区位商与就业来表示的乘数效应（$\Delta B = \ln(L_m \times E_m)$）作用显著，而服务业与就业来表示的乘数效应（$\Delta B = \ln(L_s \times E_s)$）作用不显著，还呈弱负效应。前者的作用显著，可解释为制造业非本地化特征而形成的乘数效应是城市规模增长的主要动力，而服务业本地化特征而形成的乘数效应对城市规模影响较小。这种现象对于许多中小城市来说，制造业作为主要出口部门、服务业主要为本地消费的现实是较吻合的。

简言之，通过对四个回归结果的分析，回归结果②和回归结果④具有一定的说服力，同时具有一定的互补性，都发现制造业区位商与就业形成的乘数效应是城市规模增大的主要动力，只是回归结果②更强调服务业区位商与就业形成乘数效应的作用，而回归结果④则可解释为服务业本地化特征而形成的乘数效应对城市规模影响较小。为进一步检验这个基本结论的稳健性，本节再将长三角78个样本城市分两组（地级以上大城市组和县级中小城市组进一步检验）。

鉴于表10-3的争议性回归结果，本节对长三角78个城市分为两组（16个地级以上大城市和62个县级中小城市）进行稳健性检验，结果见表10-4（其中，忽略了不考虑乘数效应的情形）。

表10-4　　　影响城市规模与理想规模偏离的因素（稳健性检验）

	地级以上大城市 $\Delta B = \ln L_{ij} \times \ln E_{ij}$	地级以上大城市 $\Delta B = \ln(L_{ij} \times E_{ij})$	县级中小城市 $\Delta B = \ln L_{ij} \times \ln E_{ij}$	县级中小城市 $\Delta B = \ln(L_{ij} \times E_{ij})$
制造业区位商 (Lm)	-0.446 (0.2451)	0.183 (0.0713)**	0.361 (0.0571)***	0.247 (0.0663)***
服务业区位商 (Ls)	-0.136 (0.0930)*	-0.139 (0.0625)*	-0.092 (0.0356)**	0.0257 (0.0315)
制造业乘数 $\Delta B = \ln L_m \times \ln E_m$	0.116 (0.0582)*		0.156 (0.016)***	
服务业乘数 $\Delta B = \ln L_s \times \ln E_s$	0.142 (0.0164)***		0.00056 (0.0104)	
制造业乘数 $\Delta B = \ln(L_m \times E_m)$		0.136 (0.0641)*		0.203 (0.0276)***
服务业乘数 $\Delta B = \ln(L_s \times E_s)$		0.155 (0.0541)***		-0.0254 (0.0142)
常数项	0.457 (0.0691)***	0.433 (0.1101)***	-0.421 (0.0646)***	0.350 (0.0613)***
R^2 （调整 R^2）	0.561 (0.384)	0.611 (0.4550)	0.907 (0.9009)	0.925 (0.9194)
样本数	15	15	63	63

注释：***、**、*分别表示在1%、5%和10%的水平上显著，括号内的值为标准差值。

从表10-4可以发现：

当乘数效应用 $\Delta B = \ln L_{ij} \times \ln E_{ij}$ 来表示（表10-4的第2列和第4列，对应

于表 10 - 3 的第 2 列），无论是大城市（表 10 - 4 的第 2 列）还是小城市（表 10 - 4 的第 4 列）的回归结果中，制造业区位商与制造业就业交互作用的乘数效应都显著地导致城市规模正偏差，或者说促进城市人口规模增加，只是小城市的系数相对更大（0.156）。对于服务业区位商与服务业就业交互作用的乘数效应来看，大城市系数（0.142）比表 10 - 3 中所有样本的系数（0.123）更高，说明对大城市有显著的促进作用，而小城市的系数接近于 0（0.00056），且缺乏统计学意义，即使在 10% 置信水平上也不能通过检验，说明驱动小城市规模扩大的动力主要来自制造业部门出口及其引致的乘数效应，服务业表现为本地化特征而不是驱动城市规模扩大的主要动力。这种解释对大部分中小城市是适用的，但对全球小商品市场——义乌这样以商贸为主导的小城市是不适用的。

当乘数效应用 $\Delta B = \ln(L_{ij} \times E_{ij})$ 来表示（表 10 - 4 的第 3 列和第 5 列，对应于表 10 - 3 的第 5 列），对于大城市的回归结果来说（表 10 - 4 的第 3 列），无论是制造业还是服务业区位商与就业来表示的乘数效应都显著为正，而小城市回归结果（表 10 - 4 的第 5 列）显示，制造业和服务业的乘数效应，制造业的乘数效应系数为 0.203，具有明显的统计学意义，还高于所有样本的回归结果系数 0.1345（表 10 - 3 的第 5 列），而服务业乘数效应的系数则略为负，且缺乏统计学意义，说明对于小城市来说，推进城市规模增长的主要动力来自制造业出口及其引致的乘数效应，服务业对城市规模的影响不大，这主要是小城市的服务业多以消费性服务业为主，生产性服务业发育不足，本地化特征明显，导致服务业的乘数效应小，甚至不存在。

简言之，表 10 - 4 的稳健性检验支持表 10 - 3 对所有样本回归结果的基本判断，且进一步说明，对大城市来说，无论是制造业还是服务业，特别是服务业出口及其乘数效应是城市规模偏大的主要原因，而对于中小城市来说，虽然制造业出口及其乘数效应有利于城市吸聚产业和人口集聚，但服务业本地化的局限性制约城市规模发展，导致长三角县级小城市规模普遍偏小。

第 4 节　本章小结

城市体系的大中小城市协调发展是其竞争力提升的重要因素，特别是由市场导向型城市构成的城市体系应遵循 Zipf 定律。因此，本章通过运用 Zipf 定律来检验长三角城市群（城市体系）的协调发展程度，在此基础上，运用城市经济学的出口基础理论及相关模型，即计算长三角城市群的制造业和服务业两大行业的区位商，对 Zipf 定律偏差的影响因素进行了回归分析与拟合。

本章的主要结论有以下三点：第一，长三角地级市基本符合序位—规模法则，而中小城市则存在较为明显的偏差，且这种偏差随时间变化有逐步增长趋势。因此，总体上看，长三角城市群呈现"分岔"的趋势——大城市规模相对偏大而小城市规模相对偏小的特征。第二，通过计算制造业和服务业的区位商，可以发现两者与城市规模大体呈反向关系。具体表现在：中小城市的制造业区位商数值较大，而大城市相对较小，相关程度并不十分明显，而服务业区位商则正好相反，即中小城市数值较小，而大城市较大。第三，运用计量模型拟合序位—规模法则偏差程度的回归方程结果显示，大城市规模相对偏大是因为不仅受到制造业出口及其乘数效应的影响，更受到服务业乘数效应的积极影响，而在县级小城市，驱动城市规模增长的主要动力仅仅来自制造业出口及其乘数效应，服务业以消费型服务业为主，其本地化特征乘数效应少，导致县级城市规模相对偏小。本章重要的政策含义是：长三角中小城市工业化并没有显著地推动城市化，中小城市较低的区位商（不足的服务化水平）制约了城市化的发展，因此，需要加快服务业发展，特别是与工业化相关的生产型服务业发展来推进长三角城市群协调发展。

第 11 章

长三角在中西部区域开放开发战略中的作用

　　改革开放以来，中国经济在取得举世瞩目成就的同时，区域发展非均衡等结构性问题也日益显现。东部三大城市群（长三角、珠三角、京津冀）正迈入全球重要城市群之列，但中西部地区与东部发达城市群的经济差距则呈扩大趋势。尽管中央政府先后实施西部大开发、东北等老工业基地振兴、中部崛起等区域均衡发展战略，但东部发达城市群的扩散效应并不明显，甚至仍然是极化效应。面对这种严峻的发展态势，如何加快东部发达地区对中西部的带动作用，特别是发挥地处我国"T"开发战略节点和综合实力最强的长三角城市群对中西部的带动作用，是国家空间优化战略的重要内容。

　　20 世纪 50 年代，法国经济学家佩鲁、布德维尔等率先提出增长极理论，阐述了发达的核心地区和欠发达的外围地区之间的关系：极化效应、扩散效应和回程效应在不同时空的作用强度，即技术的创新和扩散、资本的集中与输出、劳动力的迁移与回流、产业的集中与转移决定着区域经济增长的速度，导致区域经济收敛或发散。藤田等（Fujita et al.，1999）则运用数学模型严谨地论证了中心—外围之间就业、工资、经济增长的作用机理。本章基于以上理论观点，结合中国的实际，首先论述长三角在劳动力回流、技术扩散、产业转移方面带动中西部经济发展中的作用机制，接着利用数学模型进行推演，试图发现中心—外围区域间稳定均衡状态下的参数条件，再结合长三角和中西部的数据，从工资、产业显示性竞争优势、产业结构分析和工业增加值之间差异性数据进行实证分析，最后是结论和政策建议。

第 1 节　长三角带动中西部的作用机制分析

　　法国经济学家费朗索瓦·佩鲁在 20 世纪 50 年代最早提出增长极理论。1966 年，法国经济学家布德维尔把增长极理论发展到地域空间布局原理上，完善了增长极理论。增长极和欠发达的外围地区之间的关系：极化效应、扩散效应和回程效应，三种效应在不同时空的作用强度决定区域经济收敛或发散的速度。其中，扩散效应是区域协调发展的理论基础，主要基于以下推理：增长极一旦形成并继续发展，必然对区域经济产生影响，初期各种要素会集聚在发达地区，导致区域差距扩大，但发达地区发展到一定阶段后，由于资本过剩、人口密度过大、自然资源相对不足等，生产成本不断上升，发达区域会将其过剩的资本、技术、人才向欠发达地区转移，在后者开放开发中获益。

　　基于上述扩散效应的作用机制，本书认为在中西部区域开放开发战略过程中，长三角和中西部在互动过程中大致呈以下机理（见图 11 - 1）。一是产业转移。由于长三角地区受到资源、能源短缺、劳动力成本过高等不利因素的影响，使本身存在的产业结构不合理、产品同质、过度竞争等现状更加严峻。长期以来，上海和江苏、浙江的产业相似度一直很高，特别是上海、苏南及浙北、浙东北地区的产业相关系数高达 80% ~ 90%，存在过度竞争。而中西部地区在几十年的经济发展中，纵向比较来看经济得到了长足的发展，GDP 总量不断上升，特别是在工业上。同时，基础设施建设较为良好，有了一定承接长三角地区产业的能力。此外，由于中西部地区本身具有丰富的自然资源，劳动力资源相对充足，比较优势相当明显。加上国家优惠政策的引导，将会促使一些产业从长三角向中西部地区进行产业转移。二是劳动力流动。在产业转移的过程中，必定伴随着劳动力的流动。中西部地区的劳动力在本地转移的数量大大增加，而长三角地区特别是劳动密集型产业工资成本的提高在一定程度上倒逼了产业转移的发生。三是技术扩散。技术扩散是产业转移的主要途径，它是创新技术在空间上的流动和转移，企业的空间集聚为其提供了扩散的对象和载体。技术扩散的一个路径是长三角通过产业转移将技术扩散到中西部，中西部加以学习吸收，另一个路径则是中西部根据自己的比较优势和后发优势的双重比较之后确定自身可以发展的产业，并主动地学习长三角先进的技术和制度，从而形成和长三角的产业分工。产业分工的最终形成将会带来区域间的经济协调发展。

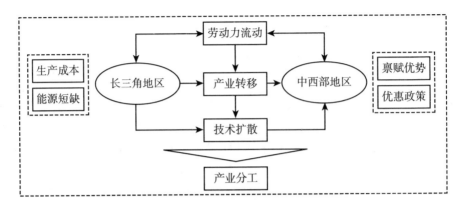

图 11 – 1   长三角和中西部地区互动过程的作用机制

一、劳动力流动

2010 年第六次人口普查显示劳动力流动呈现新的趋势，此趋势反映了劳动力要素在区域间的动态变化——之前劳动力从中西部地区向外输出，目前则逐渐转为就地转移，许多省份劳动力的本地转移规模大幅度增加。中西部地区的劳动力要素禀赋的优势开始显现。以河南省为例，据国家统计局河南调查总队网站公布的数据显示，目前河南省农村劳动力转移人数约有 1 843 万人，其中在本地转移就业的有 800 万人，占 43.4%，跨域转移有 1 043 万人，占 56.6%。但是从纵向对比来看，2010 年河南农村劳动力省内转移 1 142 万人，同比增加 123 万人，增幅为 12.07%；与 2007 年相比，省内转移增加 490 万人，增幅为 75.16%，其中普通劳动力和科技管理人才的流动是关键。

而长三角地区则逐渐丧失劳动力成本的比较优势。长三角以先发优势的资源禀赋、区位优势和政策优势，外向型经济得到了快速的发展，形成国内重要的增长极，且具有强化的极化效应。大量的劳动力资源被较高的城市收入所吸引，中西部地区丰富的劳动力资源开始大规模向长三角转移，由东向西的经济梯度逐渐形成。这种劳动密集型产业大多是"三来一补"的制造业，产业结构层次较低，劳动力的无限供给，使企业更多依靠廉价劳动力来维持低成本，很难为工资上涨留出利润空间。2011 年初发生新一轮"民工荒"和以前的历次都有所不同，即使提高工资，但劳动力依然供不应求。在这种情况下，企业提高工资吸引劳动力就业，虽然使其继续生存发展，但无疑增加了生产成本。对于长三角来说，这些产业的转移和结构升级迫在眉睫，劳动力流向必然会发生巨大变化。

　　长三角的产业能否转移到中西部一直是国家、学者和企业家研究与探索的议题。自1999年以后政府陆续出台支持中部地区、东北等老工业基地、西部大开发等多个经济规划和政策，其效果相当明显。中西部地区工业总产值增速、GDP增速逐步达到或略高于全国水平，有一定的工业基础。人均GDP稳步提升，中西部地区在劳动力禀赋方面的显性优势逐步呈现。蔡昉等（2009）综合东中西部地区劳动报酬和劳动生产率的数据对我国劳动力的比较优势进行了考察，认为从2003年开始东部沿海地区的单位劳动力成本在不断提高，其在劳动力成本方面已经开始丧失比较优势。相对来说，中西部地区劳动要素的生产率水平并不低，同时中西部地区的劳动者工资水平并不高，由此决定了其在劳动力成本方面比东部沿海发达地区更具有比较优势。当前，长三角地区劳动力流失不再仅仅是因为工资水平低，工资的提升不能吸引劳动力，可能是因为劳动力内部的代际分化、过高的迁移成本和中西部地区的拉力所造成的。中西部地区经济逐步发展，带来的吸引力不断加强，导致新一轮劳动力转移的中西部本地转移的特点。对于长三角来说，随着劳动力成本不断上涨，应加大资金和技术的投入，实现产业结构从劳动密集型向资本与技术密集型升级，同时中西部需要承接部分劳动密集型产业，实现中西部剩余劳动力就地转移，缓解隐藏性失业问题，形成新的经济增长极，拉动工业化和城镇化的进程，避免人口过分向大城市集中，加快区域经济协调发展。

二、技术扩散

　　区域的技术进步来自于技术创新和技术扩散。技术扩散一般被理解为一种对所引进和开发的技术能力的一种模仿创新。根据李平（1999）的观点，技术扩散指一国的开发能力通过消费、生产使用等方式为另一国使用、吸收、复制和改进的过程，它既包括有意识的技术转移，又包括无意识的技术传播，而后者即是指技术溢出效应。

　　发达国家经济增长的源泉主要来自技术的自主创新，但由于技术创新的成本较高，发展中国家通过自主研发实现技术进步存在困难。因此，发展中国家主要通过国际技术扩散，模仿发达国家的先进技术和各种形式的技术扩散来实现技术提升（Caselli and Coleman，2006）。也就是说，发展中国家的技术进步主要借助于各种形式的技术扩散。对技术扩散与经济增长这一问题研究的另一个重要方面，同时也是显而易见的事实是：即使技术扩散机制在不同发展中国家是一致的，但其对经济发展的影响程度也是不同的，这主要取决于不同国家对技术的吸收和利用能力。现有文献认为，影响发展中国家技术吸收能力的主要因素有人力资本水平、R&D 投入等，这些因素被称为"门槛"因素，只有当这些因素高于某个最低的门槛值时，扩散的技术才会被有效地吸收利用（Borensztein et al.，1998）。

在某种程度上，国家政策引导及供求等因素所导致的长三角对于中西部的产业转移伴随着一种有意识的技术转移，中西部因为自身经济发展的需要而进行主动引进产业的行为也是一种有意识的技术转移，这种技术扩散具有溢出效应。对于长三角和中西部来说，两地存在巨大的技术势差，主要通过投资和贸易两种方式实现技术扩散。（1）这种技术扩散具有的技术溢出效应具有空间衰减特征，西部相对于中部来说距离长三角更加遥远，故技术溢出效应没有中部好。因此政府需发挥主导性作用，加强连通两区的基础设施建设，努力推进两区的经济合作，缩小技术差距，帮助中西部提高承接能力。（2）对于中西部来说，技术扩散不是简单的技术转移，内化是极其重要的过程。一般来说，技术扩散是在劳动力、技术人才流动中显现的。鉴于中西部经济环境及教育、科技、人才资源的薄弱现状，除中央政府给予优惠政策外，为了更好地承接长三角的技术扩散，中西部自身需对教育、公共设施与研发活动等进行有效的投资，加快发展比较优势产业，提高劳动者素质，缩减与长三角之间在社会、经济、文化上的差距，同时大量引进优秀人才，提高地区学习能力，加快内生创新和消化吸收长三角的先进技术。（3）对于长三角来说，表面上技术扩散是将技术传教给别人，但弗农的生命周期理论、雁行模式等表明其中蕴藏着产业升级的契机，长三角可以加快研发新技术，提高自主创新能力，促使产业结构升级。

三、产业转移

产业转移是指由于资源供给或产品需求条件的变化，引起产业在国家之间或一国内部、以企业为主导的转移活动，是生产要素从一个区域转移到另一个区域的经济行为和过程。随着经济发展和收入水平的提高，长三角地区传统的劳动密集型产业面临着发展瓶颈。首先是土地资源短缺，如苏南的无锡市在 20 世纪 90 年代每年上报审批的建设用地在 1 万~2 万亩，但是 2000 年之后建设用地量猛增，使土地资源短缺逐渐显现；苏州市 GDP 每增长一个百分点，就要消耗 4 000 亩土地，按照苏州目前的经济增长速度，每年需要新增用地 6 万亩左右，按此速度发展到 2020 年苏州的工业用地将没有剩余；宁波目前每年可征用的土地仅有 3 万多亩。其次，能源尤其是电力也逐渐成为制约长三角发展的因素，以江苏为例，在多年持续、强烈的用电需求下，江苏省内电源拓展空间已近饱和，全省统调发电装机远景仅能扩充到 9 303 万千瓦，2 119 万千瓦的缺口要从区外调入。相比之下，中西部蕴藏着丰富的能矿资源，如水能、风能、煤炭等。再者是劳动力成本上升。成本上升、资源制约和环境压力等使长三角转移产业到有承接能力的中西部，将是一个大趋势，也是企业降低成本的良好策略。

产业转移同时也会导致长三角地区相关产业生产能力的下降，该产业的就业机会减少，就业人数也会随之下降，从而导致产业空洞化等不利影响。但是产业转移往往伴随着产业升级，及时将本经济效率相对低的产业转移出去，才可集中资源发展和培育技术水平更高、附加值更高的新兴产业，实现产业升级。当然，这对长三角产业结构调整和升级的能力也是一个考验。当新兴产业成长所带来的就业和产出量超过产业转移所造成的就业和产出量的下降，就会使经济持续增长。对于中部地区，既可接受长三角的近邻辐射，又可接受东南沿海的经济辐射，还可以发挥中部发达铁路枢纽的优势，综合区位优势比较突出，可发挥农业发达、工业基础较好、交通便利的优势，以陇海、京九、京广等铁路干线为纽带，形成重要的农业基地、原材料基地、机械工业基地。西北地区占全国30%以上的面积，只有1/15的人口，1/25的国内生产总值，具有连接东亚和中亚的区位优势、农牧业、能源矿产资源丰富和军工企业的优势，可以以亚欧大陆桥为纽带，加快水利、交通建设和资源开发，形成全国重要的棉花和畜产品基地、石油化工基地，能源基地和有色金属基地。近年来，国家连续出台鼓励东部向中西部产业转移的政策，如 2010 年国家出台了《促进中部地区崛起规划实施意见》、《国务院关于中西部地区承接产业转移的指导意见》等，随着"十二五"规划及西部大开发规划等深入，来自东部的产业转移将是中西部大规模工业化和城市化的重要动力。

第 2 节 基于中心—外围模型的稳定均衡状态条件

一、理论框架

两个假设：一是经济系统中有两个部门：现代部门（M）和传统部门（T）。二是有两种生产要素：熟练劳动力和普通劳动力。熟练劳动力在不同的区域间可以自由流动，而普通劳动力不能在区域间流动。现代部门以熟练劳动力（H 个）为唯一的投入，在规模报酬递增的条件下，生产品种连续且品质差异的系列产品。传统部门以普通劳动力（L 个）为唯一的投入，在规模报酬不变的条件下，生产同质产品。

其中，可以把经济空间分为 R 个区域。在区域 r 中，普通劳动力占总数的比率是固定的，用 v_r 表示（$0 \leqslant v_r \leqslant 1, r = 1, 2, \cdots, R$）；用 λ_r 表示熟练劳动力占总数的比率（$0 \leqslant \lambda_r \leqslant 1, r = 1, 2, \cdots, R$）。

对所有的工人来说，他们有着一致的偏好，用科布道格拉斯效用函数表示为：

$$U = Q^{\mu} T^{1-\mu} / \mu^{\mu} (1-\mu)^{1-\mu} \quad 0 < \mu < 1 \tag{11.1}$$

其中 Q 表示现代部门产品的消费指数，T 表示传统部门产品的消费指数。当现代部门提供了变量 M 的取值范围，Q 指数定义为：

$$Q = \left[\int_0^M q(i)^{\rho} di \right]^{1/\rho} \quad 0 < \rho < 1 \tag{11.2}$$

其中 $q(i)$ 表示对商品 i 的消费（变量 $i \in [0, M]$）。因此，每一个消费者都显示出对多样性的偏好。式（11.2）中，参数 ρ 表示对差异产品需求弹性的倒数。

如果 Y 表示消费者收入，p^T 是传统部门产品价格，$p(i)$ 是产品 i 的价格，那么需求函数为：

$$T = (1-\mu)Y/p^T \tag{11.3}$$

$$q(i) = \frac{\mu Y p(i)^{-(\sigma-1)}}{p(i) p^{-(\sigma-1)}} = \mu Y p(i)^{-\sigma} P^{\sigma-1} \quad i \in [0, M] \tag{11.4}$$

其中 P 是差异产品的价格指数，值由下式决定：

$$P = \left[\int_0^M p(i)^{-(\sigma-1)} di \right]^{-1/(\sigma-1)} \tag{11.5}$$

把式（11.3）和式（11.4）代入到式（11.1）中，可得下列效用函数：

$$v = YP^{-\mu}(P^T)^{-(1-\mu)} \tag{11.6}$$

传统部门的技术要求是每单位产出需要有一单位劳动力投入 L。现代部门的每种产品按相同的技术条件生产，此时，产量 $q(i)$ 需要 $l(i)$ 单位的熟练劳动力，其生产函数为：

$$l(i) = f + cq(i) \tag{11.7}$$

其中 f 和 c 分别表示固定劳动投入和边际劳动投入。显然技术是规模报酬递增的。为了不失一般性，选择单位熟练劳动力即 $c=1$。因为偏好性显示出消费者多样化的爱好，并且在经济范围无界的情况下规模报酬递增，每种产品由一家企业生产。事实上，任何一家企业生产不同质的产品都要比复制别人的产品占有更大的市场份额。反之，这意味着企业的数量与产品的数量正好相等，且企业的产出正好等于该产品的需求。

传统部门的产品可以在任何区域间无成本运输并且被选为计价物，所有其价格为 $p^T=1$。相反，现代部门产品的运输成本，遵循冰山型成本理论，为正值，即一单位的差异产品从 r 区域运往 s 区域时，只有一小部分 $1/\gamma_{rs}$ 到达目的地（其中对 γ_{rs} 是冰山成本，$r\neq s$，$\gamma_{rs}>1$，$\gamma_{rr}=1$）。因此，若产品 i 在区域 r 生产，最终价格是 $p_r(i)$，那么区域 s 的消费者所支付的价格就是：

$$p_{rs}=p_r(i)\gamma_{rs} \tag{11.8}$$

若企业的分布是 $(M_1,\cdots,M_R)$，利用式（11.5）并且设 $\gamma_{rr}=1$，则可从下式得到区域 r 的价格指数 P_r：

$$P_r = \left\{ \sum_{s=1}^{R} \gamma_{rs}^{-(\sigma-1)} \int_0^{M_s} ps(i)^{-(\sigma-1)} di \right\}^{-1/(\sigma-1)} \tag{11.9}$$

w_r 表示居住在区域 r 的熟练劳动力的工资率。因为传统产品价格等于1，所以在所有区域普通劳动力的工资均为1。因此，在产业进出自由条件下，达到均衡时，厂商的利润为零，地区 r 的收入是：

$$Y_r = \lambda_r H w_r + v_r L \tag{11.10}$$

从式（11.4）可以看到，对企业生产的产品 i 的总需求和区域 r 对 i 的需求为：

$$q_r(i) = \sum_{s=1}^{R} \mu Y_s [p_r(i)\gamma_{rs}]^{-\sigma} (P_s)^{\sigma-1} \gamma_{rs} = \mu p_r(i)^{-\sigma} \sum_{s=1}^{R} Y_s \gamma_{rs}^{-(\sigma-1)} (P_s)^{\sigma-1} \tag{11.11}$$

其中，$\sigma \equiv \dfrac{1}{1-\rho}$

在区域 r 里企业的利润函数为：

$$\pi_r(i) = p_r(i)q_r(i) - w_r[f+q_r(i)] = [p_r(i)-w_r]q_r(i) - w_r f \tag{11.12}$$

因为每个变量在效用函数中都有相同的权重，所以对所有位于区域 r 的企业，均衡价格都是一样的。利用式（11.11），根据一阶条件，解出一般均衡价格为：

$$p_r^* = \frac{w_r}{\rho} \qquad r = 1, \cdots, R \tag{11.13}$$

这表示无论企业和消费者分布状况如何，企业提价系数都是 $1/\rho$。给定其他条件一样，产品差异程度越大，企业提价系数越高，因此均衡价格也就更高。不过，通过工资率 w_r 均衡价格由分布在区域 r 的企业和消费者数量决定。把式（11.13）代入利润函数，得：

$$\pi_r = \frac{w_r}{\sigma - 1} q_r - w_r f = \frac{w_r}{\sigma - 1} [q_r - (\sigma - 1)f] \tag{11.14}$$

又因为行业自由出入，利润为零，因此每个企业的均衡产出是常数，其值由下列式子给出：

$$q_r^* = (\sigma - 1)f \quad r = 1, \cdots, R \tag{11.15}$$

注意到该值独立于企业和劳动力的分布，而且在整个区域中相等。因此，在均衡时企业的劳动力需求与企业的分布不相关。$l^* = \sigma f$ 表示在现代部门的企业总数为常数，而且等于 H/l^*，那么相应的企业分布为：

$$M_r = \frac{\lambda_r H}{l^*} = \frac{\lambda_r H}{\sigma f} \tag{11.16}$$

这意味着企业分布只取决于熟练劳动力的分布。

利用（11.13）式的均衡价格并用（11.16）式代替（11.9）式的价格指数 M_r，得：

$$\begin{aligned}
P_r &= \left[\sum_{s=1}^{R} \frac{\lambda_s H}{\sigma f} \left(\frac{w_s}{\rho} \gamma_{sr} \right)^{-(\sigma-1)} \right]^{-1/(\sigma-1)} \\
&= k_1 \left[\sum_{s=1}^{R} \lambda_s (w_s \gamma_{sr})^{-(\sigma-1)} \right]^{-1/(\sigma-1)} r = 1, \cdots, R
\end{aligned} \tag{11.17}$$

其中 $k_1 \equiv \rho^{-1} \left(\dfrac{H}{\sigma f} \right)^{-1/(\sigma-1)}$，明显依赖于熟练劳动力的空间分布和运输成本的值。

最后，考虑在给定劳动力分布时，劳动力市场的出清条件。在非负利润的约束下，区域 r 内主流的工资水平是企业能给的最高工资。因此，通过均衡价格（11.13）把需求（11.11）看成是工资的函数，在利润为零时，零利润工资的隐含表达式：

$$w_r^* = k_2 \Big[\sum_{s=1}^{R} Y_s \gamma_{sr}^{-(\sigma-1)} (P_s)^{\sigma-1} \Big]^{1/\sigma} \quad r = 1, \cdots, R \qquad (11.18)$$

其中 $k_2 \equiv \rho \Big(\dfrac{\mu}{(\sigma-1)f} \Big)^{1/\sigma}$，显然当 $\lambda_r > 0$ 时，w_r^* 是区域 r 的占主导地位的均衡工资。

用（11.18）Y_s 代替 Y 并设在效用函数（11.6）中 $p^T = 1$，可以得到在区域 r 的实际工资：

$$v_r = w_r = \frac{w_r^*}{p_r^\mu} \quad r = 1, \cdots, R \qquad (11.19)$$

对某一给定的熟练劳动力分布状况，本节要考察一下他们是否有迁移的动机，如果有，那么他们迁移方向又是怎样的。如果存在一个正的工资率 w^*，当熟练劳动力不能在别的区域获得更高的工资时（区域处于空间均衡状态 $\lambda_1^*, \cdots, \lambda_R^*$），空间均衡就出现。于是有下式：

$$\omega_r \leqslant \omega^* \quad r = 1, \cdots, R$$
$$\omega_r = \omega^* \quad \lambda_r^* > 0$$

所以，零利润实际工资，即在一个没有熟练工人区域内企业所能支付的工资，低于（或等于）均衡实际工资。因为函数 $\omega_r(\lambda_1, \cdots, \lambda_R)$ 在 $(\lambda_1, \cdots, \lambda_R)$ 处是连续的，在密集集 $\Lambda \equiv \{ (\lambda_1, \cdots, \lambda_R) \} ; \sum_{s=1}^{R} \lambda_r = 1$ 且 $\lambda_r \geqslant 0$ 上可以保证这样的均衡总是存在的。

按照迁移模型中规定的惯例，本节集中讨论这样的调节过程，在此过程中，工人被提供高（低）工资水平地区的吸引（或排斥）：

$$\lambda_r^* = \lambda_r(\omega_r - \bar{\omega}) \quad r = 1, \cdots, R$$

其中 λ_r^* 是考虑时间 λ_r 的派生量，ω_r 是与分配 $(\lambda_1, \cdots, \lambda_R)$ 相对应的均衡实际工资；是所有地区的平均工资 $\bar{\omega} = \lambda_s \omega_s$。即熟练劳动力从低工资区域迁移到高工资区域。

空间均衡是稳定的，对于任何人口分布在均衡时的边际偏离，上述的迁移函数都会使得熟练劳动力迁回他的原住地。正因为这样，假定当一些熟练劳动力从一个区域搬到另一个区域时，当地的劳动力市场立即进行调整。更准确地说，企业在各个区域的分布正好满足劳动力市场出清的条件。因为熟练工人向高工资地区迁移，每个地区的每个企业都会调整工资，直到实现零利润工资。可以看到，这是对连续的集合（工人或厂商）进行的又一修正：这种模型方法使得能够利用不同的方程，在描述地区生产份额演变的同时，考虑工人和厂商区位的全部性质。

二、双区域模型

考虑只包含两个地区 A 和 B 的情况。普通工人均匀分布在两个区域（$v_A = v_B = 1/2$）。为了让函数尽量对称，假定 $\gamma_{AB} = \gamma_{BA} \equiv \gamma$。在这些特定的条件下，可把已得到的基本公式：

$$Y_r = \lambda_r H w_r + \frac{L}{2} \quad r = A, B \tag{11.20}$$

$$P_r = k_1 \left[\lambda_r w_r^{-(\sigma-1)} + \lambda_s (w_s \gamma)^{-(\sigma-1)} \right]^{-1/(\sigma-1)} \quad s \neq r \tag{11.21}$$

$$w_r^* = k_2 \left[Y_r P_r^{\sigma-1} + Y_s \gamma^{-(\sigma-1)} P_s^{\sigma-1} \right]^{1/\sigma} \quad s \neq r \tag{11.22}$$

$$\omega_r = \omega_r^* P_r^{-\mu} \quad r = A, B \tag{11.23}$$

为了简便，假定 $\lambda \equiv \lambda_A$ $\lambda_B = 1 - \lambda$。对方程组（11.20 ~ 11.23）给出一个参数解，一个空间均衡产生条件是：$\lambda \in (0,1)$，当 $\Delta\omega(\lambda) \equiv \omega_A(\lambda) - \omega_B(\lambda) = 0$ 或是当 $\Delta\omega(0) \leq 0$ 是 $\lambda = 0$，或 $\Delta\omega(1) \geq 0$ 时 $\lambda = 1$。

空间均衡的稳定性是通过下列方程研究的：

$$\dot{\lambda} = \lambda \Delta\omega(\lambda)(1-\lambda) \tag{11.24}$$

若 $\Delta\omega(\lambda)$ 为正，且 $\lambda \in (0,1)$，那么工人们从 A 去迁移到 B 区。若 $\Delta\omega(\lambda)$ 为负，那么结论相反。显然，（11.24）式任何空间均衡都是稳定的。

三、中心—外围结构

假设现代部门集中在一个区域，那么 $\lambda = 1$。要检验这是不是均衡点，首先判断某熟练工人如果迁移到 B 区域，是不是一定能够得到较高的收入。准确地说，确定在 B 区域得到的实际工资超过在 A 区域得到实际工资的条件。在方程组（11.20 ~ 11.23）中设 $\lambda = 1$。得：

$$Y_A = H w_A^* + \frac{1}{2} \quad Y_B = L/2$$

$$P_A = k_1 w_A^* \quad P_B = k_1 \gamma w_A^* \tag{11.25}$$

在 $\lambda = A$ 时，把式（11.16）代入式（11.22）中得到 w_A^* 的值：

$$w_A^* = k_2 \left[Y_A (k_1 w_A^*)^{\sigma-1} + Y_B \gamma^{-(\sigma-1)} (k_1 \gamma w_A^*)^{\sigma-1} \right]^{1/\sigma}$$

从而得到 $w_A^* = \dfrac{\mu}{1-\mu} \dfrac{L}{H}$ 或者 $w_A^* = (\mu/H)(Y_A + Y_B)$。

从式（11.13）可得所有商品的一般均衡价格：$P_A^* = \dfrac{1}{\rho} \dfrac{\mu}{1-\mu} \dfrac{L}{H}$。等式表明

了随着熟练工人数量与普通工人数量的比率 $\dfrac{L}{H}$ 的提高，现代部门的份额 μ 增

大，集聚区域内的差异产品价格会提高。最后，当现代部门的地理上集中于 A

区域时，区域名义总收入为：

$$Y_A = \frac{\mu}{1-\mu}L + \frac{L}{2} \qquad Y_B = \frac{L}{2}$$

因此 GDP 为：$Y_G \equiv Y_A + Y_B = L/(1-\mu)$。区域 A 内的均衡实际工资是：

$$\omega_A = k_1^{-\mu} w_A^{*\,1-\mu} = (1/\rho)^{-\mu}(H/\sigma f)^{\mu/(\sigma-1)} \left(\frac{\mu}{1-\mu} \frac{L}{H} \right)^{1-\mu} \text{其值独立于 } \gamma。$$

当且仅当 $\omega_A \geq \omega_B$ 时，集聚在区域 A 达到均衡状态。因此，要解出 ω_B。则

将（11.21）的价格指数和（11.22）的名义工资，代入实际工资（11.23）

式，得到：

$$\omega_B = k_1^{\rho-\mu} k_2 (w_A^*)^{\rho-\mu} \gamma^{-\mu} (Y_A \gamma^{-(\sigma-1)} + Y_B \gamma^{\sigma-1})^{1/\sigma}，则可得：$$

$$\frac{\omega_A}{\omega_B} = \left[\frac{1+\mu}{2} \gamma^{-\sigma(\mu+\rho)} + \frac{1-\mu}{2} \gamma^{-\sigma(\mu-\rho)} \right]^{1/\sigma} \qquad (11.26)$$

当运输是无成本的（$\gamma=1$），通常有 $\dfrac{\omega_B}{\omega_A} = 1$：工人的区位无关紧要。此外，

（11.26）等式右边的第一项通常随着 γ 值的减小而减小。当 $\mu \geq \rho$ 时，γ 再加

上等式右边的第二项也是递减的，所以比值 $\dfrac{\omega_B}{\omega_A}$ 一般随着 γ 值减小。这就表示

对所有 $\gamma > 1$，均有 $\omega_A > \omega_B$。同时也可以知道，对所有 $\gamma > 1$，中心—外围模型

均衡都是稳定的，当 $\mu \geq \rho$ 即黑洞条件，产品差别非常大，以至于企业产品的

需求对不同的运输成本不敏感，这加强了集聚的力量。事实上，集聚的力量非

常大，以至于可以把集聚称为吸引和人迁移活动的黑洞。

当 $\mu < \rho$，产品差别不大，所有企业产品的需求有很大弹性，那么集聚力

量显得很弱。当 $\gamma \to \infty$ 时，（11.26）式的第二项趋向于正无穷大，这时 $\dfrac{\omega_B}{\omega_A}$ 的

比值变化如图 11-2：

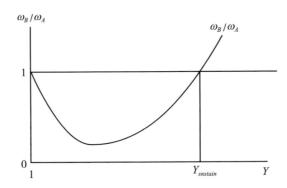

图 11 - 2　均衡点的决定

则存在 $\gamma_\# > 1$ 的某个值使得 $\dfrac{\omega_B}{\omega_A} = 1$。因此，对任何 $\gamma \leqslant \gamma_\#$，集聚都是处于稳定的均衡状态。即一旦所有的现代企业集中在 A 区域，只要企业将它们的产品运输到 B 区域的成本足够低的时候，企业就会一直集中在 A 区域。因为企业可以得到所有集聚的收益而在 B 区域的生意又不会损失很大，所以集聚就持续下去了。像这样的点成为持续点，因为只要企业集聚，对任何比较小的 r，集聚都会持续下去。另一方面，当运输成本足够高的时候 $\gamma > \gamma_\#$，企业将会在产品输出方面损失很多，以至于中心—外围结构无法维持均衡。

对于双区域经济来说：如果现代部门在消费中所占的比例大于差异产品需求弹性的倒数即 $\mu \geqslant \rho$，那么中心—外围结构将是稳定的结构。如果 $\mu < \rho$，则方程 $\dfrac{1+\mu}{2}\gamma^{-\sigma(\mu+\rho)} + \dfrac{1-\mu}{2}\gamma^{-\sigma(\mu-\rho)} = 1$，有唯一解 $\gamma_\# > 1$，所以对所有 $\gamma \leqslant \gamma_\#$，中心—外围结构都是稳定的均衡。值得注意的是，$\gamma_\#$ 取决于产品差异程度 σ 和现代部门在消费中所占的比例 μ。

大多数情况下，企业现有的区位仍在盈利空间界限之内，而企业决定是否迁移，取决于现有区位的推力（产品差异程度 σ）、目标区位的拉力大小（现代部门在消费中所占的比例 μ）以及一些促使企业位于现有区位的阻力因素。只有当来自现有区位的推力和来自目标区位的拉力足够大时，企业才会克服各种阻力进行产业转移。

第 3 节　长三角和中西部经济发展的趋同性分析

经济增长趋同性，是指对于一个有效经济范围的不同经济体（国家、地

区、城市），初期的静态指标（人均产出、人均收入）和经济增长之间存在负
相关关系，即落后经济体比发达经济体具有更高的经济增长率，导致各经济体
初期的静态指标差异逐渐消失的过程。林毅夫等（1998）、王绍光（1999）等
研究发现中国改革开放以来，区域差异不仅存在并且在不断扩大，但中国省区
之间存在着条件收敛趋势；蔡昉、都阳（2000）等研究发现改革开放以来，
中国虽未形成普遍经济增长趋同，但出现了东部、中部以及西部三个趋同俱乐
部。沈坤荣、马俊（2002）研究显示，中国东中西三大地带间的差异并未减
小，而三大地带内部各省份间的经济增长却出现较为明显的收敛迹象。下面就
工资、产业显示性竞争优势、产业结构分析和工业增加值之间差异性数据对长
三角和中西部的经济趋同性进行简单描述与分析。

一、工资水平

表 11 - 1 是长三角及中西部部分省份 2001 ~ 2013 年各年职工平均工资。
纵向比较，从 2001 年到 2013 年，全国各地职工平均工资水平逐步提高，长三
角和中西部相比，工资增加更加明显。横向比较，长三角地区职工工资普遍高
于全国职工平均工资水平，而中西部地区则相对较低。至于影响劳动力成本上
升的机制已在前文阐述，这里不再赘述。

表 11 - 1　　长三角及中西部部分省份 **2001 ~ 2013 年各年职工平均工资**　　单位：元

年份 地区	平均职工工资合计数									
	2013	2012	2011	2010	2009	2008	2007	2005	2003	2001
全国	47 428	44 917	42 396	37 147	32 736	29 229	24 932	18 364	37 147	10 870
上海市	60 435	56 300	51 968	71 874	63 549	56 565	49 310	34 345	27 304	21 781
江苏省	57 985	51 279	45 987	40 505	35 890	31 667	27 374	20 957	15 712	11 842
浙江省	46 493	42 483	40 023	41 505	37 395	34 146	31 086	25 896	21 367	16 385
河北省	42 814	39 542	36 166	32 306	28 383	24 756	19 911	14 707	11 189	8 730
山西省	47 384	44 943	39 903	33 544	28 469	25 828	21 525	15 645	10 729	8 122
安徽省	47 806	46 091	40 640	34 341	29 658	26 363	22 180	15 334	10 581	7 908
江西省	40 928	37 394	34 055	29 092	24 696	21 000	18 400	13 688	10 521	8 026
河南省	40 235	37 958	34 203	30 303	27 357	24 816	20 935	14 282	10 749	7 916
湖北省	38 720	35 179	32 050	32 588	27 127	22 739	19 818	14 419	10 692	8 619

续表

年份 地区	平均职工工资合计数									
	2013	2012	2011	2010	2009	2008	2007	2005	2003	2001
湖南省	36 372	34 723	31 739	30 483	27 284	24 870	21 534	15 659	12 221	9 623
四川省	33 285	30 247	28 044	33 112	28 563	25 038	21 312	15 826	12 441	9 934
贵州省	38 985	36 372	33 692	31 458	28 245	24 602	20 668	14 344	11 037	8 991
陕西省	48 853	44 330	39 043	34 299	30 185	25 942	21 296	14 796	11 461	9 120
甘肃省	44 109	38 440	32 906	29 588	27 177	24 017	20 987	14 939	12 307	9 949

资料来源：2002~2014 年《中国统计年鉴》。

从绝对数来看，长三角和中西部工资差距逐渐加大，但如果对比每年较前一年的工资增长率（见图 11 - 3），明显看出中西部地区只有在 2001 年、2003 年和 2013 年工资增长率低于长三角之外，每年的工资增长率都高于长三角地区。这说明，虽然考察期内长三角工资的绝对数明显高于中西部地区，但按照目前的趋势发展，中西部地区的工资水平将向长三角地区逐渐靠近。

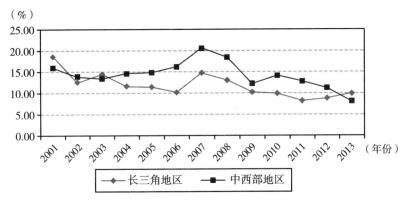

图 11 - 3　长三角地区和中西部地区部分省份 2001~2013 年工资增长率

二、产业显示性优势

目前，中西部的核心城市如重庆、西安、郑州、武汉等人均收入水平相对较高，居民消费能力较强，市场潜力正逐步释放。同时，西部与中亚、南亚、东南亚、俄罗斯等 14 个国家接壤，具有对外经济贸易的地缘优势。更重要的是，中西部正吸引着东部的企业西进，如娃哈哈集团自 1997 年以来在宜昌、红安、广元、长沙、高碑店、巢湖等 22 个省市建立了 40 余家控股子公司，成为带动当地经济发展的"火车头",在西部的投资也使娃哈哈集团得到了丰厚的回报。事实上,长三角的建筑、建材、电器机械等产业在本地竞争激烈,随着国家对中西部基础设施和建设投资的不断增长,这些产业有可能加快产业转移和实现东中西合作。特别需要指出的是,中国发达的交通基础设施如高铁网络的建设对长三角产业转移起积极的推动作用。因为一旦交通环境得到改善,中西部具有的能源、资源、劳动力成本优势会进一步凸显。根据"十二五"铁路发展规划,2011~2015 年将加快建设广州至贵阳至成都至兰州、成都至西安至大同、昆明经重庆至郑州、洛湛、京广、京九、京沪、合福、沿海等跨区域大能力铁路通道,到 2015 年全国铁路营业里程达 12 万公里左右,其中西部地区铁路 5 万公里左右,复线率和电化率分别达到 50% 和 60% 左右。

产业转移实际上是一种建立在比较优势上进行产业结构选择最优化的结果。就我国国情而言,一方面是国家政策的引导,另一方面是长三角和中西部在要素禀赋上的动态变化,会加快长三角主动转移成熟或衰退产业。但具体选择哪些行业,并非一个随机过程。本节采用区位商指标对中西部承接长三角地区转移的产业进行衡量。区位商是指一个区域特定产业的产值占该区域工业总产值的比重(区域)与全国该特定产业产值占工业总产值的比重之间的比值。计算公式为:

$$LQ = (E_{ij}/E_i)/(E_{kj}/E_k) \tag{11.27}$$

其中,LQ 代表某地区某行业的区位商;E_{ij}/E_i 表示某地区某行业产值占该地区工业总产值的比重;E_{kj}/E_k 表示全国工业总产值中该特定行业产值所占比重。当 $LQ > 1$ 时,意味着给定区域特定行业相对于全国而言,具有比较优势,LQ 值越大,表明优势越大;反之则反是;当 $LQ = 1$ 时,表明给定地区特定行业的优势与全国水平相当。

选取长三角及中西部地区 2014 年 29 个行业的区位商进行比较(见图 11-4)。结果显示长三角在电气机械及器材制造业(1.8)、纺织服装鞋帽制造业(1.95),纺织业(2.12)、化学纤维制造业(3.66)、通信设备计算机及其他电子设备制造业(1.93)、通用设备制造业(1.78)、仪器仪表及文化办公用机械制造业(2.22)行业具有优势。中部在非金属矿采选业(1.53)、非金属矿物制品业(1.32),煤炭开采和洗选业(1.96)、烟草制品业(1.32)、有色金属矿采选业(2.00)行业具有优势,西部在非金属矿采选业(1.21)、煤炭开采和洗选业(1.68)、石油天然气开采业(1.87)、烟草制品业(1.76)、饮料制造业(1.50)、有色金属矿采选业(1.63)行业具有优势。中西部优势行业往往是长三角地区劣势行业。可以看出，长三角和中西部行业布局差异化明显，中西部主要在能源、资源密集型行业占优势，劳动密集型行业初具成效，而长三角主要在资本、技术密集型行业占优势，劳动密集型产业依然占据一定比重。总体来看，长三角劳动密集型产业转移到中西部地区是优势互补的，同时也有利于区域协调发展。

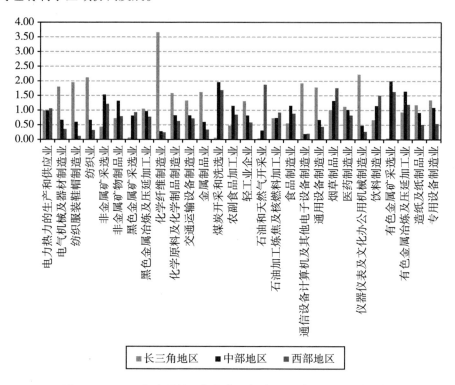

图 11-4　2014 年我国长三角和中西部地区 29 个行业区位商比较

在开放环境下，产业转移的主体已不仅限于国内发达对欠发达地区之间，而是一个多区域联动的过程，国际产业资本向长三角的输出也会影响长三角产业西移的进程。一方面，国际产业资本的移入需要占用大量土地，而长三角土地资源日趋稀缺，如果地均产出率低的劳动密集型产业占据土地资源，会限制新兴产业的发展空间，阻碍国际优质资源的移入。另一方面，国际产业转移带动了长三角加工制造业的升级，也对其配套及上下游产业发展提出了更高的要求。因此，长三角通过产业转移，把一些成熟产业和先进的管理知识转移到西部，既有助于促使中西部技术水平及管理能力的提高，做大做强中西部的优势产业，又有助于增强长三角自身吸收国际产业资本能力。

三、人均 GDP

表 11 - 2 给出了长三角及中西部部分省份 2001 ~ 2014 年各年人均 GDP（元）。从绝对值数据可以看到，全国人均 GDP 都逐年增加，且各省 2014 年较 2001 年增长 3 ~ 9 倍不等。纵向比较，无论是长三角还是中西部在这些年的经济发展中，人均 GDP 都有长足进步；横向比较，长三角人均 GDP 的绝对数值显著高于中西部地区。

表 11 - 2 　　　长三角及中西部部分省份 2001 ~ 2014 年各年人均 GDP　　　单位：元

年份地区	人均 GDP										
	2014	2013	2012	2011	2010	2009	2008	2007	2005	2003	2001
上海市	97 370	90 092	85 373	82 560	76 074	78 989	75 109	68 024	52 535	39 128	32 201
江苏省	81 874	74 607	68 347	62 290	52 840	44 744	40 497	34 294	24 953	16 830	12 882
浙江省	73 002	68 462	63 374	59 249	51 711	44 641	42 166	37 358	27 661	20 444	14 713
河北省	39 984	38 716	36 584	33 969	28 668	24 581	22 986	19 662	14 659	10 251	8 251
山西省	35 064	34 813	33 628	31 357	26 283	21 522	21 506	17 805	12 647	8 642	6 226
安徽省	34 425	31 684	28 792	25 659	20 888	16 408	14 447	12 039	8 666	6 375	5 313
江西省	34 661	31 771	28 800	26 150	21 253	17 335	15 900	13 322	9 440	6 624	5 221
河南省	37 072	34 174	31 499	28 661	24 446	20 597	19 181	16 012	11 346	7 376	5 959
湖北省	47 145	42 612	38 572	34 197	27 906	22 677	19 858	16 386	11 554	8 378	6 867
湖南省	40 287	36 763	33 480	29 880	24 719	20 428	18 147	14 869	10 562	7 589	6 120
四川省	35 128	32 454	29 608	26 133	21 182	17 339	15 495	12 963	8 721	6 623	5 376
贵州省	26 393	22 922	19 710	16 413	13 119	10309	9 428	7 273	5 119	3 701	3 000
陕西省	46 929	42 692	38 564	33 464	27 133	21 688	19 480	15 386	10 594	7 028	5 506
甘肃省	26 427	24 296	21 978	19 595	16 113	12 872	12 110	10 346	7 477	5 429	4 386

资料来源：历年《中国统计年鉴》、《新中国五十年统计资料汇编》、分省统计年鉴。

当对比长三角和中西部地区部分省份 2001 ~ 2014 年人均 GDP 增长率（见图 11 - 5）时，可以看出，中西部只有在 2002 年人均 GDP 增长率低于长三角，其他年份的人均 GDP 增长率都高于长三角。这说明，虽然考察期内长三角人均 GDP 绝对数据比中西部地区高，但未来发展趋势中，中西部人均 GDP 水平正向长三角逐渐收敛。

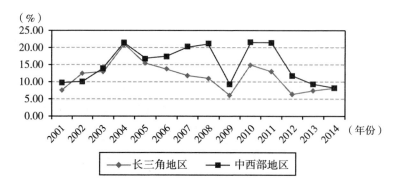

图 11 –5　长三角和中西部部分省份 2001～2014 年人均 GDP 增长率

四、产业结构和工业化进程

长三角三大产业中，第一产业仅占 4.30%，远低于全国的 9.17%，第二产业占 45.32%，第三产业占 50.38%，并且正在加快"三二一"产业结构升级的步伐，其中上海更是以服务经济为主导，可以看出长三角产业结构优于全国平均水平。而中西部地区第一产业比重较高，约占 11.5% 左右，比全国高出 2 个百分点；第二产业发展较快，其平均值约为 48.5%，甚至比全国和长三角地区高；第三产业比较薄弱，只有 40% 左右，远低于全国和长三角地区。

在服务业内部结构中，长三角地区的交通运输、仓储、邮电通信类占 9.43%，低于中西部对应值，主要是长三角服务业总体相对发达，特别是生产性服务业相对发达而导致其相对比重不高；批发、零售贸易和餐饮业在长三角的比重高于全国和中西部，可能是国内外贸易条件所决定；金融保险业等生产性服务业高于中西部地区，说明长三角在服务业内部结构也优于全国和中西部地区。具体见表 11 – 3。

表 11 –3　　按三次产业分长三角、全国和中西部生产总值 2014 年占比　　单位：%

产业 \ 地区	全国	上海	江苏	浙江	长三角	中部	西部
GDP	100.00	100.00	100.00	100.00	100.00	100.00	100.00
第一产业	9.17	0.53	5.58	4.43	4.30	11.07	11.91
第二产业	42.64	34.65	47.72	47.70	45.32	49.87	47.94
工业	84.01	90.18	86.82	87.57	87.53	85.92	81.92
第三产业	48.19	64.82	46.70	47.87	50.38	39.06	40.15

续表

地区 产业	全国	上海	江苏	浙江	长三角	中部	西部
交通运输、仓储、邮电通信业	12.18	8.49	10.32	8.92	9.43	13.73	13.81
批发、零售贸易和餐饮业	27.94	29.09	30.11	26.28	28.67	27.69	26.73
金融保险业	12.25	19.84	12.29	19.29	16.36	9.44	11.26
房地产业	12.44	10.02	11.73	11.27	11.19	9.61	8.48

注：本书所称的西部地区是指重庆、四川、贵州、云南、西藏自治区、陕西、甘肃、青海、宁夏回族自治区、新疆维吾尔自治区、内蒙古自治区、广西壮族自治区等12个省、自治区、直辖市；中部六省是指居于中国大陆腹地的六个省份，包括河南省、山西省、湖北省、安徽省、湖南省、江西省。

资料来源：《中国统计年鉴（2011）》。

本节用第二产业内工业总产值占比及其增长率来反映工业化进程（见表11-3），长三角工业总产值占比达到87.57%，中西部约83.45%，全国平均水平为85.32%，可以发现，长三角第二产业内工业发展水平相对高，说明其工业化进程也相对较高。再用2014年全国、长三角和中西部工业增加值较2013年的增幅对比（见表11-4），数据显示长三角2014年工业增加值增速为4.18%，低于全国8.21%，说明未列出的省份如东三省、京津冀、东南沿海省份等工业增加值增速最快。

表11-4　　　　2014年较2013年全国、长三角和中西部工业增加值增幅　　单位：亿元

地区 产业	全国	上海	江苏	浙江	长三角	中部	西部
2014年	227 991	7 362.84	26 962.97	16 771.9	43 734.87	59 422.09	54 221.15
2013年	210 689.4	7 236.69	25 612.24	16 368.43	41 980.67	57 888.39	51 885.1
增幅（%）	8.21	1.74	5.27	2.46	4.18	2.65	4.50

资料来源：《中国统计年鉴（2015）》。

第4节　本章小结

本章先从理论上探讨长三角在中西部开发开放中的作用机制；接着，分析

长三角带动中西部开发开放的参数条件，再对比长三角和中西部在工资和GDP等指标增长的趋同性特点，总体上，得到以下结论：

第一，长三角和中西部在互动过程中通过劳动力回流、技术扩散、产业转移等方式实现。具体来说：首先在劳动力回流方面，长三角的劳动力成本不断上升，同时产业转型和升级对简单劳动力具有排斥作用，而中西部会承接部分长三角劳动密集型产业，吸引劳动力本地转移（如第一产业向第二产业转移），同时产业发展基础和基础设施改善，吸引长三角企业家向中西部投资及中西部劳务人员回乡创业，实现劳动力回流。其次在技术扩散方面，长三角对中西部带动效应的途径有：一是投资中的技术扩散，长三角对中西部的投资（类似于 FDI）物化着技术溢出效应；二是贸易中的技术扩散，相互间的经济贸易往来中，长三角高端制成品和技术贸易对中西部有带动作用；三是人员流动，如东部官员西部任职和西部官员东部学习等，都有利于技术扩散；四是示范效应，如苏州工业园区建设对中西部开发区的示范效应；华为、中兴等企业的创新模式对中西部的示范效应。再者在产业转移方面，长三角对中西部的产业转移主要通过"推"和"拉"共同实现。"推"是指长三角的部分产业，特别是劳动密集型产业由于成本上升、资源制约和环境压力，不得不向中西部转移；而"拉"是指中西部由于产业基础加强、产业配套能力提升、中西部对制造业市场需求的不断增强，导致吸聚产业集中的能力增强。

第二，基于中心—外围的数学模型发现：首先在极化阶段，空间是不均衡的，资本追求更高的边际回报，劳动力追求更高的工资，区域间增长率差异存在，人口、产业、技术等都趋向于空间集聚。其次在扩散阶段（当达到空间均衡或者说空间均衡进入稳定期时），对于任何人口分布在均衡时的边际偏离，上述的迁移函数都会使熟练劳动力迁回原住地。企业在各个区域的分布正好满足劳动力市场出清的条件，熟练工人向高工资地区迁移，每个地区的每个企业都会调整工资，直到实现零利润工资。再者，相关的参数还表明，发达地区企业决定是否迁移，取决于现有区位的推力（产品差异程度 σ）、目标区位的拉力大小（现代部门在消费中所占的比例 μ）以及一些促使企业维持现有区位的阻力因素。只有当来自现有区位的推力和来自目标区位的拉力足够大时，企业才会克服各种阻力进行产业转移。

第三，从长三角和中西部主要经济指标的对比看，区域间收敛性逐步加强，间接证实长三角对中西部的带动作用。具体来说，首先从工资看，长三角的绝对数高于中西部地区，但中西部工资增长率高于长三角地区，说明中西部工资水平在向长三角地区逐渐靠近。其次从显示性竞争优势产业看，长三角和中西部的产业分工明显，中西部主要在能源、资源密集型行业上，劳动密集型行业初具成效，而长三角主要在资本、技术密集型行业上占优势，因此，中西部依托能源、劳动密集等优势行业，有助于长三角加快劳动密集型产业转移。再者是人均 GDP 及其增长率，长三角和中西部之间类似于工资的变化特征，即长三角绝对量高，但中西部增长率高。最后从产业结构及其变化看，长三角的产业结构领先于全国和中西部，已实现配第一克拉克定律关于产业结构变迁的论述，而中西部还处于工业化或加速工业化阶段，表现为中西部的工业总产值增幅高于全国和长三角。

本章的政策含义如下：第一，区域发展的非均衡性是一个历史必然过程，中央政府可根据不同发展阶段而采取相应的政策，如初期阶段的政策重点是促进经济极化政策，但当前，政策的着重点是均衡为主的政策，积极推进中西部加快发展和促进长三角优化发展的政策。第二，加强区域经济一体化，包括投资政策、产业转移、贸易一体化、加强基础设施建设等，通过区域经济一体化有助于技术扩散、产业转移和劳动力流动，是长三角促进中西部发展的物质基础。第三，加大人力资本投资，促进经济发展。中西部为实现要素禀赋的结构升级，需要有更多的人力资本，通过生产过程中的干中学等手段积累专业化的人力资本。第四，中央政府处理好以"人"为中心的基本政策，是采取鼓励劳动力，特别是高素质劳动力向东部迁移，还是鼓励中西部就地发展产业、加强城镇化等就业政策，或者两者兼而有之。

第 12 章

长三角与"一带一路"建设：
以苏州为例*

    "一带一路"战略是我国具有历史意义的区域经济一体化战略，对内融通东中西部，对外融通欧亚大陆，将进一步推动我国"内外联动、多元平衡"发展的区域竞争新格局。"一带一路"在国内覆盖我国中西部的大部分地区，使广大中西部地区由原先的"内陆腹地"变成现在的"开放前沿"，为中西部地区进一步提高对外开放水平、促进经济平稳健康发展提供了契机。通过承接东部产业转移、加强交通物流通达能力、设立内陆港和海关特殊监管区等多种措施将经济潜力变为实实在在的经济发展成果，不仅有利于实现东中西部的协调发展，还能够增强中西部地区对人口人才聚集的吸引力。

    长三角地区作为我国科技、经济最发达地区之一，在"一带一路"战略中如何发挥"桥头堡"作用，不仅对"一带一路"战略实施的成败关系重大，而且对长三角地区本身也是一个重大的发展机遇。本章分析在"一带一路"战略背景下，苏州的发展机遇，可能面临的风险和不利条件，由此出现的战略重点和发展方向，为长三角及全国其他地区参与"一带一路"建设提供启示。

---

    * 本章来自南京大学吴福象教授等承担的 2015 年苏州市发展与改革委员会委托课题"苏州融入'一带一路'战略的思路研究"的研究报告，略有改动。

第1节 "一带一路"的国际环境分析

一、世界经济格局正处于深度的调整期

自从2008年全球金融危机以来，世界各国经济增速明显放缓，经济分化加剧，各种深层次、结构性矛盾日益凸显，全球经济陷入深度调整与变革之中。

首先，世界格局和国际力量对比正在发生自冷战结束以来最复杂深刻的变化（见图12-1）。传统大国力量相对下降，新兴经济体加速崛起。尤其是全球金融危机爆发之后，发展中国家的经济总量已接近全球GDP的40%。这一变化极大地提升了发展中国家的经济地位，但同时也应注意到，这样的格局变化是在全球经济复苏艰难曲折，发达国家经济持续低迷的背景下实现的，这并不是经济发展的理想状态。南北不平衡的整体格局虽然仍未改变，但是正在受到经济格局新变化趋势的冲击。

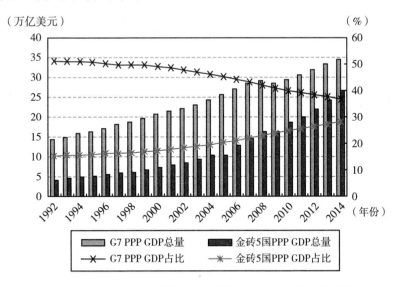

图12-1 G7和金砖五国的GDP规模与占全球总量比重趋势

资料来源：http://www.imf.org/external/pubs/ft/weo/2014/02/weodata/index.aspx.

其次，全球经济增长动力不足，国际贸易推动经济增长的作用正在减弱。如2012~2013年全球贸易增速连续两年低于经济增速，2014年贸易增速也仅

比 GDP 增速高 0.8 个百分点，与国际金融危机前 5 年远快于 GDP 增速形成强烈反差。同时，作为经济增长动力之一的跨境贸易，年度增速一般高于 GDP 增速 2~3 个百分点甚至更多，目前这个状况也在发生改变。

最后，当前世界经济复苏前景仍不明朗。国际货币基金组织 2015 年 7 月发布的《世界经济展望》更新报告，下调了 2015 年全球经济增长预期。报告预计 2015 年全球经济增速为 3.3%，低于其 4 月 3.5% 的预测值，但 2015 年实际为 3.1%（见表 12-1），而且多个经济体的实际数据低于预测数值，预计 2016 年国际经济形势依然不会乐观。

表 12-1 　　　　　　　　　　　**2015 年世界经济增长预测**　　　　　　　单位：%

	2013 年	2014 年	2015 年	2016 年（预测）
世界产出	3.4	3.4	3.1	3.8
发达经济体	1.4	1.8	1.8	2.4
美国	2.2	2.4	1.9	3.0
欧元区	-0.4	0.8	1.5	1.7
日本	1.6	-0.1	0.6	1.2
新兴市场和发展中经济体	5.0	4.6	4.1	4.7
俄罗斯	1.3	0.6	-3.0	0.2
中国	7.7	7.4	6.8	6.3

资料来源：IMF2015 年 7 月《世界经济展望》更新报告；2015 年使用相关的统计年鉴数据。

二、新常态下亟须培育经济发展新引擎

当前，中国经济进入了新的发展阶段，出现了以中高速、优结构、新动力、多挑战为主要特征的新常态。在新常态下，曾经推动经济增长的两大红利——人口红利和全球化红利已经消失，因此亟须培育促进经济发展的新引擎。

国际方面，发达国家对制造业的重新审视，将改变制造业的全球分布格局，对我国制造业发展提出了新的挑战。金融危机以来，美、德、英相继发布了《先进制造业国家战略计划》、《德国工业 4.0 战略》和《英国工业 2050 战略》等旨在回归高端制造业的规划，我国制造业面临着全球产业结构调整带来的机遇和挑战。欧美发达国家的这些战略规划，意味着高端制造业不会向中

国转移，因此，中国制造业无法再靠"以市场换技术"的老路发展，必须依靠自我创新向产业链高端攀升。

长期以来，中国出口导向的全球化战略，形成了区域间不平衡发展的格局。现阶段的产业发展规划应根据不同的区域条件因地制宜，避免"一刀切"。按照区域梯度发展理论，产业基础雄厚、与国际市场更为接近的东南沿海地区，应以产业集聚化、高端化、现代化为目标；中西部地区应以承接发达国家以及东部产业转移为主，继续发挥劳动力资源丰富的比较优势。在区域发展层面，创造新的经济增长点，主要有两条途径：东部地区依托产业基础实现产业转型升级，释放转型红利；西部地区接收产业转移，拓宽贸易通道，释放人口和资源红利。而实现这两点的区域蓝图，便是"一带一路"宏观战略构想。

三、塑造以亚欧为核心新的经济循环圈

近年来，美国、欧盟和日本三大发达经济体正致力于弱化 WTO 规则的权威性，重构大规模的、跨区域的全球贸易和投资一体化框架，如美国和欧盟主导的 TTIP（跨大西洋贸易和投资伙伴协定）、美国和日本联手打造的 TPP（跨太平洋伙伴关系协定）以及日本和欧盟之间的 EPA（经济伙伴关系协定）。发达经济体正在加紧共同构建超大型跨区域平台，谋划新的国际贸易制度框架，并制订新一轮贸易规则。未来"TPP + TTIP"所形成的规则，必将统治全球主要的经贸投资关系，改变中国与世界经济在过去三十多年中业已形成的全球价值链（GVC）的形态和特性，贸易转移效应、投资和产业的转移效应以及竞争规则的改变，都会极大地影响中国的中长期发展进程和发展水平。

破解国际新规则对我国的不良影响，中国必须实现加入 WTO 后的第二次开放，重新调整中国在 GVC 中的运行形态和关系，构建以我国为主导的 GVC，建立世界经济新秩序。由中国倡导和推动的"一带一路"，即"丝绸之路经济带"和"21 世纪海上丝绸之路"的战略核心，就是共筑全球开放型合作网络，即沿"带与路"构建由中国主导的区域性乃至全球性的生产网络和全球价值链体系。我国根据劳动力成本和各国资源禀赋的比较优势，未来 5 年中国部分劳动力密集型产业和资本密集型产业，将会逐渐转移到"一带一路"周边及沿线国家，通过带动沿线国家产业升级和工业化水平的提升，进而逐渐构筑以中国为雁首的新雁阵模式。挖掘"一带一路"区域国家的经济互补性，建立和健全跨区域的供应链、产业链和价值链，促进泛亚和亚欧经济一体化。

　　"一带一路"的建设,不仅能实现中国与沿线区域和国家的互惠共赢,推动全球经济增长,而且"一带一路"战略有利于塑造全球第三大经济中心。根据世界银行公开的数据,1990~2013年间,全球贸易、跨境直接投资年均增速为7.8%和9.7%,而"一带一路"相关65个国家同期的年均增速则分别高达13.1%和16.5%;尤其是国际金融危机之后的2010~2013年间,"一带一路"对外贸易和对外投资的净流入额年均增速分别为13.9%和6.2%,比全球平均水平高出4.6个百分点和3.4个百分点。目前"一带一路"正在形成除大西洋经济中心和太平洋经济中心之外新的以亚欧为核心的全球第三大经济中心。预计未来十年,中国向"一带一路"沿线区域出口规模占比,有望提升至1/3左右,该地区将成为中国的主要贸易和投资伙伴之一。

　　不仅如此,"一带一路"将形成陆海统筹的新空间格局,打破长期以来陆权与海权分立的格局,推动形成一个欧亚大陆与太平洋、印度洋和大西洋完全连接、陆海一体的地缘空间格局。"一带一路"贯穿整个亚欧非大陆,一头是活跃的东亚经济圈,一头是发达的欧洲经济圈,中间广大腹地国家经济发展潜力巨大,三者形成一个完整的经济循环圈。丝绸之路经济带重点贯通三条通道:中国经中亚、俄罗斯至欧洲(波罗的海);中国经中亚、西亚至波斯湾、地中海;中国至东南亚、南亚、印度洋。21世纪海上丝绸之路重点方向,从中国沿海港口过南海到印度洋,延伸至欧洲。根据"一带一路"走向,陆上依托国际大通道,以沿线中心城市为支撑,以重点经贸产业园区为合作平台,共同打造新亚欧大陆桥、中蒙俄、中国—中亚—西亚、中国—中南半岛等国际经济合作走廊;海上以重点港口为节点,共同建设通畅安全高效的运输大通道。中巴、孟中印缅两个经济走廊与推进"一带一路"建设关联紧密。

第2节　苏州融入"一带一路"的有利条件和风险分析

一、有利条件

(一)交通区位条件及市场潜力

　　基础设施互联互通,是苏州融入"一带一路"建设的战略突破口和关键部署。苏州地处沿江"一横"与沿海"一纵"的"T"形发展战略的交汇点,地理位置优越。依托自身良好的经济基础和外向型的经济特征，完善综合交通体系，嵌入"一带一路"的交通网络，是全面融入"一带一路"的硬件支撑。国家层面，2015 年启动的铁路、公路、水运、港口等一些重大基建项目中，"铁公基"占全部投资的 68.8%。其中，铁路投资近 5 000 亿元，公路投资 1 235 亿元，机场建设投资 1 167 亿元，港口水利投资金额超过 1 700 亿元。目前，各地区陆续出台了"一带一路"的对接项目，基建投资将超万亿。

目前，苏州交通运输结构也正发生巨变，未来将着力构建"铁公水空管"联运联动的立体化、多层次综合交通运输体系，尤其是计划近几年建设机场，开辟多条国内国际航线。从运输总量上看（如表 12 - 2 所示），在人员流动选择方面，公路、水路和铁路发送量都有不同程度的上升；在货物发送量方面，公路、水路货物发送总量呈现下降趋势，而铁路货运量总体上升。其中，苏州市水路货运量下降十分严重，虽然近期来有所回升，但是 2013 年的货运量只相当于 2008 年的一半左右。原因有两条：一是因为金融危机导致的全球总需求下降，以及国内经济转型导致的需求减少；二是因为苏州转型升级引致进出口结构发生改变，即单位重量的货物价值在提高，所以水运量下降。

表 12 - 2 　　　　　　　　　 2007～2013 年苏州市全社会交通运输量

运输方式	项目	2008 年	2009 年	2010 年	2011 年	2012 年	2013 年
公路	旅客发送量（万人次）	1 893.33	1 939.87	2 044.68	2 274.68	2 627.98	3 035.07
	货物发送量（万吨）	127.61	118.4	90.94	93	93.78	83.53
	货物到达量（万吨）	494.5	452.66	400.06	406.34	311.43	195.79
铁路	客运量（万人次）	45 386	39 263	56 392	63 699	68 895	39 050
	货运量（万吨）	10 863	10 820	12 768	14 798	16 441	10 799
	旅客周转量（万人公里）	2 855 005	1 678 269	2 411 917	2 745 297	3 076 263	1 368 347
	货物周转量（万吨公里）	733 993	887 006	1 037 797	1 200 220	1 357 255	1 435 496
水运	客运量（万人次）	—	75	83	94	103	534
	货运量（万吨）	1 768	550	649	804	884	987
	旅客周转量（万人公里）	—	834	924	1 042	1 128	4 878
	货物周转量（万吨公里）	168 925	145 207	199 590	298 155	347 829	381 818

资料来源：2008～2014 年《苏州统计年鉴》。

从图 12 - 2 中可以直观地发现，苏州市总体的货运能力总量（以重量计）严重低于全国其他城市。一是因为苏州制造业以高端制造为主，处于价值链中下游的企业较多，贸易以制成品或者工业零件为主，而这些产品重量较轻，因此货运量较低；二是因为苏州市在近期国际国内局势的变化下，运输量受到的冲击较大；三是因为苏州运输运力的潜力并未完全发掘，尤其是水运和铁路货运量还有很大的提升空间，这正是融入"一带一路"所需要的条件。

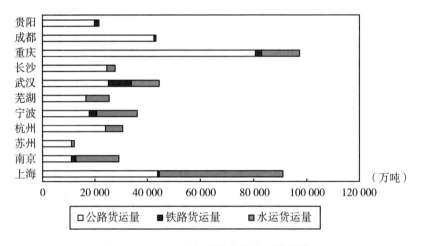

图 12 - 2　2013 年部分城市货物运输量情况
资料来源：《中国城市统计年鉴（2013）》。

将"一带"与"一路"相结合，必须通过陆上交通与海上交通相结合，这需要发展水铁联运能力，其中海铁联运尤具有战略意义。海铁联运是进出口货物由铁路运到沿海海港直接由船舶运出，或是货物由船舶运输到达沿海海港之后由铁路运出的只需"一次申报、一次查验、一次放行"就可完成整个运输过程的一种运输方式。考虑苏州周边地区的海铁联运能力，表 12 - 3 为上海铁路局所管辖的具有集装箱运输业务的火车站点。从表 12 - 3 可以看出，苏州目前在水铁联运方面并不具有明显的优势，这需要进一步发展相关业务。苏州既有虚拟空港 SZV，也有张家港港、太仓港、常熟港等一类开放口岸，其中张家港港具备整车进口口岸功能，全市还有 1 个保税区、7 个综保区，具备区港联动、区区联动的通关叠加优势。探索张家港整车进口口岸借道"苏满欧"国际班列的可行性，能进一步提升苏州大市区域内通关便利化水平。此外，依托太仓等港口群并依托多式联运方式，"苏满欧"陆路通道的功能既可以沿长江深入内陆，也可以沿近海抵达日韩台，发展前景广阔。

表 12 - 3　　　　　　　　集装箱办理站名表（上海铁路局）

序号	车站	起重能力（吨）		序号	车站	起重能力（吨）	
		20 英尺箱	40 英尺箱			20 英尺箱	40 英尺箱
1	蚌埠	33.6	31.6	29	潘集西	特种货物箱	
2	北郊	33.6	31.6	30	衢州	33.6	31.6
3	北仑	33.6	31.6	31	绍兴东	33.6	31.6
4	奔牛	特种货物箱		32	苏州西	32	32
5	常州	40.5	40.5	33	桃浦	45	45
6	丹阳	33.6	31.6	34	泰州西	33.6	31.6
7	港口镇	特种货物箱		35	铜山	33.6	31.6
8	艮山门	33.6	31.6	36	台州南	37.6	35.6
9	海宁	23.6		37	温州西	33.6	31.6
10	海湾	29.6		38	无锡北	特种货物箱	
11	杭州北	33.6	31.6	39	无锡南	37.6	35.6
12	合肥北	37.8	36	40	芜湖西	33.6	31.6
13	何家湾	45	45	41	萧山西	33.6	31.6
14	嘉兴东	33.6	31.6	42	新浦东	37.6	35.6
15	金华	33.6	31.6	43	新沂	33.6	31.6
16	金山卫西	29.6		44	徐州北	特种货物箱	
17	昆山	33.6	31.6	45	墟沟	45	45
18	兰溪	33.6	31.6	46	盐城北	33.6	31.6
19	墟沟北	41	41	47	杨浦	45	45
20	连云港东	45	45	48	义乌西	33.6	31.6
21	临平	33.6	31.6	49	颍南	37.6	35.6
22	芦潮港	45	45	50	永康	33.6	31.6
23	闵行	47.6	45.6	51	余姚西	33.6	31.6
24	中华门	26	30	52	庄桥	33.6	31.6
25	南京西	37.6	35.6	53	张集	特种货物箱	
26	南通东	37.6	35.6	54	镇江东	33.6	31.6
27	南星桥	33.6	31.6	55	诸暨东	33.6	31.6
28	宁波北	33.6	31.6	56	紫金山	特种货物箱	

资料来源：中国铁路客户服务中心网站。

因此，一方面，苏州需要充分发挥区位交通优势，积极发展江海河联运、水陆联运、水铁联运、水水中转、集装箱多式联运业务，不断提升港口对区域经济的辐射和带动作用。太仓港区积极争取成为中日国际海陆联运全国试点港口。张家港、太仓港区结合沪通铁路建设，延伸保税港区、综保区功能，积极形成"江海河联运、水铁联运、水陆联运"的新物流模式，提升港口物流枢纽功能。另一方面，苏州需要继续推进"无水港"建设。太仓港区进一步完善在苏州高新区、工业园区、昆山的区港联动的"无水港"运作模式和功能，探索形成双重甩挂运作机制，着力降低物流成本，并力争在具备条件的其他区域设立新的"无水港"。

（二）整合优势资源打造国际港口群

港口建设是"一路"的硬件支撑，其建设的核心思想，不仅仅是打通基于开放安全的航海通道，而且还要推进发展合作，与海上相关国家共同打造沿海发展经济带，通过港口连接，港口经济、沿海经济可创建新的发展空间。

就目前港口货物吞吐量来看，2014年全球港口货物吞吐量前10大港口的排名顺序依次为：宁波—舟山港、上海港、新加坡港、天津港、唐山港、广州港、苏州港、青岛港、鹿特丹港、大连港。苏州港的货物吞吐量近几年一直稳定于世界前10位。此外，苏州港具有明显的区位优势：苏州港地处长江入海口的江海交汇之处，具有江海联运的港口地理优势，是长江出海口的天然良港。并且，位置上紧邻上海港，与日本、韩国隔海相望，与台湾、东南亚距离适中，具有发展海运的优良环境，也是江海河联运的重要中转站。同时，苏州港背依经济高度发达的苏、锡、常地区，靠近集装箱生成量富集区，箱源充足，在长江三角洲地区的集装箱运输费用上具有一定优势。并且苏州港是上海国际航运中心的重要组成部分，是"一体两翼"型组合港的北翼集装箱干线港，也是全国沿海港口和江苏省港口发展的重点。苏州港拥有优良的长江港口岸线资源。全市拥有长江岸线139.9公里，其中太仓港区38.8公里、常熟港区37.5公里、张家港港区63.6公里；在所有长江岸线中，可用于港口开发的岸线61.7公里，其中，太仓港区20.2公里、常熟港区8.5公里、张家港港区33公里。在三个港区中，又以太仓港区的深水岸线资源最为优良，是国内绝无仅有的黄金岸线。

根据苏州港年快报数据，苏州港2014年完成货物吞吐量4.79亿吨、集装箱445万TEU、外贸吞吐量1.23亿吨，三大主要港口指标的完成情况，分别占长江干线港口的四分之一、三分之一和二分之一。具体到苏州港的三个港口来说，根据港口的性质和功能，结合港口行政管理体制改革后的状况，苏州港可划分为张家港、常熟和太仓三个港区，其发展定位分别是：张家港港区开设有多条国际集装箱航线，经上海或香港中转，同世界上一百多个港口有货运业务往来。目前张家港港区已经形成了综合性公用码头、货主和商贸码头共同发展的局面，吞吐货物以木材、化工品、集装箱、铁矿石、钢铁和粮食为主，已经成为长江三角洲地区最大的木材转运中心，是苏州港吞吐规模最大的港区。常熟港区是常熟市经济发展和临港工业开发的重要支撑，并为长江沿线及周边地区的经济发展和对外物资交流提供服务。目前，常熟港区吞吐货物以煤炭、钢铁、纸浆和集装箱为主，初步形成公用码头、货主和商贸码头相结合的发展格局。太仓港区是上海国际航运中心的重要组成部分和体现苏州港竞争力的核心港区，长江三角洲地区铁矿石和煤炭海进江中转运输体系的重要节点和太仓市临港产业开发的主要依托。太仓港区目前已初步形成以集装箱为核心，并相应发展石化特色中转和为临港工业服务的货主和商贸码头相结合的总体格局。目前，太仓市出台了《关于贯彻落实"一带一路"战略规划的实施方案》，重点推进太仓港集装箱航线开辟和加密等多项重点工作任务。苏州港口群在全世界排名前五，在正确定位的基础上实现均衡发展。太仓港，未来将建设成为年吞吐量 100 万标箱以上的大港口，从目前上海港的卫星港，发展成为支线港，最终建设成为国际干线港。苏州港转型升级的发展目标是，到 2017 年，初步形成质量效益高、支撑作用强、绿色安全、集约发展、高效便捷的现代港口服务体系。

（三）亚欧贸易通道苏满欧运营情况

除了港口水运优势外，苏州目前正在全力打造陆上交通优势。苏州目前运行的"苏满欧"班列，就是苏州构建向西交通优势的重大战略举措。2014 年 3 月 17 日凌晨 2 点，第一列"苏满欧"班列从苏州发车，3 月 20 日中午抵达满洲里口岸，29 日到达波兰华沙，仅用 12 天，成为国内发往欧洲用时最短的集装箱班列。据有关部门统计，2014 年，"苏满欧"班列共发运出口班列 34 列，进口班列 1 列；发送货物 1.7 万吨；发运标准集装箱 3 078 箱；货值 2.22 亿美元。2015 年第一季度，发运出口班列 14 列；发送货物 6 799.67 吨；发运标准集装箱 1 350 箱；货值 1.10 亿美元。

"苏满欧"线路不断发展的背后是因为该线路相比较于国内其他线路的一系列优势。运输时间方面，"苏满欧"班列平均运时 13～14 天，最快 12 天，而海运一般要 45 天，最长要 60 天，比海运快 30 多天。比西线"渝新欧"、

"蓉新欧"班列分别快5天和3天，是运时最短的亚欧货运通道。运输价格方面，班列每大柜运费报价7 200美元，比"渝新欧"、"蓉新欧"每大柜低近30%，是运价最低的亚欧货运通道。运输服务方面，满洲里口岸联检联运部门为班列开通了"绿色通道"，随到随验放，仅用3个小时便可完成查验通关等10余项手续顺利出境，俄方口岸部门也为班列提供通关便利，是服务最优化的亚欧货运通道（见表12-4）。

表12-4 主要出口班列对比

	渝新欧	蓉新欧	苏满欧
开通时间	2012年3月	2013年4月	2014年3月
整班列时间	17~22天	15~16天	13~14天
经由口岸	阿拉山口	阿拉山口	满洲里
现有频度	每周0—2列	每周1列	每周1列
成本价格	9 300美元	9 500美元	7 200美元
补贴	3 500美元/大柜	3 900美元/大柜	无
补贴平台	渝新欧国际货运代理有限公司	粤海、飞利达、hatrans、私企	无
补贴时间	3年	2年	无
主要产品	笔记本、电子产品	笔记本、ipad、电子产品	电子产品、快消品等
主要客户	惠普、宏碁、华硕	戴尔、苹果、联想	苏州当地及周边企业拼装箱
服务区域	重庆及西南内陆	成都及西南内陆	长三角地区

资料来源：满洲里海关提供。

"苏满欧"班列的承运企业远东陆桥公司总结出，"苏满欧"班列还具有八个"唯一"，即目前华东地区唯一的亚欧班列，唯一进出口双向班列，唯一经满洲里口岸通往欧洲的班列，唯一由俄铁下属远东陆桥公司经营境外的班列，唯一受俄罗斯铁道部部长亚库宁关注的班列，唯一可停靠莫斯科的班列，唯一经国家最少的班列，唯一市场运作的班列。班列还进行全程GPS监控，在电脑屏幕上就能看到列车所处位置，部分贵重物品的集装箱内还会安装温度监测、远程监控系统，如果货物总值较高，俄罗斯会派武装人员押运，确保货物安全无损,大大提升了"苏满欧"班列的安全性。

"苏满欧"班列正式开通后显示了无可比拟的优势和巨大的潜力,成为亚欧国际物流通道的最大亮点,带动作用逐步显现。从地区发展角度看,在"苏满欧"班列的强势带动下,满洲里口岸跨境班列线路不断增加,2014 年满洲里口岸过境班列达 460 列,运载进出口货物约 120 万吨,贸易额约 100 亿元人民币,有力地带动了满洲里口岸货运量和贸易额。更重要的是,"苏满欧"铁路的开通运营开创了欧亚物流新通道。一方面,长三角地区的产品通过便捷的"苏满欧"班列源源不断地运往欧洲;另一方面,来自欧洲的高档汽车及其配件等高附加值工业产品,也可以借助这条大通道在较短时间内顺利运抵中国。"苏满欧"正悄然改变着中国与欧洲的贸易格局。"苏满欧"国际铁路货运班列自运行以来,发运货量节节攀升。从苏州始发的国际铁路货运班列,已从过去"苏满欧"1 条出口线路,发展成为东线"苏满欧"、"苏满俄"以及西线"苏新亚"的进出口双向国际铁路货运平台,在发展东线中欧班列的基础上,拓展西线中亚班列、中欧班列;从每月开行 3 列,发展为每月开行 10列,成为华东地区连接欧洲、中亚各地的重要陆路国际运输通道,也成为苏州市、江苏省主动融入对接"一带一路"国家战略的重要载体项目。

(四) 新贸易格局下商贸物流的发展

"一带一路"建设重在经贸合作,关键是投资贸易便利化和自由化。如果说基础设施互联互通主要解决的是通道硬件建设问题,那么,便利的贸易政策主要解决的是贸易软件建设问题。贸易通道的互联互通和相关政策机制的结合才能有效促进商品、原材料和资本的自由流动,实现与区域内相关国家利益共同体的构建。推进"一带一路"建设,要建好开放开发平台和区域经贸合作平台,加快沿线地区自贸区建设。"一带一路"战略,在影响中国现有的对外开放格局的同时,也给苏州当前外向型经济发展提供了新动力。

深化开放将为苏州服务贸易业发展提供了有利机遇,苏州有条件成为国际商贸物流中心。一方面,服务贸易在贸易中的地位不断提升,促进商品、服务和资本、技术、人员等生产要素自由流动愈发重要。"走出去"的服务业发展将对苏州现代高端服务业发展理念、技术和人才产生极大的溢出效应。这将为苏州民营企业"走出去"和发展总部经济提供便利。国际化思想理念的传播,也为苏州把握全球新一轮产业演变态势提供了直接依据。另一方面,深度开放也会对苏州传统和现代旅游业客源增量产生较大贡献,同时为苏州吸引国际型人才提供了便利。

国际商贸物流中心作为苏州工业园区转型发展规划体系的重要组成部分，是苏州乃至周边区域进出口物资的必经之地，苏州具有空间要素竞争优势。苏州可以依托沿上海等周边口岸，安排生产资料、大宗货物国际性的加工配送；吸引国际物流企业进驻，以大中型生产企业为依托，进行生产和原材料供应、商品库存、产品发运，具备国际集装箱中转、仓储、拆拼、加工、海关查验等功能；同时可以争取国家政策，积极建立保税物流、消费品商贸区、出口产业区、内河码头联运中心、商务园、配套生活区，其服务面辐射到长江三角洲及我国沿海地区，为中国重要的区域经济服务中心。苏州通过综合交通枢纽打造国际商贸物流中心具有时代的必然性。

发展物流产业必须和"互联网＋"相结合，发展跨境电子商务。苏州市跨境电子商务进口业务试行近两个月，累计出区个人包裹突破十万单，销售商品扩展至一次性卫生用品、婴幼儿奶粉及辅食、保健品等。苏州工业园区跨境电子商务从无到有、到发展壮大，创造了跨境电子商务企业全国多个基地布局的最快速度。但可以看到，苏州在跨境电子商务方面仍处于起步阶段，这需要各方面加强对这一产业的扶持。

首先，建立高层次的工作推进机制。相关城市已经把跨境电子商务发展作为新型的贸易业态和经济转型发展方向，各级政府高度重视并加大了相关投入。作为传统外向型经济强市，以下几方面工作至关重要：一是建立海关、国检、税务、公安等多部门配合机制，整体促进发展，在促进中逐步规范相关贸易秩序的监督管理；二是积极构建政府公共服务平台，鼓励园区、新区、昆山等地多点发展，并通过平台实现集合监管，进一步形成集聚效应；三是立足苏州经济发展实际，探索适合本地特点的跨境电子商务发展路径，重点促进传统电子、服饰等行业通过电商渠道实现外贸出口，同时积极争取进口跨境电子商务的试点，丰富电子商务和贸易形态。

其次，强化本地物流和口岸功能。以"一带一路"的战略推进为契机，大力推进苏州"苏满欧"铁路班列、太仓港的运能建设，提升本地口岸功能；借助苏南、禄口机场，推进直航线路跨境电商出口规范和能力；充分利用苏州海关特殊监管区较多的优势，研究"保税进口"、"保税出口"政策模式推广，减轻跨境电子商务运营成本。

最后，做好海关监管对接和管理创新。建立专项推进工作机制，加强研究、推进和落实；加大监管资源的投入，合理配备人力资源，积极协调建立专门的跨境电子商务监管中心，远期可实现邮件、快件功能的叠加；创新海关通关监管方式，借鉴"属地通关、口岸验放"模式，推进辖区各海关跨境电商进出口"通关一体化"的监管应用。

二、苏州融入"一带一路"的可能风险和不利条件

"一带一路"是充满机遇的经济带，同时也可能存在一些经济风险。如何在保证经济安全的情况下获得发展良机，是苏州不可回避的问题。

（一）开放重心西进亟须转换开放思路

中国的对外发展，一方面重视周边的首要地位，另一方面有开放的大视野。中国一向把加强同周边国家的睦邻友好定为国家对外关系的重点和外交的优先目标，并且周边地区大多是发展中地区，这些地区发展愿望强烈，发展潜力巨大，"一带一路"将会使周边经济圈的联系更为紧密。"一带一路"是一种跨区域的开放性框架，以周边地区为起点和重点，但不限于此。作为一项大战略，从亚洲到欧洲再到非洲也可以延伸到更广的区域。从这个意义上说，广义"一带一路"是一个带有动态特征的大战略规划，是具有全球性的区域战略。

从中国发展的大战略来考虑，"一带"是实现发展的地区均衡的战略，也是对外关系结构均衡的战略。中国过往的以沿海为中心的开放战略，导致两大不均衡：一是国内的东西部发展不均衡，西部发展大大落后；二是对外关系的不均衡，东重西轻。丝绸之路经济带建设为中国西部的发展拓展了新的空间，也为发展与中亚、西亚等国家的关系提供了新的平台与机遇。"一路"即建设旨在倡导和建设新时代的海洋新秩序。中国要推动建设的是基于海上航行开放自由、海上共同安全和海洋资源共同开发的新秩序，合作发展的沿海经济带。

苏州作为长三角苏沪锡嘉成长三角中的一极，拥有丰富的资本和劳动力资源，是倍受外商青睐的投资对象地之一。自第一波全球化以来，中国以加工制造环节嵌入全球价值链，成为"世界工厂"，依靠出口大幅拉动了经济增长，苏州便是第一波全球化中的受益者。而"一带一路"战略实施后形成了沿海、沿江、沿边全范围的开放格局。随着国际国内宏观背景和苏州自身发展条件的变化，苏州的独特地位在逐步消失，在与中亚、西亚贸易以及中缅交流中，反而处于后方腹地的区位，原有的开放优势被逐渐冲淡。

国际分工要求企业的生产经营活动必须根据资源优化配置的要求在空间上分离与整合。在产业空间布局上，生产基地可以建在地价较低、劳动力便宜的偏远郊区，而经营、策划、产品研发、财务、人力资源等，则建在投融资方

便、人才聚集、信息灵通、市场辐射能力强、商务成本高的城市中心。苏州引进外资利用本土资源和劳动力扩大制造生产的开放模式也会受到严重挑战，特别是引进的外资企业面临劳动力、市场和环境约束越来越大，对苏州发展的支撑趋于弱化。

苏州的区位决定了苏州是向东开放的重镇，因此在改革开放前三十年的非平衡开放格局下，苏州从贸易中收益颇丰。苏州加入国际价值链具有两头在外的特征，即从国外进口原材料、半成品和机器设备，经组装加工后，再出口到国外市场。所以苏州有很高的国际贸易体量，但总体而言"大而不强"。

由表12-5可以看出，自金融危机后，苏州的国际贸易趋势是"总量较大、增速放缓"，近几年进口总额较稳定，但出口额一直保持上升态势。

表12-5　　　　　"一带一路"沿线主要城市进出口额比较　　　　单位：亿美元

年份	上海		重庆		武汉		南京		苏州		成都	
	进口	出口	进口	出口	进口	出口	进口	出口	进口	出口	进口	出口
2007	1 391	1 439	29	45	52	48	156	207	929	1 189	38	57
2008	1 528	1 694	38	57	71	69	170	236	968	1 317	63	91
2009	1 358	1 419	34	43	56	58	153	185	874	1 141	74	105
2010	1 881	1 808	49	75	93	88	207	249	1 210	1 531	108	139
2011	2 276	2 098	94	198	111	117	265	309	1 336	1 672	150	230
2012	2 300	2 068	146	386	96	108	233	319	1 310	1 747	172	304
2013	2 372	2 042	219	468	98	119	235	323	1 336	1 757	187	319
2014	2 563	2 103	320	634	126	138	326	246	1 301	1 812	220	338

资料来源：上海、重庆、武汉、南京、苏州、成都各年份统计年鉴。

与长三角的其他城市对比来看，上海依旧发挥着核心城市的作用，进出口数额平稳上升；而南京与苏州不同，出口受到了一定阻力，而进口增长较为明显。对比中西部地区的核心城市来看，重庆、武汉、成都等城市有着较快的进出口贸易增长，这不仅是由于制造业成本优势开始显现，还因为我国对外开放格局开始由单向开放转变为全面开放。再从苏州的贸易对象看，如表12-6所示，亚洲各国为苏州的主要贸易伙伴，而与北美洲和欧洲的贸易体量大致相当。苏州与欧洲的贸易额在2013年有显著下降，这是由于我国与欧洲各国的贸易逐步转移到了中西部地区，一定程度上挤出了苏州与欧洲的贸易额。

表 12 – 6			2001 ~ 2013 年苏州市进出口结构		单位：万美元	
年份	亚洲	非洲	欧洲	南美洲	北美洲	大洋洲
2001	1 486 621	18 546	358 362	59 678	395 882	47 068
2002	2 301 230	26 926	543 606	89 135	617 787	60 306
2003	4 230 347	37 459	1 065 426	120 309	1 035 784	76 815
2004	6 578 092	46 673	1 697 229	193 794	1 672 047	132 151
2005	8 880 236	67 150	2 336 937	246 692	2 319 559	208 186
2006	10 549 389	84 961	3 090 873	377 489	3 094 636	228 853
2007	12 259 757	130 391	4 166 961	594 076	3 664 456	363 811
2008	13 059 881	163 007	4 424 770	796 083	3 994 325	377 953
2009	11 191 334	146 299	3 711 062	762 298	3 929 903	403 656
2010	15 296 751	223 197	5 122 204	1 091 773	5 034 883	638 653
2011	17 066 445	271 301	5 379 496	1 380 070	5 080 823	907 869
2012	18 131 649	314 306	4 879 403	1 330 752	5 107 175	805 247
2013	18 332 862	316 049	4 646 276	1 347 284	5 428 353	861 370

资料来源：2002 ~ 2014 年《苏州统计年鉴》。

再对比"一带一路"沿线其他城市来看，图 12 – 3 所示为 2013 年几个主要城市与各个地区的贸易流向构成。苏州的贸易结构呈现明显的"亚太偏向型"，有近 60% 的进出口贸易是与亚洲国家和地区发生的。在全球价值链中苏州与新加坡、日本和中国台湾等国家和地区联系密切，因此苏州的贸易结构呈

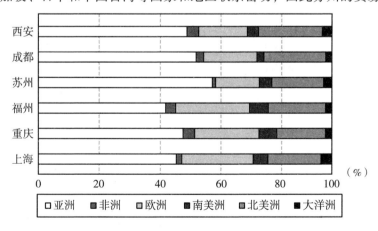

图 12 – 3 "一带一路"沿线重点城市 2013 年与各地区贸易情况

现了偏向这些地区的不均衡的状态。这样的结构有其合理性，一是符合苏州海陆通道畅通的区位条件，二是符合其劳动力资源丰富的比较优势。不过，随着国际形势变化，我国与亚太地区的贸易规模有可能下降，与欧洲的贸易联系将更紧密。而苏州在向西开放中优势不明显，与欧洲各国的贸易比例不如其他城市。

制约苏州向西开放有两大瓶颈，一是距离欧洲较远，二是缺乏与欧洲各国的合作项目。打开西向贸易通道的关键，一是建设优质的西向货物运输通道，二是寻找优势互补的产业合作。在运输通道建设方面，需注重海上通道与陆上通道相结合。一方面港口是苏州的重要优势，应当与欧洲各大港口积极开展合作，将苏州港的优势进一步发挥出来；另一方面依托以"苏满欧"为主的陆上通道高速的特点，拓宽与欧洲各国的贸易范围，重点放在产品周期短的电子产品或食品等领域的贸易。在与欧洲各国的产业合作上，要发挥苏州现有的产业公地优势，即苏州所拥有的各类成熟的产业园区、孵化器等条件。应当积极引进欧洲高端制造业的投资，加强与欧洲各国在全球价值链上的联系。

（二）审慎投资选择规避地缘政治风险

"一带一路"战略一个重大的特征是国际资本流向发生改变。改革开放初期我国依靠丰富的劳动力吸引了大量国际资本，而新形势下需要我国对外进行资本投资。在选择投资对象时，需要审慎投资选择。在"一带一路"沿途、沿线诸多国家中，目前表态支持"一带一路"的有50多个，但是无条件支持的并不多。大多数国家指望"一带一路"给他们带来收益，但并未准备好投入，一些国家甚至公开恐吓，干扰"一带一路"的建设。

根据经济学人智库对全球各国的运营风险和信贷风险的分析，在涵盖了安全局势、法律及监管、政府效能、政治稳定性和基础设施在内的十大类风险后，对"一带一路"覆盖国家进行了风险评估，国家之间投资风险差异较大。在"一带一路"沿线国家投资时，风险与机遇并存。苏州企业要有一定的风险意识，在实施"一带一路"战略时必须对这些国家的风险进行仔细研究，在投资之前做好风险应对预案，将投资的风险降到最低。苏州企业以民营为主，民营企业境外投资具有其独特的竞争优势和重要意义，产权明晰保证了企业经营者的积极性和主动性。2014年全市核准境外投资项目209个，中方协议投资额17亿美元。其中，民营企业境外投资项目159个，中方协议投资额13亿美元，占比分别为76%和77%，均首次超过七成。目前，民营企业"走出去"涉及我国经济社会发展和对外开放的各个领域和方面，既面临着重要的机遇，也存在诸多风险。主要有政治风险、经济风险、经营风险、文化风险四类。

（三）破解成本约束困境重塑竞争优势

近年来，伴随着人口红利的逐步消失和环保压力的日益加大，苏州过去的低成本竞争优势受到削弱。改革开放以来，低成本是苏州外向型经济发展的重要优势之一。但随着经济发展水平的提高，苏州外向型经济发展的成本约束不断加重。本文要从加快技术创新、提高资源利用率、推进产业梯度转移等方面，积极应对成本约束加重对苏州外向型经济的影响。

苏州外向型经济发展面临着劳动力成本不断上升的严峻现实。据中国人民银行苏州市中心支行近期对180户进出口企业进行了问卷调查，结果显示，企业经营成本持续上升：68%的企业反映近五年来成本持续上升，其中25%的企业成本大幅上升。员工的高薪诉求，导致流动性加大，频繁的员工流动也提高了企业的用工成本。由于员工队伍不稳定，流动性较大，82%的企业因培训费用增加、次品率和返工率加大而引起成本费用的加大。不仅如此，企业还面临着原材料价格上升、人民币汇率上升和环保成本提高等诸多压力。苏州制造业以加工、代工为主，大多数企业处于产业链低端，中间消耗占据其成本的比重很大，原材料价格的攀升将不断侵蚀企业的利润。2005年第一次汇改以来人民币持续升值导致出口企业财务成本的上升，据苏州市人民银行的统计，82%的企业认为人民币升值对企业成本有影响，37%的企业判断因人民币升值致使企业财务成本增加10%以上。此外还有61%的企业反映环保支出增长，47%的企业反映水电气等基础产品上涨导致企业成本增加10%以上。苏州地区制造业成本的上升，已经出现外商企业产能转移的迹象，如昆山仁宝等笔记本生产企业已将新的产能布局在重庆等西部地区。同时，在企业"走出去"过程中，出现过因为污染环境，而与当地居民产生冲突的现象，正是由于对环境保护认识不足，在海外投资的中国企业吃了不少苦头。

不过，随着成本约束的加重，苏州要维持原有的制造业竞争优势，需要破解成本约束的困境：提高劳动生产率，降低相对成本。制造业的成本实际上是相对的，其实际大小与劳动生产率相关。《中国工业发展报告2014》指出，发达国家以重振制造业和大力发展实体经济为核心的"再工业化"战略，并不是简单地提高制造业产值比例，而是通过现代信息技术与制造业融合、制造与服务的融合来提升复杂产品的制造能力以及制造业快速满足消费者个性化需求能力。因此，苏州的当务之急应当是提高劳动生产率，降低制造的相对成本，维持原有的竞争优势。

（四）防要素被虹吸完善人才培养体系

"一带一路"建设对苏州而言并非是单向的产业转移，而应是"引进来"和"走出去"相结合的要素双向流动的资源再配置工程。以"走出去"为先，恰恰是为了而后引进高端要素、实现产业升级做准备。向全球价值链的高端环节攀升，实质是靠自主创新的能力。苏州在加强自主创新能力上下了较大功夫，并取得突出成果，苏州的创业服务机构实现了5市7区的全覆盖，全市各类科技创业孵化机构已达27家，国家级8家、省级6家，孵化面积突破100万平方米。特别是苏州高新区，作为苏州市最早获批的国家级高新技术产业开发区，开发建设以来，汇聚了中科院医工所、中科院地理所、浙大工研院、华理工苏州研究院等具有较强辐射带动效应的大院大所，吸引各级领军人才近400名到本区就业创业，承担国家863计划、火炬计划等多项重大科技课题。高新技术产业规模不断壮大，区域科技创新能力持续提升。

在创新方式选择上，苏州市目前的产业基础决定了创新方式主要还是集中于集成创新和引进消化吸收再创新，创新的内容以工艺驱动式创新与工艺嵌入式创新为主，二者各有其特点：工艺驱动式创新的特点是研发与制造的结合度非常高，将研发与制造分离的风险也非常大；工艺嵌入式创新仍属于产品创新的一部分，工艺发生的细微变化都能不可预测地改变产品的特性，设计与制造不能分离。在目前状况下，产业发展的状况直接影响到上游研发机构的创新效率。在技术创新过程中，应注重上下游的一体化，进行资源整合，通过上下游互动式溢出促进创新效率提高。

在提升自主创新能力的过程中，关键的是人才。一带一路上的许多国家，情况高度复杂，要想成功地开展有关工作，往往涉及到安全、市场、工程、宗教、社会等多方面的具体问题。要想在这种复杂的环境当中成功，就不仅需要专家，而且需要有全局视野的国际性人才。

苏州应当主动嵌入全球创新网络，将自身打造成为重要的创新节点。苏州需要在全球范围内吸引高端的人才要素，聚集主导产业，包括服务业和制造业的研发中心。开发策略上，要以战略性新兴产业作为苏州市与周边各板块、园区合作创新的抓手，以发展现代制造业、现代服务业和科技创新事业为重点。在具体的实施路径上，主要是从产业创新入手，搭建区域内产学研合作创新的载体和平台，实现苏州市内制造业企业创新需求与创新供给的相互适应和互动。

经济发展转向创新驱动时，要把人力资本投资放在更加重要的地位。在劳动力绝对数量下降、人口老龄化加快的条件下，就要不断增加人力资本投资，加强中高端技能培训和中高等教育体系建设，这是高速增长转向高效增长的根基。我国每年有700万以上的大学毕业生、600万以上受过中等职业教育和技能培训的毕业生、30万以上的海外归国留学人员进入劳动力市场，这是将传统意义上的中低端人口数量红利转换为中高端人才质量红利，形成推动经济迈向中高端水平的强大人力资本条件。

苏州的创新人才主要依托于引进，苏州高等教育发展和经济社会发展情况不相匹配，导致高端人才匮乏。人才受教育程度较低，大专以上人才比例仅15%（见图12-4），远低于上海、南京和武汉。目前苏州一本院校有1个，二本院校2个，三本院校4个，14个专科学校。可见，苏州高等院校较少，研究机构不多，导致科技人才储备不足，也在一定程度上造成了占据科学前沿、把握重大发展方向、做出开创性科技贡献的科技领军人才缺乏。

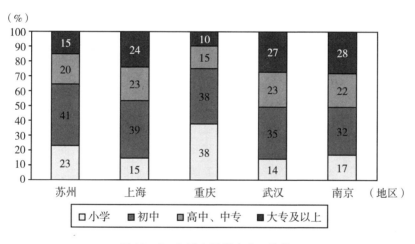

图12-4 各城市受教育人口结构

资料来源：各城市第六次人口普查数据。

除了重视对科技人才的培养与引进之外，还应注重完善高技术工人的引进与培养体系。新常态下的制造业发展，不再是着力发展劳动力密集型制造，而是对劳动者技术素养要求较高。目前各地都有"大力发展服务业"的趋势，培养了大量服务人才，而在高技术工人的培养体系上，还存在诸多问题。技工人才的缺失将不利于实现产业转型与智能制造。因此，应当注重相关人才的引进与培养，推进部分地方本科院校向应用技术本科高校和职业教育转型。

第3节 苏州融入"一带一路"的战略思路和路径选择

一、产业发展基础及战略转型方向

通过"一带一路"的建设,将会在欧亚大陆形成一条有梯度的、连续的价值链,经济带所覆盖的城市皆为价值链中的节点。就目前欧亚大陆整体价值链的情况来看,具有"两头高、中间低"的特征。苏州作为欧亚大陆东海岸的节点城市,势必需要依托"一带一路",找准城市自身以及各个产业的战略定位,提升自身在全球价值链中的地位,打造国内价值链的链主。

为打造国内价值链链主,苏州要积极依托"一带一路"战略这一机遇。一方面,要更积极的发挥其在全球价值链与国内价值链之间的二传手功能,将苏州的一些劳动、资本密集型产业有梯度地向中西部转移;另一方面,要积极充当引进、消化和吸收国外先进技术的转换器,发挥知识溢出效应,促进人才与产业的空间匹配,专注于价值链的高端。苏州国内价值链链主的担当以及产业转移的推进,要求苏州产业发展具有带动全局的推动力。从图 12 –5 反映的 2002～2013 年苏州产业结构演变中可以发现,苏州市第三产业占比不断上升,产业结构不断优化。2014 年苏州实现服务业增加值 6 499 亿元,占地区生产总值的 47.2%,服务业对经济增长的贡献率达 58.7%,全社会投资中服务业投资占比首次超过 60%,年末省、市服务业集聚区达到 74 家。

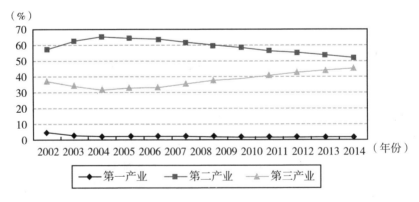

图 12 –5 2002～2013 年苏州市三次产业结构演变

资料来源:《苏州市统计年鉴(2014)》。

　　再来分析苏州第二产业的发展现状，2002 年以来，苏州市第二产业占比不断下降。2014 年全市实现工业总产值 35 773 亿元，比上年增长 0.2%。大型工业企业产值 16 393 亿元，比上年下降 3%；中小微工业企业产值 14 193 亿元，比上年增长 4.6%。百强工业企业完成产值 12 335 亿元，比上年下降 1.3%。虽然第二产业总体占比在下降，但是先进制造业发展势头良好。其中汽车制造业、电气机械及器材制造业、化学原料及制品制造业产值分别比上年增长 14.1%、7.1% 和 10.3%。电子、钢铁行业产值分别比上年下降 4.4% 和 2.1%。战略性新兴产业稳定发展。制造业新兴产业涉及 31 个行业大类、292 个行业小类，覆盖工业行业大类的 88.6%。生物技术和新医药、新能源、高端装备制造以及集成电路产业产值增长高于新兴产业产值平均增速，分别比上年增长 16.7%、12.8%、7.9% 和 10.1%。可以看出，制造业发展的一个趋势是，以国企为主的大型企业发展停滞，而中小企业愈发具有活力。制造业也日趋高端化，科技含量过高的制造业增速明显快于传统制造业。

　　产业升级的另一个侧面是科技水平的提高。近年来苏州的科技研发能力提高显著（见表 12-7），从高新技术产业发展情况来看，2014 年苏州高新技术产业位居全省第一，所占份额为 23.82%，显著高于排名第二的无锡市和排名第三的南京市。从技术研发能力来看，近两年来发明专利总量持续下滑，但实用、发明型专利数量稳步上升（见表 12-8）。

表 12-7　　　　　　　**2014 年江苏省高新技术产业分区域发展状况**

城市	产值（亿元）	占全省比重（%）
南京市	5 741	10.02
无锡市	6 111	10.67
徐州市	4 048	7.07
常州市	4 806	8.39
苏州市	13 645	23.82
南通市	5 404	9.43
连云港市	1 669	2.91
淮安市	1 474	2.57
盐城市	2 045	3.57
扬州市	3 881	6.78
镇江市	3 901	6.81
泰州市	3 888	6.79
宿迁市	665.2	1.16

资料来源：《2014 年江苏省高新技术产业主要数据统计公报》。

表 12－8   2005 年以来苏州市专利授权量构成

年份	授权量	发明	实用新型	外观
2005	3 315	148	1 496	1 671
2006	4 855	180	2 075	2 600
2007	9 157	292	2 948	5 917
2008	18 270	645	4 217	13 408
2009	39 288	1 030	5 585	32 673
2010	46 109	1 370	10 541	34 198
2011	77 281	2 492	14 220	60 569
2012	98 276	4 309	21 577	72 390
2013	81 665	4 413	30 082	47 170
2014	53 000	5 264	30 850	16 886

资料来源：2006~2014 年《苏州统计年鉴》以及江苏省人民政府发布的《2014 年苏州市知识产权发展与保护状况》。

总之，苏州具有迈向"一带一路"价值链高端环节的产业基础与科研储备，现阶段有必要通过"一带一路"催化整体产业的转型升级。在产业转型时，应契合国家战略与产业演化规律，重点落在如何与"中国制造 2025"以及"互联网＋"相结合。

国家战略层面，"中国制造 2025"战略的重点是改变当前制造业关键核心技术受制于发达国家的局面。长期的模仿和引进惯性，让中国企业失去了研发的动力和土壤，很多企业甚至不具备研发成果的沉淀和转化能力。"中国制造 2025"还规划了中国未来重点发展的十大领域，包括新一代信息技术产业、高档数控机床和机器人、航空航天装备、海洋工程装备及高技术船舶、先进轨道交通装备、节能与新能源汽车、电力装备、农机装备、新材料、生物医药及高性能医疗器械十个重点领域。这十大产业承担着各自领域核心技术研发的重任，代表中国制造业寻求局部突围重塑国际竞争力。苏州在对接国家层面产业战略规划时，应根据自身情况，推动优势产业转型升级。苏州在国内外市场上具有一定的比较优势，在高档数控机床和机器人、新能源、电力装备、新材料、生物医药等领域具有较好的产业基础和发展条件，下一步应当把重点放在巩固、提升既有优势，以抓住中国产业发展的大趋势。

从产业演化趋势看，苏州市要推进互联网和制造业融合深度发展，使其成为撬动产业转型升级的新支点。基于互联网技术发展服务型制造，是装备制造业适应经济发展新常态的需要，包括两种模式：一是企业以装备产品为基础，依托互联网拓展远程运维、远程监控等增值服务；二是企业在产品制造之外衍生出信息系统咨询设计、开发集成、运维服务等专业性信息服务能力。服务型制造对制造企业的规模和技术能力均有较高的要求，通过国内外服务型制造实践可以发现，大型企业集团更容易在服务型制造上取得成功。大多数以生产能力见长的企业，特别是中小型装备制造企业，在向服务型制造转变中，发展重心容易发生偏离，甚至出现以服务替代产品本身，造成空心化发展。

对于绝大多数装备制造企业来说，夯实制造基础、加强产品质量和品牌建设仍然是发展重心，应将物流、售后服务等非核心业务外包，把主要优势资源集中于打造企业的核心竞争力上。在结合"互联网＋"发展过程中，要厘清经济问题、技术问题和金融方面的问题，这样才能保证其健康发展。互联网是一个平台和载体，需要把产业过程和金融机制结合在一起，金融产品的设计显得相当重要。如何能够正确评估和分散风险，如何能够给当事者提供一个有效的激励机制，解决融资难、融资贵以及相互之间的拖欠等问题，而且开发出一些新的金融产品，这些都决定着产业互联网是否能够成功。

二、装备制造及国际产能合作战略

"一带一路"战略的推进实施，标志着中国对外开放战略方向由东向西转变，对外开放战略重点由引进国外资本、技术等要素向国外转移有竞争力富余优质产能。进入新常态以来，经济正处于速度换挡期、结构调整阵痛期、前期政策刺激消化期的"三期叠加"，国内市场需求疲弱，部分行业存在产能过剩问题。

针对这一问题，2015 年 5 月国务院印发了《关于推进国际产能和装备制造合作的指导意见》（简称《意见》）。《意见》指出推进国际产能和装备制造合作，是保持我国经济中高速增长和迈向中高端水平的重大举措，是推动新一轮高水平对外开放、增强国际竞争优势的重要内容，是开展互利合作的重要抓手。《意见》明确了国际产能合作的总体任务，与装备和产能契合度高、合作愿望强烈、合作条件和基础好的发展中国家作为重点国别，并积极开拓发达国家市场，以点带面逐步扩展。将钢铁、有色、建材、铁路、电力、化工、轻纺、汽车、通信、工程机械、航空航天、船舶和海洋工程等作为重点行业，分类实施，有序推进。

在中央提出国际产能合作之后，吉林、河北、辽宁等地纷纷出台国际产能合作的具体方案。吉林省制定了装备制造和国际产能合作重点项目推进工作方案，推进 60 个重点项目建设，圈定俄蒙等东北亚国家、"一带一路"沿线国家和非洲等为重点区域。河北省制定了支持优势产能国际合作若干意见，将钢铁、水泥、玻璃、光伏及装备制造等优势产业确定为产能合作的重点领域。辽宁省制定了国际产能和装备制造合作实施方案，提出了重点行业、企业、产品及项目清单。从目前各地推进路径来看，境外经贸合作区成为优选的载体。国际产能合作既是遵循国际产业发展规律、将国际需求与国内经济发展动力紧密结合的重要战略部署，又是应对经济新常态的重要举措。

发达的制造业是苏州融入"一带一路"战略背景下走出去的重要优势，2014 年苏州地区实现工业总产值 35 773 亿元，电子、钢铁、电气、化工、纺织、通用设备制造六大支柱行业实现产值 20 358 亿元。国家推出的国际产能合作政策规划给苏州带来了巨大机遇。应积极推进钢铁、船舶、水泥、工程机械、化纤等产业的富余优质产能向外输出，为苏州优势产业的发展拓展新的市场空间。因此，借助"一带一路"战略开展国际产能合作，将为苏州富余优质产能开辟广阔的市场空间。"一带一路"沿途国家，大多数为发展中国家，在基础设施建设以及国民经济等领域的发展需求，契合了苏州推动钢铁、电力、装备制造、化纤、工程器械等行业走出的愿望。这将推动苏州有竞争力的优质产能走出去，同时也是促进苏州产业转型升级的最佳选择。比如中国与哈萨克斯坦签署会议纪要，就初步确定了涉及钢铁、水泥、平板玻璃、能源、电力、矿业、化工等领域的 63 个项目清单。

推进与沿线地区的贸易和产业投资合作，以苏州富余优质产能的输出为目标，以苏州产业园区合作共建为平台。有效提高苏州经营管理水平、扩展企业发展空间。表 12 - 9 是 2000～2013 年苏州市海外企业情况，由表中可以看到苏州新增境外企业数和新批境外投资额逐年增加。

表 12 - 9　　　　　　　　2000～2013 年苏州市海外企业情况

年份	境外企业数（个）		新批中方境外投资额（万美元）
	新增	累计实有	
2000	2	74	320
2001	5	79	285
2002	8	85	187
2003	7	91	453

续表

年份	境外企业数（个）		新批中方境外投资额（万美元）
	新增	累计实有	
2004	32	110	4 793
2005	42	134	8 211
2006	51	185	10 566
2007	50	235	13 023
2008	63	298	20 526
2009	111	377	32 224
2010	118	495	47 446
2011	138	589	70 048
2012	187	744	122 163
2013	159	871	161 851

资料来源：《苏州市统计年鉴（2014）》。

综合竞争力强的民营企业是苏州走出去的主力军，2015 年 8 月全国工商联发布的"2015 中国民营企业 500 强"榜单，苏州共有 19 家企业上榜，入围企业数位居全省第一。随着民营经济的快速发展和企业实力的不断增强，特别是政府支持企业"走出去"的宏观政策环境的大大改善，民营企业"走出去"开展跨国经营的步伐明显加快，已经成为对外投资的重要力量。

随着"一带一路"战略的加快推进，西部将成为我国迅速崛起的一块热土。目前，西部地区规划了多项重大基础设施、重大能源项目、重大产业项目以及重大经济合作区建设等，苏州应发挥在制造业和产业园区方面的优势，积极抢占市场先机。需要进一步指出的是，苏州装备制造业相对发达，去年仅实现的高端装备制造产值就达 2 836 亿元，且在大型石化及煤化工装备、工程机械装备、智能制造装备等西部大开发、大发展急需的领域在国内占有一席之地，这又为苏州抢占西部崛起的内需市场添加了"砝码"。

从另一个角度说，苏州向外寻求发展空间与国家的"一带一路"战略当中的推动东部沿海地区开放型经济率先转型升级的战略意图相吻合。一方面，让产业结构中劳动密集型产业和资源密集型产业逐步"走出去"；另一方面，可在更大范围整合利用全球资源，主动融入全球产业链、供应链、价值链、资金链，在全方位开放中塑造新的比较优势。逐步完成由要素资本推动向知识技术拉动转移，推进产业结构调整，提升产业的升级。

政府可以出台相关政策支持以三一重机、苏州金龙等竞争力强、符合沿线国家经济发展需求的装备制造企业走出去，扩大技术装备、成套设备出口规模，输出技术和标准，提高苏州制造国际市场占有率。同时，抓住后危机时代第三次产业革命机遇，对接"中国制造2025"战略和德国"工业4.0"战略，推进制造业的智能化、信息化发展。在发达国家设立研发中心，加强集成创新和引进消化吸收再创新，着力突破一批制约产业发展的关键技术，提高装备制造企业的研发和制造能力。

在服务业规划中，金融、物流为重点发展产业，这与各城市核心功能有关。苏州服务业规划重点在生产性服务业上，这与苏州雄厚的工业基础相吻合。长期来讲，产业结构需要优化，但制造业是苏州不可动摇的根基，服务业重点应落在与制造业配套的生产型服务业和消费型服务业。截至2013年底，苏州新增服务外包企业320家，服务外包合同额86.4亿美元，增长54.3%，离岸接包执行额46.2亿美元，增长51.4%，服务外包产业也是今后发展的重点。

在推进与"一带一路"沿线国家合作时，要发挥苏州在农林渔产业现代化发展的优势，苏州农业现代化指数连续四年位居全省首位。结合苏州装备制造业优势，研究与东欧、南亚和俄罗斯等地合作推进粮食机械化种植的市场前景。乌克兰、俄罗斯等国土地资源丰富，土质肥沃，而且土地所受污染小，特别是俄罗斯对农药的使用限制条件严格，苏州应发挥自身在农业现代化领域的优势，推进两地在该领域的深度合作。一方面，为"苏满欧"返程列车提供了货源，有利于中国与沿线地区的贸易平衡；另一方面，也为国内居民提供了丰富优质的食品来源。

此外，苏州应发挥园艺、林业领域的优势，进一步巩固与东盟国家在园艺、林业等领域的项目投资和业务合作，拓展苏州有实力的相关企业开发俄罗斯林业资源，促进苏州市第一产业的开放发展。例如，苏州先锋木业有限公司在老挝、印度尼西亚等地已有成功的林业投资开发案例。先锋木业在印度尼西亚购买了350平方公里林地的开发使用权，建立林木采伐、木材加工以及生物颗粒生产等产业体系。进一步地，苏州积极推动以先锋林业为代表的木材加工企业开发俄罗斯林远东木业资源。

三、优势产业合作及产业园区共建

"一带一路"沿线大多是新兴经济体和发展中国家，这些国家要素禀赋各异，发展水平不一，经济互补性很强。"一带一路"的建设，在推进中国优质产业走出去时，要本着互惠的原则，使各国充分发挥比较优势，实现优势互补。如中国用高铁建设和泰国大米交换的提议，既有利于维护我国的粮食安全，也促进了泰国的基础设施。

"一带一路"战略构想的推进，将使沿线国家在以下领域得到经济实惠，大致包括：为各国完善道路、油气管理、电网等基础设施的建设提供支持；多元化能源出口路线；促进国内商品市场的丰富，扩大对外贸易额；获得出海口，更有效地融入全球经济；形成改善国内投资环境的动力，以增加外来投资；进一步密切与外部世界尤其是与中国和欧洲国家之间的联系等。

"一带一路"战略的推进实施，促进中国与沿线国家减少经贸壁垒，为苏州企业走出去提供更大的机遇。苏州作为对外开放程度较高、经济发达的城市，不仅可以提供物美价廉、品种丰富的日常用品，而且为沿线国家的工业化发展提供管理技术和装备制造。"一带一路"沿线新兴经济体和发展中国家普遍处于快速发展时期，在公路、铁路、建材、通讯等众多产业有着巨大需求，苏州可以利用自身的优势，加强对这些地区的贸易和投资。

目前，苏州与"一带一路"沿线的中亚、西亚、南亚等地区的 16 个国家均保持着良好的经贸合作关系。自 2004 年以来，苏州在全省实现了对外投资的"十连冠"，至 2013 年底有在册境外企业 871 家，对外协议投资近 50 亿美元。2013 年共计实现外贸进出口 120.7 亿美元和 285.8 亿美元。2013 年 10 月，在土耳其召开的丝绸之路国家大会上，苏州作为中国丝绸展的唯一参展代表，丝绸产品一经亮相就被抢购一空。

苏州"走出去"的重要载体是各类开发园区。苏州在园区建设、管理方面经验丰富，早在 1994 年苏州工业园区在中国和新加坡双方合作下诞生。作为中新两国政府间最大、最早合作项目，经过 20 年的开发建设，苏州工业园区成为一个用占苏州 5.3% 人口，3.4% 的土地，创造了 15% 经济总量的国家级开发区，是中国最具竞争力开发区之一，综合发展指数位居国家级开发区第二位。在国家级高新区排名中，苏州工业园区居江苏省第一位。开创了中外经济技术互利合作的新模式。

园区经济是苏州的一大特色，这也是苏州产业走出去的新模式，这明显有别于以往的产品和资本输出。以苏州丰富的园区开发经验为支撑，积极与沿线国家和地区合作共建，发展园区"飞地"，这是实现当地经济发展和苏州"腾笼换鸟"产业升级的双赢举措。"走出去"可分为三个阶段：第一阶段是要让理念"走出去"。主要由各地政府与投资方来苏州园区学习经验，学习园区建设理念，然后再回当地自主开发园区；第二阶段是制度"走出去"，即其他地区通过模仿、复制苏州园区的管理制度进行自主开发；第三阶段为模式"走出去"。将成熟的园区开发模式输出到其他地区，与当地政府展开合作。苏州可借鉴新加坡对外输出园区发展模式，通过园区"走出去"发展飞地经济。

苏州产业园区"走出去"的一个案例是东方工业园。东方工业园于2007年11月正式中标中国商务部境外经贸合作区，2015年4月正式得到中国财政部和商务部确认的境外经贸合作区。埃塞政府将工业园作为国家"持续性发展及脱贫计划（SDPRP）"的一部分，列为工业发展计划中重要的优先项目。目前，已入园的20多家企业从事水泥生产、制鞋、汽车组装、钢材轧制、纺织服装等行业。中—埃塞东方工业园的成功管理经验为后续产业园区"走出去"提供借鉴：第一，选择正确的投资地点。首先，埃塞俄比亚在非洲更是具有独特政治地位，被称为非洲的"外交首都"，是我国在非洲的重要合作伙伴，其首都亚的斯亚贝巴是联合国非洲经济委员会和非洲联盟总部所在地。其次，埃塞俄比亚有较高的投资回报率，这是因为其国内市场上许多商品都处于供不应求状态，价格居高不下。同时，埃塞尔比亚国内劳动力成本低，其最低工资标准仅为20比尔/天（约合人民币7.4元）。

第二，建立一个为企业提供"一站式"服务的管委会。工业园管委会为入园企业提供政策法律咨询、投资和工作许可、企业注册和有关登记、报关报税、商检、仓储运输、商务会展、与当地政府和机构协调中介服务以及安全保卫服务。工业园为入园企业提供"多通一平"入园条件，建立保税仓库、商贸、医疗、消防、培训、餐饮、娱乐等配套设施，提供厂房、工业用地、生活用房的出租或出售。埃塞俄比亚政府向园区派驻海关、商检、税务、治安等职能部门的直属办事机构，为入园企业的生产经营提供最大化"一站式"便捷服务。东方工业园内的保税仓库由东方工业园在埃塞的法人公司开展保税仓储业务，满足入园企业生产物资的进出口业务需求，为企业提供便捷服务。

第三，共赢式的投资模式。截至2013年末，园区已实现销售额14 575万美元，带动出口9 180万美元，上缴给埃塞俄比亚政府的税收1 160万美元，为东道国创造就业岗位4 480个。东方工业园已与埃塞俄比亚有关政府部门签订政府订购合同，埃塞俄比亚政府还将把东方工业园内的企业作为今后政府采购的合作重点单位。

四、挖掘文化底蕴及发展文化产业

从现代文化传播角度来看，往往经济高地就是文化高地。实际上古时候丝绸之路之所以成了中国文化向外传播的渠道，是因为当时中国是世界的经济高地。这几年世界范围内中国文化的复兴，很大程度上是得益于经济的崛起。丝绸之路经济带也将推动区域内的文化交流，经济发展与文化交流密不可分。文化交流是民心工程、未来工程，要积极发挥文化的桥梁和引领作用，推动苏州与沿线地区政府间、民间的文化交流活动。

"一带一路"文化建设已经成为我国对外文化工作的新抓手，目前全国超过 20 个省区市上报了"一带一路"有关规划项目，其中不少项目涉及文化产业与文化贸易领域。例如浙江省于近期上报了继续推进实施浙江吉尔吉斯斯坦德隆电视台文化贸易平台作为"一带一路"建设工作重点项目，并将进一步开展沿线国家各类文化贸易促进活动，以促进该省文化企业对沿线国家的境外投资并购。

软实力是指一个城市的文化、价值观念、社会制度等影响自身发展潜力和感召力的因素。任何一个地区的软实力都可以从历史和现实两个维度寻找力量，对于苏州而言，吴文化、丝绸文化等是其文化软实力不可或缺的部分。苏州本是丝绸文化的发源地之一，可以说与"一带一路"有着莫大的历史渊源。

苏州在"一带一路"文化产业发展空间上也具有独特的优势，这种优势表现在几个方面：首先是有经济基础进行支撑。文化传播的影响力以及文化产业的发展，依赖于地区的经济发展水平。随着"一带一路"沿线各国文化交流和贸易往来的日益频繁和加深，外向型经济发达的苏州，更易将其优秀文化及和谐发展的理念传播出去，提升对苏州和苏州文化的认同感。其次是苏州深厚的丝绸文化的底蕴。苏州是中国古代重要的丝绸产地，享有"丝绸之府"的美誉。南宋之后，苏州织业已相当发达，当时有名的苏杭五色缎，享誉国内外。时至明清，江南地区的丝绸工商业获得了极大繁荣，苏州成为中国丝织业的中心之一。古丝绸之路贸易的起点虽然不在苏州，但苏州是中国丝绸的重要产地，在将苏州丝绸文化推向世界时，应考虑传统文化与现代时尚的结合。例如在苏绣、旗袍等产品中增加现代流行元素，赋予传统文化新的生机与活力。再次就是苏州文化的包容性。苏州文化底蕴丰厚，其丰厚性主要体现在古城名镇、园林胜迹、街坊民居以至丝绸、刺绣、工艺珍品等丰富多彩的物化形态，体现在昆曲、苏剧、评弹、吴门画派等门类齐全的艺术形态，还体现在文化心理的成熟、文化氛围的浓重等等。最重要的是，这些丰富的文化遗产，具有极强的包容性，文化之美能为世界人民所接受。姑苏文化也在现代社会中一步步传承下去。

然而从目前的相关数据来看，苏州文化产业发展与其深厚的文化底蕴不相称。苏州是我国历史文化名城和重要的风景旅游城市，文物保护单位 489 处，国家级 15 处，省级 85 处。"苏州园林甲天下"，园林 60 多个，其中 9 个被联合国教科文组织列入《世界遗产名录》。另外，苏州寺观名刹、文物古迹交相辉映。苏州坐拥如此之多的人文旅游资源，但文化产业发展相对滞后。2014 年苏州市文化产业预计完成营业收入 3 565 亿元，文化产业增加值占 GDP 比重在 6.5% 左右。相较于文化产业 GDP 占比 17.4% 的杭州来说，苏州文化产业还依旧薄弱。

以推进"一带一路"战略为契机，苏州正全力促进文化产业发展。2015 年 4 月江苏省旅游局举办了"丝绸之路"旅游线路发布会暨苏州春季和丝绸旅游推介会，在"一带一路"战略契机下，苏州向全世界展示了苏绣、宋锦等传统丝绸艺术，并以丝绸文化为纽带。苏州市旅游局还因势而动，推出了五条"丝绸之路"精品旅游路线。吸引了全世界的目光。文化资源开发上，古镇周庄和苏州乐园、太湖乐园等现代旅游设施业，以及戏曲、丝绸、苏绣等 10 个博物馆，已成为旅游新亮点。未来应发挥苏州园林品牌优势，积极开发山水生态旅游和休闲度假旅游，形成以观光旅游为基础，文化、商务、休闲旅游、社会旅游多功能的新型旅游产业。并且积极与"一带一路"上一些城市合作展开文化交流项目，扩大苏州的影响力，将苏州的文化品牌打向世界。

第 4 节　本章小节

本章在简要回顾"一带一路"战略实施的国内外背景环境下，分析了苏州参与"一带一路"建设的发展机遇和可能面临的潜在风险，还分析了苏州参与建设中的战略重点和发展方向，得到以下结论：

第一，从新经济地理学的中心—外围理论看，"一带一路"发展战略有利于促进亚欧大陆成为中心区，改变长期以来沿海地区是中心区，而内陆地区是外围区的发展格局。"一带一路"战略不仅有利于中国区域的均衡发展，而且有利于促进处于内陆亚欧国家的经济发展，促进国际经济格局的优化。

第二，发展机遇与潜在风险并存，但机遇大于风险。发展机遇表现在：一是有助于扩展苏州制造业的市场潜力，特别是对于制造业发达的苏州，当然，对制造业强大的长三角地区也是重大机遇；二是有助于整合苏州的资源优势，打造国际港口群，推进张家港、常熟港和太仓港的协同发展，优势互补；三是扩展苏州的对外贸易，苏州除了承担货物中转运输之外，还可以直接增加对外贸易，不仅是输出，还可以输入中亚等国际的资源；四是扩大直接对外投资，降低生产成本，消化过剩的产能。潜在的风险表现在：一是地缘政治风险，这也是最大的风险；二是开放重心西移对东部地区发展产生竞争或"挤出效应"的风险；三是能否纾解东部地区重塑生产成本的优势。

第三，基于苏州的产业基础，未来参与"一带一路"战略的发展方向主要为：一是装备制造及产能合作战略，即利用开发建设中的装备制造需求，引导苏州积极对外合作，输出资本和技术；二是优势产业合作及产业园区共建，即进一步发挥苏州优势产业的基础及产业园区开发的先进经验，在"一带一路"节点上通过优势产业转移的形式共同开发产业园区；三是挖掘文化底蕴及发展文化产业，把苏州先进的文化底蕴等软实力将中西部及内陆国家扩散，以先进的文化、管理理念等促进"一带一路"战略的实施。

第四，苏州在"一带一路"中面临的机遇和风险，也适用于长三角和东部其他地区；同时，苏州在"一带一路"中的战略重点和发展方向，对其他城市和地区也是一个重要启示，只是根据本地区的特点适度调整，找出最适合自身的战略重点和发展方向。

相应地，政策建议如下：

第一，发挥区域叠加效应，有机嵌入总体布局。国家战略性区域规划从来就不是孤立的，而是整体的、联动的。目前，国家级区域战略规划主要包括：一是国家级新区（副省级新区）；二是跨省域的大区域规划；三是省区区域规划；四是国家综合配套改革试验区。这其中，涵盖苏州的主要是跨省域的大区域规划与省区区域规划，如"一带一路"规划、长江经济带规划、长江三角洲经济区、苏南现代化示范区等，这说明国家层面上，苏州在区域经济中应发挥更广的辐射作用，作为各区域版块的"发动机"，联动大区域发展。在推进区域战略规划实施时，应发挥各类大战略区域的区域叠加效应。不同的区域战略规划范围与战略目标存在差异，应注重整合各类战略内核，注意各类战略的层次，逐步发挥苏州在各类区域战略中的作用。针对"一带一路"战略规划，苏州一方面要采取各种政策措施推进"苏满欧"国际班列发展，另一方面，应积极整合国际国内资源，协同推进苏州"一带一路"节点城市布局。

第二，强化各类金融保障，设立专项丝路基金。目前，江苏省政府已经提供了相关金融支持，如省财政厅、省商务厅和苏豪集团三方正式签订江苏"一带一路"投资基金合作备忘录。苏州企业仅依托省级层面的资金支持，是远远不够的，亟须设立苏州自己的丝路基金。苏州市政府可以成立地区专项丝路基金，帮助企业对外投资。丝路基金成立的目的在于，为"一带一路"沿线国家和地区的基础设施建设、资源开发、产业合作等项目提供投融资支持，弥补各国在基础设施建设等领域存在的巨大资金缺口。通过以股权为主的多种市场化运作方式，投资于基础设施、资源开发、产业合作、金融合作等领域，促进地区共同发展、共同繁荣，实现合理的财务收益和中长期可持续发展。此外，为企业"走出去"提供金融保障，还可以与政策性银行合作。

第三，本土企业强强联合，共享贸易投资机遇。苏州要制定优惠政策鼓励、引导有资质的本地大企业集团到境外投资；另一方面，苏州本地企业不可能在所有"一带一路"合作领域都具有比较优势，应探讨建立全国范围内的企业境外投资交流合作平台，推动本土各行业的优质企业强强联合，共享贸易投资机遇。苏州政府或商会可提前收集"一带一路"区域国家急需发展的项目工程、而国内具有境外投资实力的大企业相关信息。然后，苏州企业牵头联系全国范围内有关企业，商讨建立境外投资合作平台，推动建成多家大型民企投资集团。通过本土企业的强强联合，可以使苏州企业在承接海外投资项目、兴建产业园区时，能系统性地推展开来，推进苏州在"一带一路"战略中的宏伟蓝图。

第四，积极开展产能合作，推动园区模式输出。苏州开放型经济优势显著，与"一带一路"沿线的中亚、西亚、南亚等16个国家及东盟国家均保持良好经贸合作关系。苏州具有丰富的园区建设和管理经验，全市有12个国家级开发区、5个省级开发区、3个出口加工区，是我国开发区中最为密集的城市。苏州工业园区发展，收获的不仅是经济成就，更是园区在设计规划、亲商理念、一站式服务等园区建设管理的经验。"园区经验"不仅理念和制度先进，而且具有可复制性和操作性，对外开展园区共建就是苏州"走出去"战略的重要内容和载体。

第五，深度融入当地社会，树立良好品牌形象。在中国企业"走出去"过程中，一方面要想方设法规避各种不可控的风险；另一方面，也要遵循当地法律法规，按照市场规则，守法诚信经营，强化企业的社会责任意识。苏州可以采取企业联合当地企业、西方企业以及相关国际机构，构建多方利益的命运共同体，减少外界猜疑、阻力和政治风险。企业在"走出去"时，应转变过去那种只关注承标项目建设和管理的做法，应多研究、规划一些造福当地百姓的民心工程，以推动企业融入当地社会，实现企业与当地经济社会发展的互相融合。通过走入当地社会生活的方方面面，赢得当地群众的信任，规避项目发展过程中的种种风险。

第六，经济文化良性互动，彰显吴文化软实力。未来苏州要想实现与

"一带一路"沿线国家的在更高层次、更宽领域的经贸合作，应借助"丝路文化"的主题，实现文化交流与经贸合作领域并举。苏州应以"一带一路"战略实施为机遇，整合苏州本地丝绸文化、园林和古镇文化资源，规划设计旅游线路，打造丝路旅游品牌。苏州努力建立一批友好城市，搭建人文、教育、经贸等定期交流合作的综合平台，增进苏州与沿线城市人民之间的理解与友谊，推动在更宽领域、更高层次的合作发展，建立以互惠共赢为核心的新型伙伴合作关系。

参 考 文 献

一、中文部分

[1] 安同良、刘伟伟、田莉娜:《中国长江三角洲地区技术转移的渠道分析》,载《南京大学学报 (哲社版)》2011 年第 4 期,第 61～71 页。

[2] 蔡昉、都阳:《中国地区经济增长的趋同与差异:对西部开发战略的启示》,载《经济研究》2000 年第 10 期,第 30～37 页。

[3] 蔡昉、德文、曲玥:《中国产业升级的大国雁阵模型分析》,载《经济研究》2009 年第 9 期,第 4～14 页。

[4] 曹休宁、戴振:《产业集聚环境中的企业合作创新行为分析》,载《经济地理》2009 年第 8 期,第 1323～1326 页。

[5] 陈柳:《长三角地区的 FDI 技术外溢、本土创新能力与经济增长》,载《世界经济研究》2007 年第 1 期,第 60～67 页。

[6] 陈向阳、陈日新:《垄断竞争、中间产品与城市规模》,载《技术经济》2012 年第 3 期,第 87～95 页。

[7] 陈晓玲、李国平:《我国地区经济收敛的空间面板数据模型分析》,载《经济科学》2006 年第 5 期,第 5～17 页。

[8] 程大中:《中国服务业增长的特点、原因及影响——鲍莫尔 - 富克斯假说及其经验研究》,载《中国社会科学》2004 年第 2 期,第 18～32 页。

[9] 崔功豪、魏清泉、陈宗兴:《区域分析与规划》,高等教育出版社 1999 年版。

[10] 道格森 (Dodgson)、罗斯韦尔 (Rothwell):《创新聚集:产业创新手册》,陈劲等,译. 北京:清华大学出版社 2000 年版。

[11] 范爱军、韩青:《跨国公司在华研究与发展 (R&D) 溢出:基于省际数据的实证分析》,载《经济经纬》2007 年第 4 期,第 38～41 页。

[12] 范剑勇:《产业集聚与地区间劳动生产率差异》,载《经济研究》2006 年第 11 期,第 72～81 页。

［13］范剑勇、杨丙见：《美国早期制造业集中的转变及其对中国西部开发的启示》，载《经济研究》2002 年第 8 期，第 66～73 页。

［14］范剑勇、李方文：《中国制造业空间集聚的影响：一个综述》，载《南方经济》2011 年第 6 期，第 53～66 页。

［15］方创琳、宋吉涛、张蔷等：《中国城市群结构体系的组成与空间分异格局》，载《地理学报》2005 年第 5 期，第 827～840 页。

［16］方创琳等：《中国城市群可以持续发展理论与实践》，科学出版社 2010 年版。

［17］方勇、张二震：《长江三角洲跨国公司主导型产业集聚研究》，载《世界经济研究》2006 年第 10 期，第 59～64 页。

［18］国家发展和改革委员会：《中华人民共和国国民经济和社会发展第十一个五年规划纲要》2006 年。

［19］国家发展和改革委员会：《中华人民共和国国民经济和社会发展第十二个五年规划纲要》2011 年。

［20］高国力：《我国城市群发展需要规划引导与政策体系》，载《滨海时报》2013 年 6 月 17 日。

［21］高鸿鹰、武康平：《我国城市规模分布 Pareto 指数测算及影响因素分析》，载《数量经济技术经济研究》2007 年第 4 期，第 43～52 页。

［22］贺灿飞、潘峰华、孙蕾等：《中国制造业的地理集聚与形成机制》，载《地理学报》2007 年第 12 期，第 1253～1264 页。

［23］贺灿飞、朱彦刚、朱蔑君等：《产业特性、区域特征与中国制造业省区集聚》，载《地理学报》2010 年第 10 期，第 1218～1228 页。

［24］何嬡、刘小静、魏守华：《FDI 的水平与垂直溢出效应：以长三角二省一市为例》，载《技术经济》2011 年第 5 期，第 43～52 页。

［25］黄文忠：《上海特大城市卫星城发展研究》，载《上海行政学院学报》2003 年第 1 期，第 80～91 页。

［26］黄文忠：《上海卫星城及中国城市化道路》，上海人民出版社 2003 年版。

［27］洪银兴、刘志彪：《长江三角洲地区经济发展的模式与机制》，清华大学出版社 2003 年版。

［28］金贵、金磊、王占岐等：《基于引力模型的城市圈地价空间结构模型研究》，载《安徽农业科学》2009 年第 25 期，第 12123～12124 页。

［29］江静、刘志彪：《服务产业转移缩小了地区收入差距吗?》，载《经

济理论与经济管理》2012年第9期，第90~100页。

[30] 江静、刘志彪、于明超：《生产者服务业发展与制造业效率提升：基于地区和行业面板数据的经验分析》，载《世界经济》2007年第8期，第52~62页。

[31] 江小涓：《中国的外资经济对增长、结构升级和竞争力的贡献》，载《中国社会科学》2002年第6期，第5~14页。

[32] 江小涓、李辉：《服务业与中国经济：相关性和加快增长的潜力》，载《经济研究》2004年第1期，第4~15页。

[33] 靳诚、陆玉麒：《基于县域单元的江苏省经济空间格局演化》，载《地理学报》2009年第6期，第713~724页。

[34] 荆林波、李蕊：《中国服务业的发展水平、结构变化与增长趋势及国际比较》，载《产业经济研究》2008年第1期，第1~7页。

[35] 柯善咨、赵曜：《产业结构、城市规模与中国城市生产率》，载《经济研究》2014年第4期，第76~88页。

[36] 孔东琪等：《基于产业空间联系的"大都市阴影区"形成机制解析——长三角城市群与京津冀城市群的比较研究》，载《地理科学》2013年第9期，第1043~1050页。

[37] 赖明勇、许和连、包群：《出口贸易与经济增长：理论、模型及实证》，上海三联书店2003年版。

[38] 李春成、马虎兆、贾蓓妮：《服务业增长与创新的因果关系研究——基于天津的数据》，载《技术经济》2009年第4期，第5~9页。

[39] 李江帆主编：《中国第三产业发展研究》，人民出版社2005年版。

[40] 李锦兰、王波：《AHP法在武汉周边卫星城市界定中的应用》，载《徐州工程学院学报》2008年第4期，第28~33页。

[41] 李平：《技术扩散中的溢出效应分析》，载《南开学报》1999年第2期，第28~33页。

[42] 梁琦：《产业集聚论》，商务印书馆2004年版。

[43] 梁琦：《分工、专业化与集聚》，载《管理科学学报》2006年第6期，第13~22页。

[44] 梁琦：《中国制造业分工、地方专业化及其国际比较》，载《世界经济》2004年第12期，第32~40页。

[45] 梁琦、詹亦军：《地方专业化、技术进步和产业升级：来自长三角的证据》，载《经济理论与经济管理》2006年第1期，第56~63页。

[46] 梁晓艳、李志刚、汤书昆等：《我国高技术产业的空间聚集现象研究——基于省际高技术产业产值的空间计量分析》，载《科学学研究》2007年第3期，第453~460页。

[47] 林秀丽：《地区专业化、产业集聚与省区工业产业发展》，载《经济评论》2007年第6期，第140~146页。

[48] 林毅夫、蔡昉、李周：《中国经济转轨时期的地区差距分析》，载《经济研究》1998年第6期，第3~10页。

[49] 刘志彪：《全球价值链中我国外向型经济战略的提升：以长三角地区为例》，载《中国经济问题》2007年第1期，第9~17页。

[50] 刘志彪等：《长三角区域经济一体化》，中国人民大学出版社2010年版。

[51] 刘志彪、多和田真：《中国长三角与日本东海地区的产业经济发展》，中国财政经济出版社2007年版。

[52] 刘志彪、江静等：《长三角制造业向产业链高端攀升路径与机制》，经济科学出版社2009年版。

[53] 刘志彪、姜宁、郑江淮：《长三角托起的中国制造》，中国人民大学出版社2006年版。

[54] 刘志彪、郑江淮等：《服务业驱动长三角》，中国人民大学出版社2008年版。

[55] 刘志彪、郑江淮等：《价值链上的中国：长三角选择性开放新战略》，中国人民大学出版社2012年版。

[56] 龙志和、蔡杰：《知识动态溢出对产业发展的影响——来自中国省级面板数据的证据》，载《南方经济》2006年第4期，第5~15页。

[57] 路江涌、陶志刚：《中国制造业区域集聚及国际比较》，载《经济研究》2006年第3期，第103~114页。

[58] 吕新雷、从海燕、魏守华：《长三角制造业空间集聚与扩散的实证研究——兼论城市产业转型及发展方向》，载《现代城市研究》2010年第11期，第35~43页。

[59] 罗勇、曹丽莉：《中国制造业集聚程度变动趋势实证研究》，载《经济研究》2005年第8期，第22~29页。

[60] 马书红：《中心城市与城市新区间交通协调发展理论与方法研究》，长安大学学位论文，2008年。

[61] 马书红、周伟、王元庆：《基于潜力模型和经济势理论的卫星城发

展研究》，载《城市问题》2008 年第 1 期，第 29 ~ 3 页。

[62] ［美］ 波特 （Porter）：《国家竞争优势》，中信出版社 2000 年版。

[63] 毛广雄、曹蕾、丁金宏等：《基于传统和五普口径的江苏省城市规模分布时空演变研究》，载《经济地理》2009 年第 11 期，第 1833 ~ 1838 页。

[64] 苗长虹、崔立华：《产业集聚：地理学与经济学主流观点的对比》，载《人文地理》2003 年第 3 期，第 42 ~ 46 页。

[65] 秦蒙、刘修岩：《城市蔓延是否带来了我国城市生产效率的损失？——基于夜间灯光数据的实证研究》，载《财经研究》2015 年第 7 期，第 28 ~ 40 页。

[66] 沈坤荣、耿强：《外国直接投资、技术外溢与内生经济增长——中国数据的计量检验与实证分析》，载《中国社会科学》2001 年第 5 期，第 82 ~ 93 页。

[67] 沈坤荣、马俊：《中国经济增长的俱乐部收敛——特征及其成因》，载《经济研究》2002 年第 1 期，第 33 ~ 39 页。

[68] 沈体雁、劳昕：《国外城市规模分布研究进展及理论前瞻——基于齐普夫定律的分析》，载《世界经济文汇》2012 年第 5 期，第 95 ~ 111 页。

[69] 石灵云、殷醒民、刘修岩：《产业集聚的外部性机制——来自中国的实证研究》，载《产业经济研究》2007 年第 6 期，第 1 ~ 7 页。

[70] 宋春华：《大城市发展与卫星城建设》，载《建筑学报》2005 年第 7 期，第 36 ~ 40 页。

[71] 苏红键、魏后凯：《密度效应、最优城市人口密度与集约型城镇化》，载《中国工业经济》2013 年第 10 期，第 5 ~ 17 页。

[72] 汤丹宁：《特大城市卫星城发展差异：以上海为例》，南京大学硕士学位论文，2015 年。

[73] 汤放华：《城市群空间结构演化 （机制 . 特征 . 格局和模式）》，中国机械工业出版社 2010 年版。

[74] 王红霞：《要素流动、空间集聚与城市互动发展的定量研究：——以长三角地区为例》，载《上海经济研究》2011 年第 12 期，第 31 ~ 42 页。

[75] 王家庭、张俊韬：《我国城市蔓延测度：基于 35 个大中城市面板数据的实证研究》，载《经济学家》2010 年第 10 期，第 56 ~ 63 页。

[76] 王绍光：《正视不平等的挑战》，载《管理世界》1999 年第 4 期，第 160 ~ 170 页。

[77] 王圣学：《大城市卫星城研究》，社会科学文献出版社 2008 年版。

[78] 王宜虎、徐银良：《基于偏离份额分析法的山东省服务业竞争力实证分析》，载《山东财政学院学报》2009 年第 11 期，第 85 ~ 89 页。

[79] 王泽强：《产业集群发展中地方政府的角色定位》，载《技术经济》2007 年第 1 期，第 18 ~ 21 页。

[80] 王治、王耀中：《中国服务业发展与经济增长关系的实证研究——基于 1978 ~ 2007 年行业数据的经验证据》，载《产业经济研究》2009 年第 5 期，第 30 ~ 37 页。

[81] ［德］阿尔弗雷德·韦伯（Alfred Weber）著，李刚剑、陈志人、张英保译：《工业区位论》，商务出版社 2010 年版。

[82] 魏守华：《集群竞争力的动力机制以及实证分析》，载《中国工业经济》2002 年第 10 期，第 27 ~ 34 页。

[83] 魏守华、陈扬科、陆思桦：《城市蔓延、多中心集聚与生产率》，载《中国工业经济》2016 年第 8 期，第 58 ~ 75 页。

[84] 魏守华、韩晨霞：《长三角服务业增长差异：基于份额——偏离分析法》，载《南京邮电大学学报》2009 年第 3 期，第 24 ~ 30 页。

[85] 魏守华、韩晨霞：《城市等级与服务业发展：基于份额——偏离分析法》，载《产业经济研究》2010 年第 4 期，第 32 ~ 39 页。

[86] 魏守华、姜宁、吴贵生：《内生创新努力、本土技术溢出与长三角高技术产业创新绩效》，载《中国工业经济》2009 年第 2 期，第 25 ~ 34 页。

[87] 魏守华、李婷、汤丹宁：《双重集聚外部性与中国城市群经济发展》，载《经济管理》2013 年第 9 期，第 30 ~ 40 页。

[88] 魏守华、刘小静、程穆：《长三角由全球制造中心向创新中心转变的机制分析》，载《上海经济研究》2013 年第 4 期，第 15 ~ 26 页。

[89] 魏守华、吕新雷、从海燕：《地方经济结构与制造业增长：来自苏浙两省对比的经验证》，载《阅江学刊》2010 年第 2 期，第 19 ~ 30 页。

[90] 魏守华、吕新雷、何源、禚金吉：《专业化与多样化的技术外溢效应：基于苏浙两省创新绩效的对比研究》，载《南大商学评论》2008 年第 1 期，第 45 ~ 60 页。

[91] 魏守华、汤丹宁、孙修远：《本地经济结构、外部空间溢出与制造业增长：以长三角为例》，载《产业经济研究》2015 年第 1 期，第 71 ~ 82 页。

[92] 魏守华、吴贵生、吕新雷：《区域创新能力的影响因素：兼评我国创新能力的地区差距》，载《中国软科学》2010 年第 9 期，第 76 ~ 85 页。

[93] 魏守华、张静、汤丹宁：《长三角城市体系序位——规模法则的偏

差研究》，载《上海经济研究》2013 年第 10 期，第 94～105 页。

[94] 魏守华、周山人、千慧雄：《中国城市规模偏差研究》，载《中国工业经济》2015 年第 4 期，第 5～17 页。

[95] 王小鲁：《中国城市化路径与城市规模的经济学分析》，载《经济研究》2010 年第 10 期，第 20～32 页。

[96] 吴福象：《城市群是区域协调发展的新引擎》，中国社会科学报，2012 年 7 月 11 日。

[97] 吴福象、刘志彪：《城市化群落驱动经济增长的机制研究》，载《经济研究》2008 年第 11 期，第 62～73 页。

[98] 吴福象、沈浩平：《新型城镇化、创新要素空间集聚与城市群产业发展》，载《中南财经政法大学学报》2013 年第 4 期，第 25～31 页。

[99] 吴贵生、魏守华、徐建国：《区域科技论》，清华大学出版社 2007 年版。

[100] 吴玉鸣：《中国省域经济增长趋同的空间计量经济分析》，载《数量经济技术经济研究》2006 年第 12 期，第 101～108 页。

[101] 吴玉鸣、何建坤：《研发溢出、区域创新集群的空间计量经济分析》，载《管理科学学报》2008 年第 8 期，第 59～66 页。

[102] 夏明嘉、汤丹宁、魏守华：《长三角城市群规模分布的 Pareto 检验》，载《南京邮电大学学报》2013 年第 3 期，第 14～24 页。

[103] 谢小平、王贤彬：《城市规模分布演进与经济增长》，载《南方经济》2012 年第 6 期，第 58～73 页。

[104] 许宪春：《90 年代我国服务业发展相对滞后的原因分析》，载《管理世界》2000 年第 6 期，第 73～77 页。

[105] 姚士谋、朱英明、陈振光：《中国城市群》，中国科学技术大学出版社 2001 年版。

[106] 杨宝良：《外部经济与产业地理集聚：一个基本理论逻辑及对我国工业经济的实证研究》，载《世界经济文汇》2003 年第 6 期，第 53～63 页。

[107] 杨吾扬、梁进社：《高等经济地理学》，北京大学出版社 1997 年版。

[108] 岳希明、张曙光：《我国服务业增加值的核算问题》，载《经济研究》2002 年第 12 期，第 51～59 页。

[109] 张虹鸥、叶玉瑶、陈绍愿：《珠江三角洲城市群城市规模分布变化及其空间特征》，载《经济地理》2006 年第 5 期，第 806～809 页。

[110] 张晓旭、冯宗宪：《中国人均 GDP 的空间相关与地区收敛：1978 ~ 2003》，载《经济学（季刊）》2008 年第 2 期，第 399 ~ 414 页。

[111] 张学良：《中国区域经济收敛的空间计量分析——基于长三角 1993 ~ 2006 年 132 个县市区的实证研究》，载《财经研究》2009 年第 7 期，第 100 ~ 109 页。

[112] 赵祥：《我国省区产业集聚：类型特征与形成机制》，载《产业经济评论》2009 年第 3 期，第 133 ~ 160 页。

[113] 周颖：《产业集群竞争力分析：以浙江纺织业集群为例》，载《技术经济》2007 年第 1 期，第 22 ~ 25 页。

二、英文部分

[114] Abdel-Rahman, H. M. and M. Fujita. Specialization and Diversification in a System of Cities [J]. Journal of Urban Economics, 1993, 33 (2): 189 – 222.

[115] Acs, Z. J. , D. B. Audretsch and M. P. Feldman. Real effects of academic research: Comment [J]. American Economic Review, 1992, 82 (1): 363 – 367.

[116] Alonso, W. Location and Land-Use [M]. Cambridge: Harvard University Press, 1964.

[117] Alonso, W. The Economics of Urban Size [J]. Papers in Regional Science, 1971, 26 (1): 67 – 83.

[118] Anderson, G. and Ge Ying. The size distribution of Chinese cities [J]. Regional Science and Urban Economics, 2005, 35 (6): 756 – 776.

[119] Andrikopoulos, A. , J. Brox and E. Carvalho. Shift-share analysis and the potential for predicting regional growth patterns: some evidence for the region of Ontario [J]. Growth and Change, 1990 (1): 1 – 10.

[120] Anselin, L. Spatial Econometrics: Methods and Models [M]. Dordrecht: Kluwer Academic Publishers, 1988.

[121] Anselin, L. , A. Varga and Z. Acs. Geographic Spillovers and University Research: A Spatial Econometric Perspective [J]. Growth and Change, 2000, 31 (4): 501 – 516.

[122] Arrow, K. The Economic Implication of Learning By Doing [J]. Review of Economic Studies. 1962, 29 (80): 155 – 173.

[123] Ashby, L. D. The geographical redistribution of employment: an examination of the elements of change [J]. Survey of Current Business, 1964 (44): 13 – 20.

［124］ Au, C. C. and V. Henderson. How Migration Restrictions Limit Ag-glomration and Productivity in China ［J］. NBER Working Paper. 2002, No. 8707.

［125］ Audretsch D. and M. Feldman. R&D Spillovers and the Geography of Innovation and Production ［J］. The American Economic Review. 1996, 86 (3): 630 – 640.

［126］ Auerbach, F. Das Gesetz der Bevolkerungskon centration ［J］. Peter-manns Geographiche Mitteilungen, 1913 (59): 74 – 76.

［127］ Batisse, C. Dynamic externalities and local growth: A panel data analy-sis applied to Chinese province ［J］. China Economic Review, 2002, 13 (2 – 3): 231 – 251.

［128］ Beeson, P. E. , D. N. DeJong and W. Troesken. Population growth in US counties, 1840 – 1990 ［J］. Regional Science and Urban Economics, 2001, 31 (6): 669 – 699.

［129］ Berry, J. L. City size distribution and economic development ［J］. Economic Development and Culture Change, 1961, 9 (4): 573 – 587.

［130］ Bertinelli, L. and D. Black. Urbanization and Growth ［J］. Journal of Urban Economics, 2004, 56 (1): 80 – 96.

［131］ Black, D. and V. Henderson. Urban Evolution in the USA ［J］. Jour-nal of Economic Geography, 2003, 3 (4): 343 – 372.

［132］ Blomstrom, M. and A. Kokko. Multinational corporations and spillovers ［J］. Journal of Economic Surveys, 1998, 12 (3): 247 – 277.

［133］ Borensztein, E. , J. Gregorio and J. Lee. How does foreign direct in-vestment affect economic growth? ［J］. Journal of International Economics, 1998, 45 (1): 115 – 135.

［134］ Brakman, S. , H. Garretsen, C. Van Marrewijk, et al. The return of Zipf: towards a further understanding of the rank‐size distribution ［J］. Journal of Regional Science, 1999, 39 (1): 183 – 213.

［135］ Bronzini, R. and P. Piseli. Determinants of Long-run Regional Produc-tivity with Geographical Spillovers: The Role of R&D, Human Capital and Public In-frastructure ［J］. Regional Science and Urban Economics, 2009, 39 (2): 187 – 199.

［136］ Brown, H. J. Shift and share projections of regional economic growth: an empirical test ［J］. Journal of Regional Science, 1969, 9 (1): 1 – 18.

［137］ Brulhart, M. and F. Sbergami. Agglomeration and Growth: Empirical Evidence ［J］. ETSG Working Paper: www. hec. /unil. ch/mbrulhart/papers, 2006.

［138］ Buckley, P. , J. Clegg and C. Wang. The impact of inward FDI on the performance of Chinese manufacturing firms ［J］. Journal of International Business Studies, 2002, 33 (4): 637 − 655.

［139］ Burchfield, M. , H. Overman, D. Puga, et al. Causes of Sprawl: A Portrait from Space ［J］. Quarterly Journal of Economics, 2006, 121 (2): 587 − 633.

［140］ Caballero, J. and R. Lyons. Internal versus external economies in European industry ［J］. European Economic Review, 1990, 34 (4): 805 − 826.

［141］ Capello, R. and R. Camagni. Beyond Optimal City Size: An Evaluation of Alternative Urban Growth Patterns ［J］. Urban Studies, 2000, 37 (9): 1479 − 1496.

［142］ Carlino, G. A. , Satyajit Chatterjee and M. H. Robert. Urban Density and the Rate of Invention ［J］. Journal of Urban Economics, 2007, 61 (3): 389 − 419.

［143］ Caselli, F. , and W. Coleman. On the theory of ethnic conflict ［J］. Journal of the European Economic Association, 2006, 11 (s1): 161 − 192.

［144］ Christaller, W. Central places in southern Germany ［M］. (translated by C. W. Baskin), Englewood Cliff , NJ : Prentice Hall, original German edition, 1933.

［145］ Ciccone, A. and R. E. Hall. Productivity and the Density of Economic Activity ［J］. American Economic Review, 1996, 86 (1): 54 − 70.

［146］ Coe, D. and E. Helpman. International R&D spillovers ［J］. European Economic Review, 1995, 39 (5): 859 − 887.

［147］ Coe, D. and E. Helpman. Some panel cointegration models of international R&D spillovers ［J］. Journal of Macroeconomics, 1995 (23): 241 − 260.

［148］ Cohen, J. P. and C. J. Morrison Paul. Public Infrastructure Investment, Interstate Spatial Spillovers, and Manufacturing Costs ［J］. Review of Economic and Statistics, 2004, 86 (2): 551 − 560.

［149］ Combes, P. Economic Structure and Local Growth: France, 1984 − 1993 ［J］. Journal of Urban Economics, 2000, 47 (3): 329 − 355.

［150］ Connolly, M. North-South technological diffusion: a new case for dynamic gains from trade ［J］. Duke University, Department of Economics Working Papers, 2000, No. 99 − 108.

［151］Connolly, M. The dual nature of trade: measuring its impact on imitation and growth ［J］. Journal of Development Economics, 2003, 72 (1): 31 –55.

［152］Cooke, P. , M. G. Uranga and G. Etxebarria. Regional systems of innovation: an evolutionary perspective ［J］. Environment and Planning-Part A, 1998, 30 (9): 1563 – 1584.

［153］Creamer, D. Shift of manufacturin industries, industriallocation and natural resources ［M］. Washington, DC: US Government Printing Office, 1943.

［154］Destefanis, S. and Sena, V. Public capital and total factor productivi-ty: New evidence from the Italian regions, 1970 – 98 ［J］. Regional Studies, 2005, 39 (5): 603 –617.

［155］Dixit, A. K. and J. E. Stiglitz. Monopolistic competition and optimum product diversity ［J］. The American Economic Review, 1997: 297 –308.

［156］Duranton, G. La nouvelle économie géographique: agglomération et dis-persion ［J］. économie & prévision, 1997, 131 (5): 1 –24.

［157］Duranton, G. Urban evolutions: the fast, the slow and the still ［J］. American Economic Review, 2007, 97 (1): 197 –221.

［158］Ebenezer Howard. 明日的田园城市 ［M］. 金经元, 译. 北京: 商务印书馆, 2000: 32 –35.

［159］Ellison, G. and E. Glaeser. Geographic concentration in US manufac-turing industries: a dartboard approach ［J］. Journal of Political Economy, 1997, 105 (5): 889 –927.

［160］Fallah, B. N. , M. D. Partridge and M. Rose Olfert. Urban Sprawl and Productivity: Evidence from US Metropolitan Areas ［J］. Papers in Regional Sci-ence, 2011, 90 (3): 451 –472.

［161］Feder, D. On exports and economic growth ［J］. Journal of Develop-ment Economics, 1983, 12 (1 –2): 59 –73.

［162］Feldman, M. P. and D. B. Audretsch. Innovation in Cities Science-Based Diversity, Specialization and Localized Competition ［J］. European Economic Review, 1999, 43 (2): 409 –429.

［163］Feldman, M. P. and R. Florida. The geographic sources of innovation: technological infrastructure and product innovation in the United States ［J］. Annals of the Association of American Geographers, 1994, 84 (2): 210 –229.

［164］Fernald, J. G. Roads to Prosperity?: Assessing the Link Between Public

Capital and Productivity [J]. American Economic Review, 1999, 89 (3): 619 –638.

[165] Fujita, M. A World City and Flexible Specialization: Restructuring of the Tokyo Metropolis [J]. International Journal of Urban and Regional Research, 1991, 15 (2): 269 –284.

[166] Fujita, M. and J. Thisse. Economics of Agglomeration: Cities, Industrial Location and Regional Growth [M]. Cambridge: Cambridge University Press, 2002.

[167] Fujita, M. , P. Krugman and A. Venables. The Spatial Economy: cities, regions and international trade [M]. Cambridge: MIT Press, 1999.

[168] Funke, M. and A. Niebuhr. Regional Geographic Research and Development Spillovers and Economic Growth: Evidence from West Germany [J]. Regional Studies, 2005, 39 (1): 143 – 153.

[169] Furman, J. and R. Hayes. Catching up or standing still? National innovative productivity among 'follower' countries, 1978 – 1999 [J]. Research Policy, 2004, 33 (9): 1329 – 1354.

[170] Furman, J. , M. Porter and S. Stern. The determinants of national innovative capacity [J]. Research Policy, 2002, 31 (6): 899 – 933.

[171] Gabaix, X. and R. Ibragimov. Rank – 1/2: A Simple Way to Improve the OLS Estimation of Tail Exponents [J]. Journal of Business and Economic Statistics, 2011, 29 (1): 24 – 39.

[172] Gabaix, X. and Y. M. Ioannides. The evolution of city size distributions [J]. Handbook of regional and urban economics, 2004, 7 (4): 2341 – 2378.

[173] Glaeser, E. L. , H. D. Kallal, J. A. Scheinkman, et al. Growth in cities [J]. Journal of Political Economy, 1992 (100): 1126 – 1152.

[174] Glaeser, E. L. Learning in Cities [J]. Journal of Urban Economics, 1999, 46 (2): 254 – 277.

[175] Glaeser, E. L. , J. A. Scheinkman and A. Shleifer. Economic growth in a cross-section of cities [J]. Journal of Monetary Economics, 1995, 36 (1): 117 – 143.

[176] Glaeser, E. L. and J. Shapiro. Urban growth in the 1990s: is city living back? [J]. Journal of Regional Science, 2003, 43 (1): 139 – 165.

[177] Glaeser, E. L. and M. Khan. Sprawl and Urban Growth [M]. In Henderson, J. V. , and J. F. Thisse (eds.), Handbook of Regional and Urban Economics, Vol. 4. Amsterdam: Elsevier, 2003.

[178] Gottmann, J. Megalopolis or the urbanization of the north eastern seaboard [J]. Economic Geography, 1957, 33 (3): 189 – 200.

[179] Griliches, Z. Patent statistics as economic indicators: a survey [J]. Journal of Economic Literature, 1990 (92): 630 – 653.

[180] González-Val, R. Deviations from Zipf's Law for American Cities: An Empirical Examination [J]. Urban Studies, 2011, 48 (5): 1017 – 1035.

[181] González-Val. The Evolution of U. S. City Size Distribution From A Long-term Perspective (1900 – 2000) [J]. Journal of Regional Science, 2010, 50 (5):952 – 957.

[182] Grossman, G. and E. Helpman. Innovation and Growth in the Global Economy [M]. Cambridge, MA: MIT Press, 1991.

[183] Guérin-Pace, F. Rank-size distribution and the process of urban growth [J]. Urban Studies, 1995, 32 (3): 551 – 562.

[184] Hall, P. and K. Pain. The Polycentric Metropolis: Learning from Mega-city Regions in Europe [M]. London: Earthscan, 2006.

[185] Helsley, R. and W. Strange. Matching and Agglomeration Economies in a System of Cities [J]. Regional Science and Urban Economics, 1990, 20 (2): 189 – 212.

[186] Henderson, J. V. Efficiency of resource usage and city size [J]. Journal of Urban Economics, 1986, 19 (1): 47 – 70.

[187] Henderson, J. V. Externalities and industrial development [J]. Journal of Urban Economics. 1997, 42 (3): 449 – 470.

[188] Henderson, V. , A. Kuncoro and M. Turner. Industrial development in cities [J]. Journal of Political Economy, 1995, 103 (5): 1067 – 1090.

[189] Hirschman, A. The Strategy of Economic Development [M]. American: Westview Press, 1958.

[190] Hoover, E. M. The measurement of industrial location [J]. Review of Economics and Statistics, 1937, 18 (4): 162 – 171.

[191] Houston, D. The shift and share analysis of regional growth [J]. Southern Economic Journal, 1967, 33 (4): 577 – 581.

[192] Hsing, Y. A Note on Functional Forms and the Urban Size Distribution [J]. Journal of Urban Economics, 1990, 27 (1): 73 – 79.

[193] Ioannides, Y. M. and H. G. Overman. Zipf's law for cities: an empirical

examination [J]. Regional Science and Urban Economics, 2003, 33 (2): 127 –137.

[194] Jacobs, J. The Economy of Cities [M]. New York: Vintage, 1969.

[195] Jaffe, A. B. Real effects of academic research [J]. American Economic Review, 1989, 79 (5): 957 –970.

[196] Jones, C. R&D based models of economic growth [J]. Journal of Political Economy, 1995, 103 (4): 739 –784.

[197] Kalbacher, J. Z. Shift-share analysis: a modified approach [J]. Agricultural Economic Research, 1979, 31 (1): 12 –25.

[198] Rosen, K. T. and M. Resnick. The size distribution of cities: An examination of the Pareto law and primacy [J]. Journal of Urban Economics, 1980, 8 (2):165 –186.

[199] Klaasen, L. H. and J. P. Paelinck. Asymmetry in shift and share analysis [J]. Regional and Urban Economics, 1972, 2 (3): 256 –261.

[200] Kleine, S. J. and N. Rosenberg. The positive Sum Strategy, Harnessing Technology for Economic Growth [M]. Washington, D. C.: National Academy Press, 1986.

[201] Kolko, J. Urbanization, Agglomeration and Co-Agglomeration of Service Industries [M]. In Glaeser, E. (ed.), Agglomeration Economics. Chicago: The University of Chicago Press, Chicago, 2010.

[202] Krugman, P. First Nature, Second Nature, and Metropolitan Location [J]. Journal of Regional Science, 1993, 33 (2): 129 –144.

[203] Krugman, P. Increasing returns and economic geography [J]. Journal of Political Economy, 1991, 99 (3): 483 –499.

[204] Krugman, P. The self-organizing economy (Mitsui Lectures in Economics) [M]. Cambridge, Mass, USA: Wiley-Blackwell, 1996.

[205] Kuo, C. C. and C. H. Yang. Knowledge capital and spillover on regional economic growth: Evidence from China [J]. China Economic Review, 2008, 19 (4):594 –604.

[206] Laherrere, J. and D. Sornette. Stretched exponential distributions in nature and economy: "fat tails" with characteristic scales [J]. The European Physical Journal B-Condensed Matter and Complex Systems, 1998, 2 (4): 525 –539.

[207] Liu X. , and T. Buck. Innovation performance and channels for international technology spillovers: Evidence from Chinese high-tech industries [J].

Research Policy, 2007, 36 (3): 355 – 366.

[208] Liu X. and C. Wang. Does Foreign Direct Investment facilitate technological progress: evidence from Chinese industries [J]. Research Policy, 2003, 32 (6): 945 – 953.

[209] Lucas, R. On the mechanics of economic development [J]. Journal of Monetary Economics, 1988, 22 (1): 3 – 42.

[210] Lundvall, B. A. (Ed). National Systems of Innovation: Towards a Theory of Innovation and Interactive Learning [M]. London: Pinter Publishers, 1992.

[211] Malecki, E. Technology and Economic Development: The Dynamics of Local, Regional and National Competitiveness [M]. 2nd edition. London and Boston: Addison Wesley Longman, 1997.

[212] Markusen. Sticky Places in Slippery Space: A Typology od Industrial Districts [J]. Economic Geography, 1996, 72 (3): 293 – 313.

[213] Marshall, A. Principles of Economics [M]. London: Macmillan, 1920.

[214] McDonough, C. C. and B. B. Sihag. The incorporation of multiple bases into shift-share analysis [J]. Growth and Change, 1991, 22 (1): 1 – 9.

[215] Mills, E. S. An Aggregative Model of Resource Allocation in Metropolitan Area [J]. American Economic Review, 1967, 57 (2): 197 – 210.

[216] Myrdal, G. Economic Theory and Under-developed Regions [M]. London: Duck-worth, 1957.

[217] Nelson, R. R. (Ed.). National Innovation Systems: A Comparative Analysis [M]. New York: Oxford University Press, 1993.

[218] Nitsch, V. Zipf zipped [J]. Journal of Urban Economics, 2005, 57 (1): 86 – 100.

[219] O'hUallach'ain and M. Satterthwaite. Sectoral growth patterns at the metropolitan level: an evaluation of economic development incentives [J]. Journal of Urban Economics, 1992, 31 (1): 25 – 58.

[220] O'Sullivan, A. Urban Economics [M]. New York: Irwin McGraw-Hill, 1996.

[221] O'Sullivan, A. Urban Economics [M]. 8th edition. 北京: 中国人民大学出版社, 2013.

[222] Paci, R. and S. Usai. Technological Enclaves and Industrial Districts:

An Analysis of the Regional Distribution of Innovative Activity in Europe [J]. Regional Studies, 2000, 34 (2): 97 – 144.

[223] Perloff, H. S., E. S. Dunn, E. E. Lampard, et al. Regions, Resources and Economic Growth [M]. Baltimore, MD: The Johns Hopkins University Press, 1960.

[224] Porter, M. The Competetive Advantage of Nations [M]. FreePress, NewYork, 1990.

[225] Porter, M. Location, Competition, and Economic Development: Local Clusters in a Global Economy [J]. Economic Development Quarterly, 2000, 14 (1):15 – 35.

[226] Praskevopouls, C. C. The stability of the regional share component: an empirical test [J]. Journal of Regional Science, 1971, 11 (1): 107 – 112.

[227] Redding, S. The Low Skill, Low-Quality Trap: Strategic Complementarities Between Human Capital and R&D [J]. Economic Journal, 1996, 106 (435): 458 – 470.

[228] Rey, K. and C. Montouri. US Regional Income Convergence: A Spatial Econometric Perspective [J]. Regional Studies, 1999, 33 (2): 143 – 156.

[229] Roger, B. New towns for the Great Society: a case study in politics and planning [J]. Planning Perspectives, 1998, 13 (2): 113 – 132.

[230] Romer, P. Endogenous Technological Change [J]. Journal of Political Economy, 1990, 98 (5): S71 – S102.

[231] Rossi-Hansberg, E. and M. J. Wright. Urban structure and growth [J]. Review of Economic Studies, 2007, 74 (2): 597 – 624.

[232] Rothwell, R. Issues in user-producer relations in the innovation process: the role of the government [J]. International Journal of Technology Management, 1992 (9): 629 – 649.

[233] Sinani, E. and K. Meyer. Spillovers of technology transfer from FDI: the case of Estonia [J]. Journal of Comparative Economics, 2004, 32 (3): 445 – 466.

[234] Singer, H. W. The "courbe des populations: a parallel to Pareto's law" [J]. Economic Journal, 1936, 46 (182): 254 – 263.

[235] Song, S. and K. H. Zhang. Urbanisation and city size distribution in China [J]. Urban Studies, 2002, 39 (12): 2317 – 2327.

[236] Soo, K. T. Zipf's law and urban growth in Malaysia [J]. Urban Stud-

ies, 2007, 44 (1): 1 – 14.

[237] Soo, K. T. Zipf's Law for cities: a cross-country investigation [J]. Regional Science and Urban Economics, 2005, 35 (3): 239 – 263.

[238] Sternberg, R. G. Government R&D expenditure and space: empirical evidence from five industrialized countries [J]. Research Policy, 1996, 25 (5): 741 – 758.

[239] Sutton, J. Technology and market structure [M]. Cambridge: The MIT Press, 1996.

[240] Sveikauskas, L. The Productivity of Cities [J]. The Quarterly Journal of Economics, 1975, 89 (3): 393 – 413.

[241] Tiebout, M. C. Exports and Regional Economic Growth [J]. In: Friedmann, J. and Alonso, W. (eds) . Regional Policy: Readings in Theory and Application [C]. Cambridge, Mass: MIT Press, 1975.

[242] Von Hippel, E. The Sources of Innovation [M]. New York: Oxford University Press, 1988.

[243] Xu B. Multinational enterprises, technology diffusion, and host country productivity growth [J]. Journal of Development Economics, 2000, 62 (2): 477 – 493.

[244] Xu Z. and N. Zhu. City size distribution in China: Are large cities dominant? [J]. Urban Studies, 2009, 46 (10): 2159 – 2185.

[245] Yang X. and R. Rice. An Equilibrium Model Endogenizing the Emergence of a Dual Structure between the Urban and Rural Sectors [J]. Journal of Urban Economics, 1994, 35 (3): 346 – 368.

[246] Zeng D. and L. Zhao. Globalization, interregional and international inequalities [J]. Journal of Urban Economics, 2010, 67 (3): 352 – 361.

[247] Zhu X. , A. Xiong, L. Li, et al. Scaling Behavior of Chinese City Size Distribution [C] // Complex Sciences, First International Conference, Complex 2009, Shanghai, China, February 23 – 25, 2009. Revised Papers. 2009: 868 – 875.

[248] Zipf, G. K. Human Behavior and the Principle of Least Effort [M]. Oxford, England: Addison-Wesley Press, 1949.

后　记

本书受到教育部人文社会科学重点研究基地重大项目"长三角'一核九带'均衡协调发展研究"（批准号 12JJD790034）、国家自然科学基金项目"双重集聚外部性驱动下我国城市群的经济空间结构演变与政策引导"（批准号 71473115）资助。当然，本书只是该国家自然科学基金项目的部分研究成果。

本书分为三个部分：第一部分是长三角地区产业（制造业、高技术产业、服务业）集聚与扩散特征（第 2~6 章）；第二部分是长三角地区城市（包括城市间和城市内部）均衡发展特征（第 7~10 章）；第三部分是长三角地区与全国（包括与中西部、与"一带一路"）均衡发展特征（第 11~12 章）。前两部分主要分析长三角内部的产业、人口等均衡发展问题，后一部分主要讨论长三角与外部的协调发展问题。本书同时考虑长三角内外部均衡协调发展问题，从而使这种均衡协调关系具有一定的互补性。

本书在写作过程中，得到南京大学吴福象教授提供的部分资料，特此感谢！还要感谢相关论文的合作者：南京大学姜宁教授和清华大学吴贵生教授，以及本人指导的硕士生或本科生，他们是：吕新雷（2011 年硕士毕业）、韩成霞（2011 年硕士毕业）、从海燕（2012 年硕士毕业）、刘小静（2013 年硕士毕业）、程穆（2013 年硕士毕业）、汤丹宁（2015 年硕士毕业）、陈扬科（2014 级硕士生）、陆思桦（2015 级硕士生）、夏明嘉（2013 年本科毕业）、张静（2013 年本科毕业）。

在此，特向以上教师和学生们致以衷心感谢！

魏守华
2016 年 10 月 30 日

图书在版编目（CIP）数据

长三角城市群均衡发展研究／魏守华等著．—北京：
经济科学出版社，2016.12
（长三角经济研究丛书）
ISBN 978 - 7 - 5141 - 7545 - 5

Ⅰ.①长… Ⅱ.①魏… Ⅲ.①长江三角洲 - 城市群 -
区域经济发展 - 研究 Ⅳ.①F299.275

中国版本图书馆 CIP 数据核字（2016）第 303258 号

责任编辑：齐伟娜　张立莉　赵　芳
责任校对：杨　海
技术编辑：李　鹏

长三角城市群均衡发展研究

魏守华　等著
经济科学出版社出版、发行　新华书店经销
社址：北京市海淀区阜成路甲 28 号　邮编：100142
总编部电话：010 - 88191217　发行部电话：010 - 88191540
网址：www. esp. com. cn
电子邮件：esp@ esp. com. cn
天猫网店：经济科学出版社旗舰店
网址：http://jjkxcbs. tmall. com
北京季蜂印刷有限公司印装
710 × 1000　16 开　16.75 印张　300000 字
2016 年 12 月第 1 版　2016 年 12 月第 1 次印刷
ISBN 978 - 7 - 5141 - 7545 - 5　定价：42.00 元
（图书出现印装问题，本社负责调换。电话：010 - 88191502）
（版权所有　翻印必究　举报电话：010 - 88191586
电子邮箱：dbts@ esp. com. cn）